Emissions Trading and WTO Law

배출권거래와
WTO법

Felicity Deane 저
박덕영 김민주 신지연 공역

박영사

이 번역서는 2016년 대한민국 교육부와 한국연구재단의 지원을
받아 수행된 연구임. (NRF-2016S1A3A2925230)

역자 서문

 기후변화 문제는 인류가 직면한 산적한 문제들 중에서 가장 심각하면서도, 동시에 가장 풀기 어려운 문제라고 할 수 있다. 이러한 중대한 난제를 해결하기 위한 여러 가지 방안이 강구되고 있으며, 그중 한 가지가 이른바 시장 메커니즘이다. 시장 메커니즘은 시장과 거래라는 방식으로 이기적으로 행위하는 인간에게 경제적 유인을 주어 기후변화의 완화에 참여토록 하는 것이다. 이러한 시장 메커니즘을 구성하는 하나의 축으로서 배출권거래제도라는 것이 교토의정서와 함께 시작되었으며, 이는 비단 국제적 거래에서 그치지 않고, 지역공동체적, 국내적 또는 지역적 거래 시스템을 형성하며 분화하고 있다.

 이 책은 Edward Elgar 출판사에서 출간된 Felicity Deane의 *Emissions Trading and WTO Law: A Global Analysis*를 우리말로 번역한 것이다. 이 책은 여러 나라에서 운영하고 있는 배출권거래제도가 WTO법과 합치될 수 있는지에 대해 깊이 있는 분석을 제공하고 있다. 저자는 특히 EU에서 운영되고 있는 배출권거래제도(EU Emission Trading System)와 호주에서 논의된 바 있던 청정에너지패키지(Australian Clean Energy Package)가 WTO 규범에서 정한 기준들에 부합하는지를 체계적으로 살피고 있다.

 구체적으로, 지구온실가스의 배출단위를 상품으로 보는 경우에 대해서는 GATT와의 합치성을, 배출권의 거래측면에 대해서는 GATS와의 합치성을, 그리고 배출단위의 무상할당 측면에 대해서는 SCM 협정과의 합치성에 대해 체계적인 분석을 제공하고 있다. 또한 수입상품에 대해 온실가스배출과 결부된 비용을 부과하는 경우, 이것이 WTO의 국경세조정(border tax adjustment)에 관한 규정과 양립할 수 있는지 검토하고 있다.

 이 책은 WTO법이 가진 현재의 엄격성을 인정하면서 상당히 객관적 입장에서 서술하고 있다. 따라서 환경론자들에 의한 비슷한 연구들에 비해 체제순응적이라는 느낌을 받는다. 그런 면에서 이 책은 현실론적이고, 제도에 대한 고민이나 입법을 해야 하는 이들 입장에서 상당히 도움이 될 것이다. 물론 이 책은 말미에서 WTO법이 환경문제의 해결을 위해 변해야 한다는 점에 대해서도 추상적으로나마 지적하고 있다.

그동안 무역과 환경, 더욱이 국경세조정에 관한 적지 않은 국내외 문헌들이 나온 바 있다. 하지만 위와 같은 관점과 서술에 의한 문헌을 찾기는 무척 어려웠다. 물론 이 책은 다양한 전문용어들로 가득하고, 영어 원어로는 익숙하지만 적절한 우리말을 찾기 어려운 개념들도 자주 등장한다. 이러한 이유로 번역에는 데 꽤 오랜 기간이 걸렸고, 여러 선생님들의 도움으로 이렇게 출간의 기회를 얻게 되었다.

우선 이 책을 처음부터 끝까지 꼼꼼하게 읽고, 세세한 부분에 대해서까지 조언해 주신 한국외국어대학교 김두수 외래교수님께 감사드린다. 또 이 책의 초교를 읽고, 가독성 있게 다듬어 주신 고려대학교 일반대학원 법학과 국제법 전공 박사과정 중에 있는 조해리 님께도 감사드린다. 이 책은 연세대학교 SSK 기후변화와 국제법 연구센터에서 추진한 사업의 결과로서 공역자들 외에도 센터 내 연구원들의 노고가 있었다. 센터 연구교수로 있었던 김승민 박사와 현재에도 재직 중인 이일호 박사에게 감사드린다. 이 분들은 보이지 않는 곳에서 책 출간을 위한 작은 일까지 도맡아 주었다.

끝으로 이 번역서의 출간을 허락해 주신 박영사 안종만 회장님과 조성호 이사님, 책이 잘 나올 수 있도록 정성을 다해 주신 편집부 박송이 대리님께도 깊이 감사드린다.

2018년 6월 여름의 문턱에서

공역자를 대표하여 박덕영 씀

저자 서문

이 책에 대한 생각은 저자의 박사논문 연구 중에 시작되었다. 그 생각은 시간이 지나면서 상당히 많이 발전되었지만, 저자가 박사과정 학생일 때 대부분이 개념화되었다. 저자는 당시의 많은 분들의 시간과 조언에 빚지고 있어서 여기에서 그분들에게 감사를 표하고 싶다. 우선, 저자의 박사학위 지도교수이신 Douglas Fisher 교수님은 박사학위 과정 내내 지적이고 정서적인 지원을 해주셨고, 저자는 그분을 나의 선생님이자 멘토로 여기고 항상 감사드릴 것이다.

다른 많은 분들이 저자의 원고를 읽어주시고, 소중한 피드백을 해주셨다. 저자는 William Duncan 교수님, 퀸스랜드 기술대학(QUT) 상법 및 재산권법 연구센터(Commercial and Property Law Research Centre)의 Sharon Chistensen 교수님, Rowena Maguire 박사, Nicolas Suzor 박사, Carmel O'Sullivan 박사, Nigel Stobbs 박사, Sholam Blustein 박사, Hope Jonnson, Robert Chesher, Daniel Hunter 교수님, Md. Saiful Karim 박사에게 감사드리고, 저자의 연구 세미나에 참석해서 필요한 많은 조언을 해주신 모든 분들에게 감사드린다. Edward Elgar 출판사 팀의 작업에도 감사드리는데, 특히 이 출판물의 교열 및 편집자였던 Carolyn Fox께 그러하다. 이 원고를 마무리 짓도록 도와준 당신께 감사드린다.

이 책에서의 법률은 2014년 8월까지의 것이 반영되어 있다. 지난 3년 동안 배출권거래법을 따라가며 파악하는 것은 매우 어려운 일이었다. 이는 호주 청정에너지패키지(Australian Clean Energy Package) 법안과 그 이전의 탄소오염감축계획패키지(Carbon Pollution Reduction Scheme Package)를 둘러싼 개정 및 정치적 문제들 때문이었다. 그 패키지 법안에 수반되었던 불확실성이 2014년 7월 그 법안이 폐기되면서 일부 해소되었다. 저자는 그 법안이 EU의 배출권거래제도(Emissions Trading System)와 비교할 수 있는 훌륭한 예시를 보여주는 것이기 때문에 이 출판물 전반에 걸쳐 그 법안을 계속해서 언급했다.

이 감사의 글에 있어 마지막은 지난 몇 년간 저자에게 필요했던 내 삶에 균형을 제공해 준 사람들에게 감사하는 일이다. 내 아이들인 Sam과 Erin은 이 과정에서 내게 영감을 주었다. 그 아이들은 내 최선의 노력에도 불구하고 일은 그들 인생의 모든 사건에서 나를 보지는 못한다는 것을 의미한다는 것을 알고 있다. 이를 상냥하게 받아들여 준 너희 둘에게 감사한다. 이런 점에서 나의 가족, 특히 어머니와 새아버지의 도움이 없었다면 이 책은 이 단계에서 어느 정도 미완성이었을 것이다. 나를 믿어 주어 감사드린다. 또한 나의 이성의 목소리가 되어 준 아버지와 형제에게도 감사하고 싶다. 이성이 언제나 감정을 극복할 수는 없기 때문에 특히 나를 더 힘들게 만들었던 어려운 임무를 끝까지 계속해 준 데 대해 감사한다. 나의 자매, 나를 이해해 주어 고맙다. Paul, 몇 년 동안 도움을 주지 않았더라면 이 책은 가능하지 않았을 것이라서 감사한다. Chris, 내 동기부여와 에너지를 전달하도록 도와준 데 대해 감사하고, 나의 인생에서 균형을 찾도록 도와준 데 대해 감사한다.

나는 지난 수년에 걸쳐 지지해 준 나의 멋진 친구들에게도 감사하고 싶다. 내가 필요할 때마다 많은 분들이 여러 가지 방법으로 거듭하여 힘을 주고, 지원을 해 주었다. 나는 여러 사람들이 나누어 준 지혜에 대해 그들에게 빚을 지고 있다. 이들은 나의 강점이 어디에 있는지 알아주고, 없는 것을 받아들여 주며, 더 행복하고 건강한 방식으로 삶을 살도록 나를 도와주신 분들이다. 이에 대해 나는 당신들의 지지와 조언 그리고 우정에 대해 감사하다고 말하고 싶다. 나는 내가 매우 운 좋은 사람인 것에 감사한다.

Felicity Deane 박사
퀸스랜드 기술대학(Queensland University of Technology)
국제법 및 글로벌 거버넌스 연구 프로그램(International Law and
  Global Governance Research Program)
상법 및 재산권법 연구센터(Commercial and Property Law Research Centre)

차 례

제 3 장　WTO법과 배출권거래

제 4 장　상품으로 온실가스 거래수단의 분류

제 5 장   배출권거래와 서비스무역협정

제 6 장   배출권거래제도에서의 보조금

제 7 장　배출권거래제도의 국경조정

제 8 장　맺 음 말

제 **1** 장

머 리 말

1.1 서론: 목표들의 수렴

배출권거래제도는 기후변화로 인한 세계적 환경위기를 다루기 위해 고안된 일종의 경제적인 법적 체계이다. 대체로 이런 체계는 온실가스를 배출하는 실체들에게 제한을 가하도록 의도된 것으로서 그들로 하여금 거래를 통해 효율적인 결과를 달성할 수 있도록 한다. 이 책의 주제는 이러한 체계가 가지는 더 광범위한 영향에 관한 질문에 대해 다루는 것이다. 특히 동 제도와 세계무역기구(World Trade Organization; 이하 WTO)법 사이의 수렴에 대한 분석이 다음 페이지들에서 제시될 것이다.

무역 자유화, 경제성장 그리고 환경보호라는 개념들 사이에서 지속가능한 균형을 이루는 것은 입법자와 정책입안자에게는 지속적으로 어려운 도전이 되고 있다. 이는 특히 이들 목적 중 하나를 달성하기 위해 특별히 설계된 법적 도구가 다른 정책목적의 실제적 적용에 영향을 미치는 경우에 그러하다. 이것이 배출권거래제도를 성립시킨 입법적 조치와 관련한 어려움 중 하나이다.

이 책은 배출권거래체제를 도입하여 발생하는 국제무역상의 쟁점들을 검토하는 것을 목적으로 하고 있다. 구체적으로 WTO 규범에 중점을 두고 검토가 이루어질 것이다. 따라서 WTO법은 이 책에서 '국제무역에서 허용가능한 개입 또는 간섭의 범위가 어디인지' 설명하기 위한 도구로 사용된다. 실제로 WTO법을 지침으로 사용하면 여기에서 검토한 배출권거래체제의 광범위한 영향에 대해서도 이해할 수 있다.

무역과 기후변화체제는 양쪽 모두 중요하지만, 경쟁하는 목적이 될 수 있는 것들 사이에서는 균형이 있어야 한다. 예컨대 국제무역과 관련된 규범에서는 정부가 기후변화 완화조치의 이행의무를 수행하는 것을 과도하게 제한해서는 아니 된다. 동시에 기후변화의 완화조치는 국제무역체제가 국제무역의 자유로운 흐름에 대해 갖는 중요성 때문에 국제무역체제의 흐름을 저해하는 방향으로 작동해서는 아니 된다. 실제로 적절한 국제무역규범은 세계경제의 성장을 견인하고 빈곤을 구제하는 데에 도움이 될 수 있다.

기후변화와 국제무역이라는 두 가지 국제적 체제는 그 접근방식에 있어서 서로 비교·대조될 수 있다. 국제기후변화체제는 온실가스 배출의 국제적 감축을 통해 기후변화 현상을 완화시키도록 설계되었다. 이 체제는 배출가스의 감축을 달성하기 위해 서명국들이 여러 가지 메커니즘을 이용할 수 있다고 명시하지만 그 사용이 의무적인 것은 아니다. 이런 방식으로 기후변화체제는 목표를 달성하기 위한 수단을 규정하고 있지는 않다. 그러나 국제기후변화체제는 어떠한 온실가스 감축수단도 국제무역의 장벽으로 작용해서는 아니 된다고 말한다.[1] 국제기후변화체제의 유연한 접근법은 WTO의 규범에 기초한 체제와 대조된다. WTO법을 구성하고 있는 일련의 규범들은 비차별적인 방식으로 무역장벽을 감소시키는 것을 목표로 한다. WTO법은 어떻게 국내법체계를 설계해야 하는지 직접적으로 규정하고 있지는 않지만, 국내법체계가 이행가능한 WTO법을 따르도록 요구한다. 특히 국제기후변화체제가 국제무역의 가치를 인정하는 것처럼 WTO법 역시 지속가능한 발전의 중요성을 자신의 일부로 받아들이고 있다.[2]

1.2 국제적 배출권거래

배출권거래제도의 도입을 지지하는 경제이론은 기후변화에 대응하기 위한 가장 적절한 수단이 온실가스의 배출에 비용을 부과하는 것이라고 제안한다.[3] 이 이

---

1) UNFCCC (United Nations Framework Convention on Climate Change), opened for signature 4 June 1992, 1771 UNTS 107 (entered into force 21 March 1994) Article 3.5.

2) Marrakesh Agreement Establishing the World Trade Organization, opened for signature 15 April 1994, 1867 UNTS 154 (entered into force 1 January 1995) Preamble; United Nations Framework Convention on Climate Change, opened for signature 4 June 1992, 1771 UNTS 107 (entered into force 21 March 1994) Article 3.5.

3) Richard A Ippolito, *Economics for Lawyers* (Princeton University Press, 2005) 230.

론은 배출권거래제도가 효과적으로 '외부효과를 내면화할' 것이라고 설명한다.[4] 다시 말해 배출권거래제도는 온실가스의 배출과 관련된 비용이 배출에 책임이 있는 사람들에게 할당되는 것을 보장하게 된다는 것이다. 배출권거래제도는 온실가스를 배출하는 실체에게 그 비용을 부과함으로써 규제의 수범자가 동 제도가 부과하는 비용보다 배출량을 감소시키는 비용이 더 적을 때 온실가스 배출량을 감소시키도록 장려하는 방식으로 운용된다.[5] 이러한 결과를 촉진하기 위해 배출권거래제도는 지정된 단위로 대표되는 온실가스 배출량에 가격을 정하여 공개시장에서 거래할 수 있게 한다.[6]

지난 10년간 전 세계적으로 배출권거래제도를 채택하는 국가들이 증가하였다. 배출권거래제도는 1960년대에 미국에서 이산화황 감축계획(Sulphur Dioxide Reduction Plan)이 도입되었을 때 실질적으로 환경보호를 위한 제도로 등장했다. 이에 따라 교토의정서의 온실가스 배출감축을 위한 수단으로 거래시스템을 선호하는 국제적 운동이 국제기후변화체제와 함께 시작되었다. 교토의정서의 주된 목적은 '온실가스의 인위적 배출'에 대한 법적 구속력이 있는 제한을 이행하는 것이었다.[7] 이를 위해 교토의정서는 국가별 거래시스템인 국제배출권거래(International Emissions Trade; IET) 시장을 만들었다.

배출권거래제도는 온실가스의 배출가격을 책정하는 가장 유명한 제도 중 하나이며 그 결과 배출권거래제도는 선진국에서는 흔한 배출가스 감축제도가 되어가고 있다. Garnaut은 "선진국 인구의 절반 이상이 배출권거래제도가 적용되는 국가에 살고 있다"고 설명한다.[8] 이러한 제도는 국제기후체제의 서명국들이 지구온실가스 배출을 감축하기 위한 자국의 국내전략에서 이 제도가 만들어 낸 배출단위와 배출크레딧을 사용할 수 있도록 하였다.

---

4) Ibid.
5) Rosemary Lyster, 'Chasing Down the Climate Change Footprint of the Public and Private Sectors: Forces Converge-Part II' (2007) 24 *Environmental and Planning Law Journal* 450, 452.
6) Jurgen Lefevere, 'Greenhouse Gas Emissions Trading: A Background' in Michael Bothe and Eckard Rehbinder (eds), *Climate Change Policy* (Eleven International Publishing, 2005) 103, 104.
7) Annie Petsonk, 'The Kyoto Protocol and the WTO: Integrating Greenhouse Gas Emissions Allowance Trading into the Global Marketplace' (1999) 10 *Duke Environmental Law and Policy Forum* 185, 188.
8) Ross Gamaut, *The Garnaut Review 2011* (Cambridge University Press, 2011) 58.

많은 형태의 배출권거래제도가 전 세계적으로 도입되어 왔다. 이 책은 주로 유럽연합(European Union; 이하 EU)과 호주의 제도를 소개하고자 한다. EU는 2005년에 배출권 할당 및 크레딧을 제출하는 제도를 처음으로 도입하였고, 이는 기후변화에 대응하는 첫 번째 배출권거래제도의 모델이 되었다. 그 결과 많은 국가들이 자국의 제도를 발전시킬 때 이 모델을 고려하게 되었다. 그 영향으로 EU의 배출권거래제도는 온실가스 감축을 위한 유사한 다른 제도와 함께 가장 기본적인 모델로 소개되고 있다. 따라서 EU의 배출권거래제도는 분석을 위한 좋은 예를 제공한다.

EU의 배출권거래제도와는 대조적으로 호주의 입법자들은 2012년에 청정에너지패키지(Clean Energy Package)를 도입하였다. 비록 호주의 제도는 최근 이 책을 쓰는 시점에 폐지되었지만 여전히 이 책의 주제와 관련이 있다. 청정에너지패키지의 분석은 EU의 배출권거래제도와의 중요한 차이점을 보여주므로 저자는 이를 이 책의 많은 사례연구에서 소개하였다. 다음 페이지들에서 제시되는 상세한 분석은 예시를 위해 상이한 제도에서 나오는 요소들을 고찰하고 가능한 경우 많은 규범적 결론을 이끌어 내는 것이 필요하지만 이들 두 제도의 수단적 측면을 검토하는 것으로 그친다.

1.3 WTO

WTO는 회원국 간 정보교환 및 협력을 위한 포럼이다. 상호협력은 WTO협정이 제시하는 법을 통해 입증되고 있다.[9] WTO법은 국제공법의 '특수한 부분'이다.[10] WTO법은 자유롭고 비차별적인 무역을 추구하기 위해 WTO 회원국을 규제하는 특정한 목적을 위해 만들어진 규범으로 구성되어 있다.[11] 다음의 세 가지 논의는 왜 국가의 배출권거래제도가 WTO 규범을 준수해야 하는지에 대한 이유를

---

9) Bernard Hoekman and Michel Kostecki, *The Political Economy of the World Trading System* (Oxford University Press, 2001) 25.

10) Joost Pauwelyn, *Conflict of Norms in Public International Law: How WTO Law Relates to other Rules of International Law* (Cambridge University Press, 2003) 40.

11) Ibid.

제시한다.

첫째, 국내법체제는 WTO의 기본목적을 달성하기 위해 WTO법을 준수해야 한다. 국제무역의 자유화는 경제적 이익을 창출한다는 이론에서 경제적 신자유주의자들은 자유무역을 세계의 부와 실용성을 극대화하는 데 필요한 정책이라고 본다. 신자유주의는 '자유무역과 시장 메커니즘을 통한 자원의 자유로운 흐름으로 구성되는 세계정책체제'로 설명된다.[12] 자유로운 국제무역은 이와 관계된 규범이나 법이 존재하지 않아야 한다는 의미가 아니다. 오히려 자유로운 국제무역과 WTO법의 목적은 각국 정부가 자국산업의 보호를 위해 국제무역의 진전을 방해하기 위해서 수·출입을 규제하지 않도록 보장하는 것에 있다.

> WTO협정은 WTO 회원국의 시장접근 조건을 개선하고 무역자유화를 위해 협상된 결과에 구속력을 부여하며 예측가능하고 안정적인 법 집행이 가능하도록 뒷받침하는 것을 목표로 한다. 본질적으로 이러한 성격의 무역체제는 회원국이 자의적으로 특정한 무역조치를 이용할 가능성을 제한한다. 시장개방의 정도에 대하여, 만약 정부가 자의적으로 국내 생산자를 보호한다면 자유무역체제에서는 예측가능성과 안정성과 같은 시장접근에 대한 약속이 약화될 것이다.[13]

국제무역의 촉진은 비교우위의 경제이론에 기초하여 더 구체적으로 정당화된다.[14] 이 이론은 일부 국가가 무엇인가를 생산하는 것에 '전적으로' 가장 효율적이지는 않을 것이라는 것을 암시한다. 그러나 비교우위 이론은 자원 이용가능성의 결과 비교적으로 효율적이게 될 것이라는 것을 제시한다.[15] 이런 이유로 비교우위 이론은 국제무역이 참가자들에게 경제적으로 유익할 것이고 각국이 자국민이 필요로 하는 모든 것을 생산해야 한다는 요구를 완화시킨다는 것을 보여준다.

---

12) SG Sreejith, 'Public International Law and the WTO: A Reckoning of Legal Positivism and Neoliberalism' (2007-2008) 9 *San Diego International Law Journal* 5, 47.
13) Gary P Sampson, *The WTO and Sustainable Development* (United Nations University Press, 2005) 78.
14) Peter Van Den Bossche, *The Law and Policy of the World Trade Organization* (Cambridge University Press, 2nd edition, 2008) 16.
15) Ibid.

WTO 규범을 통한 배출권거래제도의 분석과 관련된 두 번째 이론은 국제무역
체제와 환경조치가 추구하는 가치의 수렴을 포함한다. 무역이나 환경보호라는 목
적을 추구하기 위한 특정 정책수단의 결과로 인해 다른 하나의 가치가 방해받을
위험이 있다는 것은 오래전부터 잘 알려져 있다. 그뿐만 아니라 기후변화와 같은
환경쟁점은 국제적 성질을 가지고 있기 때문에 이는 필연적으로 국제무역과의 연
관성이 '불가피'하다는 것을 의미한다.[16] 이 때문에 경쟁으로 인한 갈등을 피하고
환경정책이 과도하게 또는 불필요하게 무역을 제한하지 않아야 한다는 약속이 있
어야 한다.[17]

> 교토의정서의 목표를 충족 또는 초과 달성하기 위한 배출저감 노력은 이러한 정책을
> 시행중인 국가에서는 시장경쟁력 문제를, 시행하지 않는 국가에 대해서는 탄소집약
> 산업의 탄소누출문제에 대한 두려움을 불러일으켰다. 이는 또한 이산화탄소 배출규
> 제의 부작용을 상쇄하기 위한 관세 또는 국경세조정의 제안으로 이어졌다.[18]

자유무역과 환경보호라는 가치의 수렴이 굳이 서로 부정적인 영향을 미칠 필
요는 없다. 국제협력은 경우에 따라 환경목표를 촉진시킬 수 있기 때문이다. 자유
무역에서 환경에 유익하다고 말할 수 있는 상품과 서비스는 경우에 따라 기후변화
의 완화를 촉진시킬 수 있다. 따라서 이러한 상품과 서비스의 교역에 대해 장벽을
가한다면 원하는 환경목표에 부정적인 영향을 미칠 수 있다.

마지막으로, 이 분석을 뒷받침하는 논의는 WTO 집행메커니즘(WTO enforcement
mechanism)에서 나온다. WTO 가입을 수락한 회원국은 새로운 경제적 수단 및 지
원조치(assistance measures)에 관한 WTO 규범을 의무적으로 고려해야 한다. 즉 "이
전에는 환율 및 세제정책과 같이 국가주권의 배타적 영역 내에 있다고 생각되던

---

16) Steve Charnovitz, 'An Introduction to the Trade and Environment Debate' in Kevin Gallagher
   (ed.), *Handbook on Trade and the Environment* (Edward Elgar, 2008) 237, 238; Tania Voon,
   'Sizing up the WTO: Trade-Environment Conflict and the Kyoto Protocol' (2000) 10 *Journal of
   Transnational Law and Policy* 71.
17) Ibid 238.
18) World Bank, *International Trade and Climate Change: Economic, Legal, and Institutional
   Perspectives* (World Bank Publications, 2007) 19.

것들이 지금은 무역자유화 또는 무역장벽에 대한 영향이 검토되어야 한다는 것"이 된 것이다.[19] WTO 회원국은 "자국의 법, 규정(regulation), 행정절차가 부속협정들에 규정된 의무에 부합하는지를 확인해야 하는 것"에 동의했다.[20] 따라서 WTO법을 준수할 의무는 모든 회원국에게 있다. Chimni는 WTO, 세계은행(World Bank), 국제통화기금(International Monetary Fund)에 대해 "국제법에 집행메커니즘이 없다는 한탄은 이 기구들에는 적용되지 않는다. 그들은 단순히 짖는 것만이 아니라 물기도 한다"[21]고 말했다. WTO법을 준수해야 하는 타당한 이유는 WTO협정의 집행메커니즘에서 비롯된다.

이 책은 WTO에 의해 만들어진 무역자유화에 대한 규범을 확인·검토한다는 것을 염두에 두고 있다. 이러한 규범에 대한 심층적인 고찰은 배출권거래제도가 WTO법을 따라야 하는지를 결정하는 데 매우 중요하다. 배출권거래제도가 기후변화 완화를 위한 효과적인 규제수단이 되기 위해서는 WTO 규범에 부합해야 할 것이다.

1.4 책의 구성

이 책은 WTO법이 분석의 틀로 사용될 때 발생하는 이행에 관한 쟁점들을 이해하기 위해 배출권거래제도에 관한 연구를 수행한 것이다. 연구의 범위에는 각기 다른 지역에서 시행된 배출권거래제도의 세부내용과 모든 배출권거래제도에서의 공통적인 일반원칙이 모두 포함된다. 각 장은 배출권거래제도와 WTO법의 각기 다른 퍼즐조각으로 이루어져 있다. 이 조각을 합치면 법체계의 상호작용을 통한 하나의 그림이 만들어진다.

---

19) John H Jackson, *The Jurisprudence of GATT and the WTO* (Cambridge University Press, 2000) 419.

20) *Marrakesh Agreement Establishing the World Trade Organization*, opened for signature 15 April 1994, 1867 UNTS 154 (entered into force 1 January 1995) Article XVI:4.

21) BS Chimni, 'International Institutions Today: An Imperial Global State in the Making' (2004) 15(1) *European Journal of International Law* 1, 4.

제2장에서는 배출권거래제도의 주요 특징을 개관하였다. 그 내용에는 배출권 거래제도의 몇 가지 중요한 측면에 대한 이해와 주목할 만한 배경지식이 포함된다. 이에 관한 것은 다음의 4가지 부분으로 구성된다. 먼저 배출권거래제도의 도입과 관련된 이론을 고려하였다. 이어서 배출권거래제도의 개념을 더 자세히 설명하기 위해 배출권거래제도의 주요 특징을 검토하였다. 이것은 이 책에서 필수적인 부분이다. 제2장에서는 국제기후변화체제와 배출권거래제도에 관한 국내법체제를 개관하였다. 세부 특징에 대한 분석은 다음 장에서 다룰 것이기 때문에 제2장에서는 구체적인 검토는 하지 않는다.

명확성을 높이기 위해서 배출권거래제도의 내용을 다루는 두 번째 장이 필요하다. 제3장은 배출권거래와 WTO 사이의 관계를 압축하여 서술했다. 이 장은 도입에 대한 장과 분석을 진행하는 장 사이를 연결하는 다리의 역할을 한다. 제3장은 WTO법을 검토하여 WTO라는 기구가 갖는 배출권거래제도와의 관련성과 배출권거래제도와 관련되어 있는 규범을 고찰한다. 제3장의 내용은 다시 4가지 부분으로 나누어지는데, 각 부분은 WTO법에 대한 각기 다른 질문에 응답하고 있다.

제4장의 목적은 다음의 두 가지이다. 첫 번째는 배출권이 WTO법에서 상품으로 분류될 수 있는가를 고려하는 것이고, 두 번째는 배출권이 이 범위에 포함된다는 것을 발견한 결과를 반영하는 것이다. 그러므로 제4장은 상품에 대한 정의로 시작한다. 온실가스가 거래가 가능한 성격인지의 여부는 배출단위가 거래 가능하도록 분류될 수 있는지 또는 분류해야만 하는지를 결정하기 위한 요소로 고려된다. 이 문제와 관련하여 저자는 배출단위는 유형자원이 아니기 때문에 단순히 상품으로 분류되지는 않을 것이라는 분석을 하였으나 이것이 곧 결론이 확정되었다는 의미는 아니다. 그러므로 이어지는 내용에서는 그 반대의 결과 역시 제시된다. 이 장에서는 배출단위가 거래단위로 분류될 때 배출권거래가 관세 및 무역에 관한 일반협정(General Agreement on Tariffs and Trade; 이하 GATT)의 규칙을 준수하는지 여부를 검토한다. 마지막으로 무역에 대한 기술장벽에 관한 협정(Agreement on Technical Barriers to Trade; 이하 TBT협정)의 배출권거래제도와의 관련성을 고찰한다.

제4장이 배출단위가 '상품'으로 분류될 때 적용가능한 규범을 검토한 것이라면, 제5장은 서비스 무역에 관한 일반협정(General Agreement on Trade in Service; 이하

GATS)을 배출권거래제도에 적용할 수 있는지를 살펴본다.[22] GATS는 WTO협정에서 유일하게 국제 서비스무역을 규제한다. 이 장에서는 배출단위를 두 가지의 정의로 구별하여 접근한다. 첫 번째는 배출단위가 서비스에 해당하는지 여부이다. 서비스에 해당한다면 해당 무역은 GATS의 직접적인 규율하에 놓이게 될 것이다. 두 번째 질문은 배출단위가 금융상품인지 여부인데, 만약 금융상품이라면 역시 그 무역은 GATS의 규제를 받게 된다.[23]

제6장은 지구온실가스의 거래가능한 수단에 대한 법적 검토에서부터 배출권거래제도가 도입되어 있는 EU와 호주 그리고 뉴질랜드의 배출권거래제도에서의 특정 지원조치까지를 검토한다. 제6장에서는 보조금 및 상계조치협정(Agreement on Subsidies and Countervailing measures; 이하 SCM협정)을 반영한다. 이때의 보조금은 배출권거래의 법적 책임과 관련하여 소개되어 왔다.[24] 이런 견지에서 제6장은 이 지원조치들의 WTO협정 준수여부를 검토하고 있다.

전술한 목적을 추구하기 위해 제6장은 세 부분으로 구성되어 있다. 첫 번째로 보조금에 관한 WTO법을 개관한다. 두 번째는 여러 제도에서 다루고 있는 탄소누출에 관한 조치가 WTO의 의무사항을 준수하고 있는지를 검토한다. 세 번째에서는 철강제조업에서 적용할 수 있는 다른 원조조치와 함께 호주의 철강산업개편계획 패키지(Australian Steel Transformation Plan Package)를 살펴본다. 이것은 이 조치들이 철강산업에 미치는 집단적 영향을 고려해 보기 위함이다. 철강산업은 탄소누출의 위험이 가장 큰 산업 중 하나이므로 이 책에서 중요한 사례가 된다.[25]

제7장은 실질적으로 최종의 장으로서 국경세조정과 배출권거래제도의 연계성을 검토한다. 비록 배출권거래제도 내에는 국경세조정에 관한 내용이 거의 없지만

---

22) Marrakesh Agreement Establishing the World Trade Organization, opened for signature 15 April 1994, 1867 UNTS 3 (entered into force 1 January 1995) Annex IB ('General Agreement on Trade in Services 1994').

23) 서비스무역에 관한 협정 및 그 패키지와 관련하여 발생하는 다른 쟁점은 보조금 문제이다. 이에 관해서는 제6장에서 자세히 다룬다.

24) 보조금 및 상계조치에 관한 협정은 회원국의 보조금 사용에 관한 기본합의이다. 동 협정에는 보조금의 정의가 포함되어 있고 회원국에 의해 금지되거나 시행가능한 보조금 한도가 나타나 있다.

25) Tony Wood and Tristan Edis, 'New Protectionism Under Carbon Pricing: Case Studies of LNG, Coal Mining and Steel Sectors' (Report No 2011-X, Grattan Institute, September 2011).

국경세조정은 배출집약산업의 경쟁력 문제를 해결하기 위한 수단으로 제안된 것이다. 실제로 기후변화와 이에 관련된 모든 시도는 전 지구적 문제이기 때문에 많은 논평가들(commentators)은 유일한 적절한 대응은 전 지구적 대응이라고 말한다. 이러한 이유에서 제7장은 국경세조정이 경쟁력 문제를 다루는 더 효과적인 수단이 될 수 있는지 여부를 살펴본다. 그러나 이 장의 연구결과에 기초하여 저자는 WTO법의 관점에서 적어도 배출권거래제도와 함께 시행되는 지원조치가 국경세조정보다 선호되어야 한다고 생각한다.

제8장은 결론으로 4개의 실체적인 장을 통해 도출한 중요한 결과를 요약한다. 이를 통해 배출권거래제도의 이행에 관한 쟁점들이 이 연구의 범위 내에서 해결된다. 이 장은 배출권거래체계와 WTO법 모두에 대한 권고를 포함하고 있다. 이들 권고와 함께 저자는 기후변화완화를 위한 온실가스 배출권거래제도가 도입되기 전에 WTO협정상 대부분의 조항이 회원국들과 협의되었다는 것을 강조하고 있다. 이런 이유로 회원국들에 있어 WTO법이 이들 배출권거래제도를 어떻게 규율할지 그리고 더욱 근본적으로 그것들을 규제하는 것이 WTO의 역할인지를 명확히 하는 것이 매우 중요하다.

제 2 장

배출권거래의 구성요소

2.1 서 론

배출권거래제도는 온실가스의 배출에 가격을 책정하는 가장 잘 알려진 수단 중 하나이다. 이 제도는 또한 이 책의 분석대상이기도 하다. 우선 본 장의 목적은 이 제도의 중요한 특징을 개괄적으로 살펴보는 것이며, 네 부분으로 나누어 검토하도록 한다. 본 장은 배출권거래제도의 도입을 정당화하기 위한 몇 가지 이론에 대한 검토로 시작한다. 이 이론들은 배출권거래제도에 대한 중요한 배경지식을 제공함과 동시에 법적 기초에 관한 측면들 중 일부에 대한 이해를 가능하게 한다.

배출권거래제도의 메커니즘은 다소 복잡할 수 있고 여기에서 제공하는 정보는 포괄적으로 이해하기에는 미흡하다. 본 장의 두 번째 부분은 시장메커니즘에 기초하여 배출권거래제도와는 또 다른 유형의 거래가능한 수단에 대한 기본적인 설명을 포함한다. 이 부분은 이후의 장에서 거론되는 거래가능한 수단의 법적 지위를 분석하는 데 중요한 맥락을 제공하기 때문에 본 장의 핵심적인 부분이다.

전 세계적으로 많은 배출권거래제도가 도입되었다. 여기에는 국제기후변화체제 내의 메커니즘인 국제배출권거래가 포함된다. 이 메커니즘은 각 국가의 온실가스 배출 정도를 설명하고 감축을 장려하는 수단이 된다. 국제배출권거래와 다른 유연성 메커니즘(flexible mechanisms)을 통해 국제기후변화체제는 지역 및 국내배출권거래제도의 도입을 장려해 왔다. 국제기후변화체제는 본 장의 세 번째 부분에서 고찰한다.

지역배출권거래제도와 국내배출권거래제도 사이에는 몇 가지 중요한 차이점이 있으며 동시에 전 지구적인 영향이라는 공통점도 있다. 그러므로 본 장의 마지막 부분에서는 EU, 호주, 뉴질랜드의 3가지 주요한 배출권거래제도를 개관한다. 이는 세계에서 최초로 도입된 배출권거래제도 중 3가지였으므로 이 부분에서 법체계 사이의 차이점을 중심으로 살펴보고자 한다. 이 제도들에 대한 비교는 이 책의 WTO 규범의 적용을 입증하기 위해 사례연구가 필요하다고 여겨지는 부분에서 계속된다.

2.2 배출권거래에 관한 이론

배출권거래와 관련된 이론들은 1900년대 초반 학자들의 연구로 거슬러 올라간다.[1] 오염자 부담의 원칙(the polluter pays principle)은 비용할당에 관한 경제적 원칙이다. 동 원칙은 외부효과이론(the theory of externalities)에서 비롯되었다.[2] 외부효과는 거래의 제3자에게 비용 또는 영향이 나타나고 제3자는 이에 대한 아무런 통제력이 없는 상태라고 설명될 수 있다. 제조업의 경우 외부효과는 최종비용이 반영되지 않은 즉, 상품을 생산하는 비용을 의미하며 이 비용은 다른 곳으로 전가되는 비용이다. 부정적인 외부효과는 외부환경에 대한 비용으로 설명할 수 있다. 기후변화의 부정적인 외부효과란, 인간이 발생시킨 온실가스를 대기로 방출하여 대기 중의 온실가스 농도를 증가시키고, 결과적으로 기후변화를 야기하는 것을 의미한다. 이 이론은 재화의 가격에 대해 생산과 관련된 비용을 가격에 적절히 반영하기 위해 배출량에 비용이 할당되어 생산자가 부담하게 해야 한다고 본다. Pigou는 외부효과를 내부화하는 세금 메커니즘을 1920년대에 처음으로 제안하였다.[3] Pigou가 개념화한 세금의 구조는 외부효과가 제품의 비용으로 모두 내부화되어 환경피해를 감소시켜야 한다는 것이었다. 피구세(Pigouvian taxes)는 명백히 무상자원(free resource)을 이용하는 편향을 정정하여 재화의 가격이 생산의 사회적 비용에 가까워지게 만드는 교정적 조세(corrective taxes)이다.[4] 피구세는 Coase가 발전시킨

---

1) Sanja Bogojevic, *Emissions Trading Schemes: Markets, States and Law* (Hart Publishing, 2013) 5.
2) Hon Justice Brian J Preston, 'Sustainable Development Law in the Courts: The Polluter Pays Principle' (2009) 26 *The Environmental and Planning Law Journal* 253 at 258.
3) Louis Kaplow, *The Theory of Taxation and Public Economics* (Princeton University Press, 2008) 20.
4) Richard A Ippolito, *Economics for Lawyers* (Princeton University Press, 2005) 240.

시장 메커니즘 이론과 대조될 수도 있다. Coase는 오염이 생산의 부산물이라고 인지하였으며, 이에 상응하는 재산권이 창출될 수 있고, 정부보다는 시장이 이를 적절히 규제할 수 있을 것이라 보았다.[5]

이 이론들은 배출권거래제도와 관련된 여러 주장을 더 자세하게 설명할 수 있도록 한다. Bogojevic은 배출권거래제도의 운영에는 세 가지 모델이 있다고 주장한다. 첫 번째는 경제적 효율성 모델(economic efficiency model)이고, 두 번째는 사유재산권 모델(private property rights model)이며, 그리고 마지막 세 번째는 명령과 통제의 모델(command and control model)이다. 먼저 경제적 효율성 모델은 외부효과의 내부화 이론에 기초를 두고 배출권거래제도와 같은 제도의 목적은 배출량이 규제되지 않을 때 다른 사람이 부담하는 비용과 동등한 비용을 배출량에 할당하는 것에 있다고 본다. 두 번째 모델인 사유재산권 모델은 공유지의 비극(the tragedy of the commons)에서 그 근거를 찾는다. Garret Hardin은 1968년의 저술에서 자원을 누구도 소유하지 않을 때에는 이에 접근할 수 있는 모든 사람들에 의해 잠재적으로 남용될 수 있으므로 재산권은 이러한 남용을 막기 위하여 적절하게 할당되어야 한다고 제안하였다.[6] 공유지의 비극은 사용자에게 비용이 청구되지 않음으로 인해, 가치 있는 자원이 낭비되는 상황을 설명한다. 귀중한 자원의 가격이 0원일 때 사람들은 한계편익(marginal benefit)이 플러스(positive)로 유지될 때까지 계속해서 부당하게 이용할 것이다. 이 모델은 코즈의 정리(Coase theorem)에서 근거를 찾는다. 코즈의 정리는 시장실패를 바로잡는 가장 효율적인 방법이 재산권을 배분하고 정부보다는 시장이 재산권의 가치를 결정하도록 허용하는 것이라고 보았다.[7] 설명을 하자면 코즈의 정리는 피구세와 같은 세제를 통한 비용의 배분보다는 재산권의 창출과 배분으로 경제적으로 효율적인 결과를 도출하도록 협상하고 거래하도록 하는 것이다.

마지막으로 명령과 통제의 모델은, 그 목적이 제도를 통해 책임을 제한하는 것에 있는 다른 모델의 변형된 형태이다. 언급한 바와 같이 "배출권거래는 국가와

---

5) RH Coase, 'The Problem of Social Cost' (1960) 3 *Journal of Law and Economics* 1.
6) Garrett Hardin, The Tragedy of the Commons' (1968) 162 *Science* 1243.
7) Tom H Tietenberg, 'The Evolution of Emissions Trading' in John Siegfried (ed.), *Better Living through Economics* (Harvard University Press, 2010) 42, 43.

공유지에 대한 국가의 규제적 통제를 없애지 않더라도 행정적으로 유연성을 갖도록 만들어서 환경법을 '재규제'하는 혁신적인 규제전략으로 구상되어 있다."[8] 배출권거래를 사용하는 것은 전통적 명령과 통제의 규제방식과 동일한 효과를 달성하기 위한 간접적인 방법인 것 같지만 엄격한 표준이나 라이센스를 설정하는 것과는 대조적으로 명령과 통제모델의 사용에는 이점이 있다. 그런 이점 중 하나는 배출권거래 모델이 온실가스 감축과 이러한 감축을 달성하기 위해 사용되는 조치 모두에서 유연성을 허용한다는 것이다. 또 하나의 중요한 이점은 배출권거래가 국제단위(international units)와 크레딧을 국내 감축목표에 포함시킨다는 것이다. 이에 대한 자세한 설명은 아래와 같다.

2.3 배출권거래의 메커니즘

2.3.1 배출권거래시장

시장을 확립하기 위해서는 시장 내에서 거래될 대상을 만들어야 할 필요가 있다. 배출권거래제도는 온실가스를 배출하는 실체에 비용을 부과함으로써 온실가스감축에 드는 비용이 제도하에서 부과받는 비용보다 적을 때 규제의 수범자들이 자발적으로 온실가스배출을 감소시키도록 권장하는 방식으로 운영된다.[9] 이와 같은 결과를 내기 위해 배출권거래제도는 공개시장에서 거래가능한 미리 정해진 단위로 표현되는 온실가스 배출량에 가격을 책정하여 시장 메커니즘으로 운영한다.[10]

배출권거래제도는 온실가스를 배출할 권리가 결합된 단위와 크레딧을 거래하기 위한 목적으로 개발된 제도이다.[11] 배출권거래제도는 일반적으로 단위를 발행

---

8) Bogojevic, above n 1, 20.

9) Rosemary Lyster, 'Chasing Down the Climate Change Footprint of the Public and Private Sectors: Forces Converge-Part II' (2007) 24 *Environmental and Planning Law Journal* 450, 452.

10) Jurgen Lefevere, 'Greenhouse Gas Emissions Trading: A Background' in Michael Bothe and Eckard Rehbinder (eds), *Climate Change Policy* (Eleven International Publishing, 2005) 103, 104.

11) Ibid 104.

하거나 경매하여 온실가스 배출에 책임이 있는 자가 배출에 적용할 목표를 설정하거나 제한하도록 요구한다. 책임이 있는 실체가 온실가스 배출을 감축하기보다는 배출권을 구입할 것인지의 여부는 일반적으로 배출권거래시장에서 배출권의 가격에 달려 있다.

배출총량제도(Cap-and-trade)하의 배출권거래제도의 공통적인 특징은 배출단위 또는 크레딧을 거래하여 시장을 운영한다는 것이다. 탄소시장은 '규제기관에서 배부하거나 온실가스 감축사업에서 발생하는 배출크레딧(또는 단위)의 매매'라고 설명될 수 있다.[12) 시장의 생성은 시장이 위치하는 곳의 법체계와 거래수단에 대한 법적 설계에 달려 있다.[13)

이 책의 전체에서 시장이라는 용어가 사용될 때에는 시장에서 구체적으로 무엇이 고려되었는지에 대한 숙고가 필요하다.[14) 배출권거래를 통해 형성된 시장은 크게 두 개의 구체적인 유형으로 분류할 수 있다. 그 시장은 의무적으로 배출감축이 일어나는 강제적 시장과 자발적 시장을 포함한다. '자발적 시장'이라는 용어는 온실가스 감축이 의무적이지 않은 모든 배출권거래시장을 의미하고, 여기서는 정부의 규제에 따른 참여가 요구되지도 않는다. 자발적 시장에는 강제적 시장과 유사한 참여자가 있다. 이 참여자들은 주로 기업, 정부, 조직, 국제행사 주최자 및 개인들이다. 강제적 시장에서 책임 있는 실체와는 달리, 자발적 시장과 관련된 실체는 자발적으로 탄소 상쇄분(carbon offsets)을 구입함으로써 탄소배출에 대한 책임을 진다는 생각으로 참여하고 있다. 이러한 자발적 상쇄분은 상쇄프로젝트 포트폴리오에 투자하여 그 결과로 발생한 배출감축 크레딧을 판매하는 업체로부터 구입한다.[15) 강제적 시장과 자발적 시장은 모두 크레딧과 단위를 거래하기 위한 플랫폼이다.

이 책은 자발적 제도와는 대조되는 강제적 배출권거래제도에 관해서만 다룬다. WTO 규범은 WTO 회원국에 대해서만 적용되기 때문에 WTO 규범은 자발적 제

---

12) Ricardo Bayon, Amanda Hawn and Katherine Hamilton, 'The Big Picture' in Ricardo Bayon, Amanda Hawn and Katherine Hamilton (eds), *Voluntary Carbon Markets: An International Business Guide to What They Are and How They Work* (Earthscan, 2007) 1, 5.
13) 예컨대 탄소단위는 배출단위 교환을 위한 시장의 형성을 위해 양도가능해야 한다.
14) Bayon, Hawn and Hamilton, above n 12, 5.
15) Ibid.

도에까지 적용되는 것은 아니다. 따라서 시카고 기후거래소(Chicago Climate Exchange)
와 같이 자발적 시장이 민간단체에 의해 유지되고 있는 경우에는 WTO 규범이 적
용되지 않는다. 이러한 이유로 자발적 시장은 이 책에서 다시 다루어지지 않는다.

배출권거래를 더 철저히 이해하기 위해서는 배출권거래 모델의 본질이 그 모
델에 관한 법체계에 의해 좌우된다는 것에 유의할 필요가 있다. 이 법체계 내에 제
도를 구성하는 몇 가지 핵심 요소가 있다. 즉, 배출단위 그 자체의 법적 성질과 특
징이 분석되어야만 한다. 배출권거래제도는 일반적으로 몇몇 유형의 단위로 구성
되는데, 이 단위는 온실가스 배출에 대한 법적 책임을 대체하는 역할을 하는 것으
로 볼 수 있다. 이 책에서 거래의 수단이라 함은 바로 이 단위와 크레딧을 의미한
다. 배출권거래제도를 이 책에서 사용된 용어와 함께 이해하기 위해서는 배출단위
(emissions units), 크레딧(credits), 허가(permits) 사이의 몇 가지 근본적 차이점을 명
확히 하는 것이 중요하다.

2.3.2 단위, 크레딧, 허가

시장의 중심에는 거래의 객체가 있다. 설사 객체가 시장에서 독립적으로 존재
할 수 있다 하더라도, 그 시장이 존재하는 이유는 이 객체의 거래를 위한 것이다.
배출권거래시장에서의 중심 객체는 온실가스 배출의 설정된 양을 나타내는 *거래가
능한 수단(tradable instrument)*이다. 이들 수단은 모든 배출권거래제도에서 주요한
법적 특이점으로 나타난다. 이러한 이유에서 이 수단의 설계가 이 제도의 전반적
인 법적, 재정적 구조에 매우 중요하다.

온실가스 거래수단을 서술하는 용어는 이 수단을 나타내는 데 사용되는 여러
가지 이름이 있는 만큼 복잡한 문제일 수도 있다. 국내·외에 존재하는 구체적 거
래수단을 살펴보기 전에 이하의 장에서 이러한 수단을 언급하기 위해 사용되는 이
름을 분명히 하는 것이 중요하다.

온실가스 거래수단을 언급하는 데 사용된 첫 번째 표지는 '배출단위(emissions
unit)'이다. 배출단위는 온실가스 배출감축과 기후변화완화를 위해 설계된 배출총
량거래방식(cap−and−trade)의 배출권거래제도에서 쓰인다.[16] 이들 단위는 일반적

으로 정부가 발행하며 특정한 온실가스 배출량으로 표시된다. 이들 단위는 보통 무상할당(free allocation)이나 경매(auction)로 유통된다.[17] 논평가들은 이들 단위를 '계정단위(accounting units)'라고 한다. 왜냐하면 이들 단위를 통해 규제기관이 배출이 발생한 장소를 추적·기록할 수 있기 때문이다.[18] 또한 이들 단위에 대한 제한을 통하여 온실가스 배출감축목표를 세울 수 있다.[19]

배출단위는 시장 참가자들이 법적으로 이들 단위를 소유하고 양도할 수 있다는 것을 보장하는 특정한 법적 특징을 가져야 한다는 것이 중요하고 아마도 필수적이다. 그 이유는 이러한 특성이 없다면 배출단위는 거래의 단위가 되지 못하기 때문이다. 따라서 단위는 양도될 수 있어야 하고 재산권의 또 다른 유형으로서 유사한 권리를 갖도록 해야 한다. 이러한 개념은 제4장에서 구체적으로 설명될 것이다.

온실가스 배출권거래제도의 또 다른 거래수단은 '배출크레딧(emissions credit)'이다. 배출권거래제도 내의 규칙에 따라 책임이 있는 실체는 배출단위를 제출하는 것과 유사한 방식으로 배출크레딧의 제출을 통해 배출책임에 대한 비용을 지불할 수 있다. 그러나 이들 수단은 배출단위와는 또 다른 특징을 가지고 있다. 규제기관은 오로지 배출권거래제도를 통해 도입된 법적 책임을 계산하기 위한 수단으로서 배출단위를 만들어 냈다. 하지만 크레딧은 온실가스 배출원의 제거 또는 온실가스 배출 방지를 의미한다.[20] 배출크레딧은 일반적으로 법체계가 특정한 프로젝트에 대한 승인된 방법론을 가지고 있는지 여부에 달려 있다.[21] 언급한 바와 같이 배출크레딧의 이용은 배출단위와 유사하다. 그러나 궁극적으로 이는 배출권거래제도를 시행하는 법체계에서 단위와 크레딧의 제출요건에 달려 있다.[22]

---

16) 호주의 탄소 가격책정 메커니즘(Carbon Pricing Mechanism; CPM)은 거래단위를 탄소단위로 보고, EU ETS는 배출 '할당량'이라 부른다.

17) Clean Energy Act 2011 (Cth) s 99.

18) Matthieu Wemaere, Charlotte Streck and Thiago Chagas, 'Legal Ownership and Nature of Kyoto Units and EU Allowances' in David Freestone and Charlotte Streck (eds), *Legal Aspects of Carbon Trading: Kyoto, Copenhagen and Beyond* (Oxford University Press, 2009) 35, 37.

19) 이것은 배출크레딧과 비교할 때 온실가스 배출감축 또는 회피를 포함한 특정한 활동의 결과로 발행된다.

20) Wemaere, Streck and Chagas, above n 18, 44.

21) Scott Deatherage, *Carbon Trading Law and Practice* (Oxford University Press, 2011) 175.

22) 예를 들어 호주 CPM은 가격이 책정되는 기간 동안 호주 탄소 크레딧 단위(Australian Carbon Credit Units)의 제출을 제한한다.

이들 수단에 대해 더 잘 이해하기 위해서는 배출단위와 크레딧을 배출 허가 (emissions permits)와 비교할 수 있다. '허가'의 사전적 정의는 '어떤 것을 허락하는 공식적인 문서'라는 의미이다.23) 그러므로 허가는 특정한 행동을 하지 않을 의무를 위반해야만 할 경우 또는 특정 행동을 할 권리가 존재하지 않는 경우에만 요구된다. EU의 배출권거래제도(Emissions Trading Scheme; 이하 ETS) 내에서는 배출에 대한 금지요건이 있기 때문에 허가가 필요한 부분이 존재한다. 그러나 허가는 할당 (allowances)과는 구분된다. 할당이 본질적으로 배출에 대한 비용을 지불하는 것인 반면, 허가는 배출의 방출과 관련된 의무를 포함한다. 그렇다면 허가를 통해서 온실가스의 배출이 정말로 금지되는가? 만약 이러한 경우라면, 배출단위는 배출권거래제도에서 허가 또는 라이센스(licences)라는 법적 특성을 가진 객체로 작용하게 된다. 국제법은 이렇듯 다소 복잡한 질문에 대한 답 중 어떤 것들을 규정하고 있다.

2.3.3 온실가스 배출과 관련된 국제법상 권리와 의무

국제법은 기본적으로 금지된 것들에 대해 허락해 주는 시스템으로 작동한다. 허락이 있으면 행위가 가능하지만, 허락이 있기 전까지는 해당 행위가 금지된다. 국제법은 국가에게 공동의(res communis) 공간을 존중하고 보전해야 할 의무를 부과한다. 공동의 것(res communis)이라는 용어는 '공해, 해저, 우주공간과 같은' 국가의 관할권을 넘어서는 모든 영역을 포함한다. 이 용어는 대기의 공공영역을 포함하는 것처럼 보인다. 비록 이 용어가 대기권까지 확장되지는 않는다 하더라도 과학문헌은 온실가스 배출이 다른 공동의 영역에 상당한 손해를 초래할 것이라는 견해를 제시한다. 이러한 이유로 대기권을 보전하고 온실가스 배출을 제한하는 국가에 기반한 의무(state-based duty)가 있다는 논리적 주장이 가능해진다. 따라서 공동의 것이라는 국제적 원칙에 기반하여 각 국가는 더 이상 제한없이 온실가스를 배출할 권리가 있다는 주장을 할 수 없다.

다음에 이어지는 절에서 보다 자세히 다루어질 국제기후변화체제는 국가가

---

23) Catherine Soanes, Sara Hawker and Julia Elliot (eds), *Oxford English Dictionary* (Oxford University Press, 6th edition, 2010) 555.

대기로 온실가스 배출의 무제한적인 양을 배출할 권리를 가지는 것이 아니라는 개념을 강화시킨다. 이는 유엔기후변화협약(United Nations Framework Convention on Climate Change; 이하 UNFCCC)에 명시된 의무에서 분명히 나타나며, 서명국이 배출에 대한 '자율규제(voluntary restraint)'를 보여줄 것을 요구한다. 또한 이것은 부속서 I 국가에게 의무 감축목표를 부과한 교토의정서의 문언에서도 분명하게 드러난다.

대기 중의 온실가스 농도를 안정시키는 국가의무에 대한 승인이 자동적으로 회원국의 영토 내에서 활동하는 실체들의 배출에 대한 금지로 나타나는 것은 아니다. 예컨대 호주에서는 대기 중으로 온실가스를 배출하는 실체에 대해 부과되는 금지사항이 없다. 이처럼 그 관할권 내에서는 기본적인 금지조치가 없었기 때문에 배출 허용량을 표시할 수단이 없었다.

EU에서는 호주의 경우와 다른 측면을 보여준다. EU에서는 ETS하에서 책임이 있는 특정 실체에게 배출을 자제하도록 하는 의무를 부과하였다. 다시 말해, 특정 실체는 해당 실체가 온실가스를 배출할 수 있는 허가를 가지고 있지 않다면 온실가스의 배출이 불허된다. 그러나 EU의 허가는 EU의 할당과는 다르다. 실제로 호주의 체계 내에 있는 단위처럼 할당은 배출 라이센스 또는 허가보다는 배출 화폐에 더 가깝다. 이와 달리 EU에서 할당되는 배출 허가는 양도할 수 없으며 이러한 허가의 목적은 목록화된 시설에 특정한 조건을 부과하는 것이다. 따라서 이들 허가는 유일하고 구체적이다.

2.4 배출권거래제도의 출현 – 국제기후변화의 틀

지난 10년간 전 세계적으로 많은 배출권거래제도가 채택되었다. 배출권거래는 1960년대에 미국에서 이산화황 감축계획(Sulphur Dioxide Reduction Plan)이 도입되었을 때부터 실질적인 환경보호를 위한 특정 제도로서 나타났다. 이산화황 감축계획의 목적은 배출량 할당과 이전 프로그램을 통해 산성강하물의 효과를 역전시키는 것이었다. 이 계획은 석탄 화력발전소에서 배출된 이산화황 배출단위를 제한하는 것으로 시작하여 더 많은 기업과 지역으로 확대되었다. 이는 이산화황의 배출감축에 매우 성공적인 방법으로 평가되어 국제기후변화체제에 많은 영향을 미쳤다.

　인간활동에서 비롯한 온실가스 배출감축을 위해 거래시스템의 사용을 선호하는 국제적 움직임은 국제기후체제, 특히 교토의정서에서 시작되었다. 교통의정서의 주된 목적은 '온실가스의 인위적 배출'을 제한하고 그 제한을 이행하는 데 있어 법적 구속력을 부여하는 것이다.[24] 이러한 제한을 통해 교토의정서는 당사국들이 의무를 이행하는 데 사용할 수 있는 여러 가지 유형의 배출단위와 크레딧을 만들었다. 교토의정서가 만든 배출단위와 크레딧은 서로 다른 특징을 가지고 있는데, 이에 관해서는 다음 장에서 간략하게 살펴볼 것이다.

　교토의정서하의 국제배출권거래제도는 국가에 기반을 둔 효과적인 배출권거래시장을 만들어 냈다. 온실가스를 배출하는 기업 및 개인은 교토의정서에서 승인되지 않는다. 비록 정부가 자신의 의무를 자국 영토 내의 실체들에게 이양하고 이 기관들이 국제적으로 할당량을 거래하도록 허용할 가능성은 조약에 의해 인정되지만 국내 탄소가격 등의 개발은 국제기후변화체제와 관련이 없다. 2012년 12월 8일 카타르 도하에서는 '교토의정서에 대한 도하 개정(Doha Amendment to the Kyoto Protocol)'을 채택하였다. 이 개정안은 2013년 1월 1일부터 2020년 12월 31일까지 운영되는 새로운 교토 공약기간에 관한 것을 포함하고 있다.[25] 도하 개정의 주요 내용은 다음과 같다:

- 교토의정서의 부속서 1 국가들에 대한 새로운 공약
- 2013년 1월 1일부터 2020년 12월 31일까지의 새로운 공약기간 그리고
- 제2차 공약기간을 위해 개정될 필요가 있었던 교토의정서상의 몇몇 조문들에 대한 개정[26]

---

24) Annie Petsonk, 'The Kyoto Protocol and the WTO: Integrating Greenhouse Gas Emissions Allowance Trading into the Global Marketplace' (1999) 10 *Duke Environmental Law and Policy Forum* 185, 188.

25) Conference of the Parties, United Nations Framework Convention on Climate Change, *Report of the Conference of the Parties on its Eighteenth Session, Held in Doha from 26 November to 8 December 2012-Part Two: Action taken by the Conference of the Parties at its Eighteenth Session*, UN Doc FCCC/CP/2012/8/Add. 1 (28 February 2013).

26) See United Nations Framework Convention on Climate Change, *Kyoto Protocol* (2013) http://unfccc.int/kyoto_protocol/items/2830.php.

교토의정서 제2차 기간에 대한 변경과 공약은 상당하지는 않았지만, 제1차 기간의 서명국들은 과도기로 보이는 것들에 대해 참여하지 않기로 한 바 있다. UNFCCC의 모든 당사국들이 구속력 있는 배출감축공약을 가진 국제적 합의를 위해 노력함에 따라 제2차 공약기간은 과도기로 여겨질 수 있다. 이 합의는 2015년에 마무리되었으며 2020년에 개시될 것이다.[27] 이는 유연성 메커니즘이 지역적 배출권거래제도와 관련성을 유지하는 것을 의미한다. 실제로 국제기후변화체제에 국제배출권거래제도를 포함시킴으로써 국내배출권거래제도의 발전을 장려해 왔다. 왜냐하면 지역의 배출권거래제도에 교토 단위를 포함시키는 것을 허용할 수 있었기 때문에 더 비용 효과적이고 광범위한 배출감축이 가능해졌기 때문이다.

교토의정서는 다양한 배출단위와 크레딧을 개발하였는데, 우리가 국제거래규칙을 살펴볼 때에는 이들 사이의 차이점을 이해하는 것이 중요하다. 이 책에서는 각 단위의 차이점에 대해 논할 것이다. 이를 염두에 두고 이하에서는 각 단위에 대한 간단한 내용을 살펴본다.

2.4.1 할당배출권(Assigned Amount Units; AAUs)

교토의정서상의 배출제한은 국제적 배출단위인 할당배출권(Assigned Amount Unit; 이하 AAU)의 개발로 이어졌다.[28] 부속서 I 국가인 선진국들은 법적 구속력이 있는 제한된 배출량 안에서 배출허용량과 동일한 AAUs를 받았다.[29] 각 AAU는 이산화탄소 1톤을 방출하는 단위와 동등하다.[30] 그러나 AAUs는 대기 자체에 대한 권리를 만들어 내지는 않았다.

교토의정서 공약 제1차 기간 이후 많은 양의 초과 AAUs가 남았다. 공약 제2차의 많은 서명국들은 무의미한 온실가스 배출감축을 우려하여 초과 단위를 사지 않기로 합의했다.[31] 따라서 AAUs는 교토의정서상 유연성 메커니즘의 일부로 여전

---

27) *United States-Restrictions on Imports of Tuna* GATT BISD 39th Supp, 155, (1993, unadopted).
28) 교토의정서는 1998년 3월 16일에 서명을 위해 공개되었다. 37 ILM 22(1988) (2005년 2월 16일에 발효) 제3조.
29) Petsonk, above n 24, 189.
30) Nicola Durrant, *Legal Responses to Climate Change* (The Federation Press, 2010) 43.

히 남아 있지만 공약 제2차 기간의 AAUs는 제1차와는 뚜렷하게 구별된다.

2.4.2 공인인증감축량(Certified Emission Reductions; CERs)

교토의정서의 유연성 메커니즘으로 고안된 거래가능한 수단의 두 번째 유형은 공인인증감축량(Certified Emission Reduction; 이하 CER) 크레딧이다.[32] CERs는 교토의정서의 청정개발체제(Clean Development Mechanism; 이하 CDM)를 통해 발생한 온실가스 크레딧을 의미한다.[33] CDM은 부속서 Ⅰ 국가들이 감축목표를 달성하기 위해 개발도상국에서 온실가스 감축프로젝트를 이행하는 것을 온실가스 감축량에 포함시켰다.[34] CDM의 목적은 개발도상국의 지속가능성을 촉진시켜서 다양한 수단으로 부속서 Ⅰ 국가들이 교토의 목표를 달성하도록 하는 것이다.[35]

CDM 프로젝트가 발행한 CERs가 되기 위해서는 여러 가지 요건을 충족시켜야 한다. CDM 프로젝트에서는 해당 프로젝트 없이 발생한 온실가스 배출량보다 프로젝트의 실행 후에 발생한 배출량이 감소하였음을 증명할 자료를 요구한다.[36] 이 메커니즘을 통해 발행된 CERs는 그 유형에 따라 크레딧에 대해 조건이 부과된다. 예를 들어 산림계획 또는 숲 재생 프로젝트 활동으로 발생하는 CDM 프로젝트는 일시적 CERs(tCERs) 또는 장기적 CERs(lCERs)를 받는다.[37] 이러한 크레딧의 유형은 일반적인 CERs와 법적 특성이 다르다.

---

31) 교토의정서 공약 제1차 기간에서의 초과분을 사지 않는 것에 동의한 국가는 호주, EU, 일본, 리히텐슈타인, 모나코, 노르웨이, 스위스이다.

32) The Kyoto Protocol to the United Nations Framework Convention on Climate Change, opened for signature 16 March 1998, 37 ILM 22 (1998) (entered into force 16 February 2005) Article 12.

33) Explanatory Memorandum, Australian National Registry of Emissions Units Bill 2011 (Cth) 13 [2.13]; The Kyoto Protocol to the United Nations Framework Convention on Climate Change, opened for signature 16 March 1998, 37 ILM 22 (1998) (entered into force 16 February 2005) Article 12.

34) Ibid.

35) Durrant, above n 30, 50.

36) Ibid 52.

37) 이러한 인증된 배출 감축분의 두 가지 유형은 모두 제한된 수명을 가지며 국제단위로 인정되지 않는다. Explanatory Memorandum, Australian National Registry of Emissions Units Bill 2011 (Cth) 13 [2.14]. 이러한 단위는 교토의정서 자체가 아니라 제9차 당사국총회를 통해 만들어졌다. Wemaere, Streck and Chagas, above n 18, 36.

2.4.3 배출감소단위(Emission Reduction Units; ERUs)

공동이행(Joint Implementation; 이하 JI) 프로젝트는 배출감소단위(Emission Reduction Unit; 이하 ERU)를 발행한다. JI 프로젝트는 부속서 I의 한 국가에서 다른 당사국이 감축 프로젝트를 이행하는 것이 특징이다. 프로젝트의 이행 책임국은 발생한 단위에 대한 권리를 부여받는다.[38] ERUs는 온실가스 크레딧의 한 유형이지만 CERs와는 달리 부가적인 크레딧이 아니다.[39] ERU를 만들기 위해 JI 프로젝트를 유치(주도적으로 진행)하는 국가는 AAU 또는 RMU를 취소하고, 나중에 ERU를 프로젝트 이행 책임국에게 양도해야 한다.[40] CDM의 프로젝트와 유사하게 JI 프로젝트는 그 이행에 있어 많은 규제 장벽이 있다. 그 결과 대부분의 선진국들은 이 프로젝트들에 대한 승인을 주저하였다.[41]

2.4.4 흡수저감단위(Removal Units; RMU)

RMU는 토지이용, 토지이용의 변화 및 산림활동과 관계된 흡수원 활동(sink activities)에 관한 권리로, 부속서 I 국가들이 발행한다.[42] 당사국은 교토의정서하에서 이들 단위와 관련된 의무를 지킬 수 있다. 그러나 교토의정서는 이와 같은 당사국의 토지이용활동을 투명한 방식으로 보고하도록 요구하였고, 이로 인해 별도의 크레딧 유형이 필요하게 되었다.[43] 교토의 다른 크레딧 유형과 마찬가지로 부속서 I 국가들 사이에서는 RMUs를 거래할 수 있다.[44]

---

38) Explanatory Memorandum, Australian National Registry of Emissions Units Bill 2011 (Cth) 13 [2.16].
39) Durrant, above n 30, 57.
40) The Kyoto Protocol to the United Nations Framework Convention on Climate Change, opened for signature 16 March 1998, 37 ILM 22 (1998) (entered into force 16 February 2005) Article 6.
41) Durrant, above n 30, 58.
42) Wemaere, Streck and Chagas, above n 18, 35; The Kyoto Protocol to the United Nations Framework Convention on Climate Change, opened for signature 16 March 1998, 37 ILM 22 (1998) (entered into force 16 February 2005) Articles 3.3 and 3.4.
43) The Kyoto Protocol to the United Nations Framework Convention on Climate Change, opened for signature 16 March 1998, 37 ILM 22 (1998) (entered into force 16 February 2005) Articles 3.3 and 3.4.

2.5 배출권거래제도

　배출권거래에는 여러 가지 요소들이 포함되어 있지만 이 책의 목적을 위해서
저자는 몇 가지 중요한 점만을 강조하고자 한다. EU는 지역배출권거래제도를 위
한 체계를 제공한다. EU는 처음으로 배출권거래제도를 도입하였고 EU 전체 국가
의 배출량을 이 배출권거래제도에서 다루고 있다. 이는 배출권거래제도를 도입한
다른 국가들이 국내 시스템의 유동성을 높이기 위해 최초의 제도와 연계하여 제도
를 도입하는 것에 도움을 준다. 이 때문에 EU의 배출권거래제도와의 양립성은 종
종 중요하게 다루어진다.

　전 세계적으로 배출권거래제도의 도입이 점차 증가하고 있다. 이하에서는 이
와 같은 배출권거래제도의 견본을 살펴볼 것인데, 이는 각 제도들에는 일반적으로
많은 유사점이 있음에도 그 차이점을 대조하기 위함이다. 첫 번째로 EU의 ETS를
검토한다. 이것은 이하의 내용에서 몇 가지 내용에 대한 분석을 제공하는 것이지
EU ETS의 복잡한 세부사항을 다루고자 하는 것은 아니다.

2.5.1 유럽연합의 배출권거래제도(EU ETS)

　EU 회원국들은 무역과 금융문제와 관련하여서는 완전한 주권을 행사하지 못
한다.[45] 유럽 집행위원회(European Commission)는 1992년에 EU 전체의 탄소에너지
세를 제안하였다.[46] 이 제안에 대해서 일부 회원국의 부정적인 반응이 있었는데,
EU 내의 모든 재정조치는 만장일치를 요구하고 있기 때문에 EU는 이 회원국들의
반대를 극복할 수 없었다.[47] 탄소에너지세의 이행실패로 몇 년 후 EU ETS가 유럽

---

44) Deatherage, above n 21, 45.
45) Bernard Hoekman and Michel Kostecki, *The Political Economy of the World Trading System* (Oxford University Press, 2001).
46) A Denny Ellerman, Frank J Convery and Christian De Perthuis, *Pricing Carbon: The European Union Emissions Trading Scheme* (Cambridge University Press, 2010) 16.
47) Ibid.

이사회의 지침(Directive of the European Council)에 따라 설립되었고,[48] 그 이후 많은 지침들에 의해 개정되었다.[49] EU ETS는 EU의 모든 회원국에 적용되도록 설계되었고 교토의정서하에서의 할당량을 효율적으로 분배한다.

EU ETS는 유럽 이산화탄소 배출량의 약 45퍼센트를 다루는데, 이는 EU 전체 온실가스 배출량의 30퍼센트를 차지한다.[50] 처음에는 온실가스 중에서 이산화탄소만이 배출권거래제에 포함되어 있었으나 제2차에는 아산화질소도 포함시켰다. 대상 업종은 연소 플랜트, 정유소, 코크스로(coke oven), 철강공장, 시멘트·유리·석회·벽돌·세라믹·펄프·종이공장을 포함한 고정 시설들이다.[51]

EU ETS 지침은 관련 시설에 의한 배출을 금지하는 내용을 포함한다. 이는 관할당국이 발행한 허가가 없다면 특정한 단체의 온실가스 배출이 금지된다는 의미이다.[52] 이 내용은 전통적 명령시스템과 통제시스템, 그리고 경제적 인센티브 사용의 효율적인 결합을 이끌어 낸다. EU ETS상 허가는 보고 및 감시 조건을 만들어서 5년마다 관할기관의 검토를 받도록 하고 있고[53] 허가를 보유하고 있는 시설은 매년 말 관련 할당량을 제출해야 한다.[54]

---

48) Directive 2003/87/EC of the European Parliament and of the Council of 13 October 2003 establishing a scheme for greenhouse gas emission allowance trading within the Community and amending Council Directive 96/61/EC [2003] OJ L275/46, 32.

49) Directive 2004/101/EC of the European Parliament and of the Council of 27 October 2004 amending Directive 2003/87/EC establishing a scheme for greenhouse gas emission allowance trading within the Community, in respect of the Kyoto Protocol's project mechanisms [2004] OJ L338/47, 18.

50) European Commission, 'EU Action Against Climate Change: EU Emissions Trading-an Open Scheme Promoting Global Innovation' (2005) 7.

51) Caroline Haywood, 'The European Union's Emissions Trading Scheme: International emissions trading lessons for the Copenhagen Protocol and implications for Australia?' (2009) 26 *Environmental and Planning Law Journal* 310.

52) Directive 2003/87/EC of the European Parliament and of the Council of 13 October 2003 establishing a scheme for greenhouse gas emission allowance trading within the Community and amending Council Directive 96/61/EC [2003] OJ L275/46, 32, Article 6.

53) Directive 2009/29/EC of the European Parliament and of the Council of 23 April 2009 amending Directive 2003/87/EC so as to improve and extend the greenhouse gas emission allowance trading scheme of the Community [2009] OJ L140/52, 63, Article 1 Paragraph 7.

54) Directive 2003/87/EC of the European Parliament and of the Council of 13 October 2003 establishing a scheme for greenhouse gas emission allowance trading within the Community and amending Council Directive 96/61/EC [2003] OJ L275/46, 32, Article 6 (2) (e).

EU ETS는 교토의정서상의 CDM과 JI 프로젝트로 발생한 크레딧이 그들의 배출감축목표를 달성해야 한다는 것을 인지하고 있었다. 이와 관련된 지침은 CDM과 JI에 대하여 몇 가지 질적인 제한을 두고 있는데 그 예로 크레딧의 사용이 ERU와 CER에 제한되는 것을 들 수 있다. 이 가운데 원자력시설이나 토지사용, 토지이용 변화 및 산림관련 활동으로 발생한 ERU와 CER에 제한이 가해진다.[55] 또한 사용될 수 있는 크레딧의 수량에도 양적인 제한이 있다. 이는 교토의정서의 보충성 원칙을 준수하기 위한 것이다.[56] 보충성 원칙은 제도의 신뢰도가 유지되도록 보장하는 역할을 하였다. 이와 같은 제한이 없었다면 ETS는 유형적으로는 실재하면서도, 영구적인 온실가스 감축량을 나타낼 수 있기도 하고 또 그렇지 않을 수도 있는 무의미한 교토의 배출권으로 넘쳐나게 되는 일도 가능했을 것이다.

EU ETS는 제1차 및 제2차를 통해 국가할당계획(National Allocation Plans; NAPs)을 운용하여 각 국가가 스스로 목표와 조건을 정하도록 하였다. 그러나 회원국들 간의 서로 다른 국내적 접근방식은 유사한 산업에 대해 서로 다른 목표를 할당하고 관할권 사이에서 다르게 취급되는 모습을 보였다. EU ETS와 관련된 가장 최근의 지침은 국가할당계획이 더 이상 2013년부터 EU ETS의 구성부분이 되지 않도록 관련 내용을 개정한 것이다.[57] 이로써 더 조화로운 시장의 형성을 가능하게 하고 시장에서의 왜곡을 피하게 하여 국제적 연계의 가능성을 높여나갔다.

EU ETS 내에서 거래되는 배출단위는 '허용량(allowances)'이라 칭하고[58] EU

---

55) Directive 2003/87/EC of the European Parliament and of the Council of 13 October 2003 establishing a scheme for greenhouse gas emission allowance trading within the Community and amending Council Directive 96/61/EC [2003] OJ L275/46, 32, Paragraph 8, restriction on nuclear credits.

56) The Kyoto Protocol to the United Nations Framework Convention on Climate Change, opened for signature 16 March 1998, 37 ILM 22 (1998) (entered into force 16 February 2005. Article 6.1 (d). 보충성은 어느 정도의 신뢰성을 유지하도록 보장한다. 이 제한이 없다면 ETS는 유형적이거나 또는 그렇지 않을 수도 있는 교토 단위로 범람하여 영구적인 온실가스 배출감축의 가능성이 있다.

57) Directive 2009/29/EC of the European Parliament and of the Council of 23 April 2009 amending Directive 2003/87/EC so as to improve and extend the greenhouse gas emission allowance trading scheme of the Community [2009] OJ L140/52, 63.

58) Stefano Clo, *European Emissions Trading in Practice: An Economic Analysis* (Edward Elgar, 2011) 60.

ETS는 그 배출단위를 EUAs라고 칭했다. EU ETS 지침은 EUAs의 법적 성질을 명시적으로 밝히고 있지는 않지만[59] 최근의 지침에서는 허용량을 비롯한 제도 내의 모든 거래가능한 수단을 금융상품의 범주에 포함시키고 있다.[60] 이 지침[61]에서는 회원국이 허용량을 이전할 수 있지만 배출권 양수인의 자격에 제한을 두고 있다.[62] 또한 동 지침 제12조는 허용량을 제출하였을 때에는 취소된다고 규정하고 있다.[63] 이것은 허용량이 개별적으로 식별가능하고 이전가능하다는 것을 의미한다.[64] 다른 제도 내의 배출단위를 고려할 때 EUAs에는 큰 특징은 없다. 그리고 식별가능성 및 이전가능성 등의 특징들은 다른 배출권거래제도 전체에서 상당히 표준적이다.

2.5.2 뉴질랜드의 배출권거래제도(NZ ETS)

뉴질랜드의 배출권거래제도(New Zealand Emissions Trading Scheme; 이하 NZ ETS)는 2002년의 기후변화대응법(Climate Change Response Act)을 개정한 기후변화대응(배출권거래) 개정법(Climate Change Response (Emissions Trading) Amendment Act)에 근거하여 만들어졌다. NZ ETS는 특이하게 농업을 포함한 모든 산업 부문을 2015년까지 포함시키는 것을 목표로 하고 있다.[65] ETS에 농업부문을 포함시키는 것이 독

---

59) Directive 2003/87/EC of the European Parliament and of the Council of 13 October 2003 establishing a scheme for greenhouse gas emission allowance trading within the Community and amending Council Directive 96/61/EC [2003] OJ L275/46, 32; Clo, above n 58, 60.

60) Directive 2014/65/EU of the European Parliament and of the Council of 15 May 2014 on markets in financial instruments and amending Directive 2002/ 92/EC and Directive 2011/61/EU Text with EEA relevance [2014] OJ L173.

61) Directive 2003/87/EC of the European Parliament and of the Council of 13 October 2003 establishing a scheme for greenhouse gas emission allowance trading within the Community and amending Council Directive 96/61/EC [2003] OJ L275/46, 32.

62) Ibid Article 12; Marisa Martin, Trade Law Implications of Restricting Participation in The European Union Emissions Trading Scheme' (2007) 19(3) *Georgetown International Environmental Law Review* 437, 439.

63) Directive 2003/87/EC of the European Parliament and of the Council of 13 October 2003 establishing a scheme for greenhouse gas emission allowance trading within the Community and amending Council Directive 96/61/EC [2003] OJ L275/46, 32.

64) Ibid Article 19.

65) The Climate Change Response (Moderated Emissions Trading) Amendment Bill 2009 (NZ)

특하게 보일 수도 있지만 뉴질랜드의 입장에서는 ETS가 효과를 내기 위한 필수적인 부분이다. 뉴질랜드에서는 현재 전력의 67퍼센트가 재생적이고,[66] 뉴질랜드의 온실가스 배출의 대부분이 농업부문과 관련이 있기 때문이다.[67] NZ ETS에서 거래 가능한 배출단위를 NZU라 부른다. NZU는 1톤의 온실가스 배출량 단위이다. 1999년의 개인재산보호법(Personal Property Securities Act)은 이들 단위를 투자유가증권(investment securities)의 넓은 범주 내에 속하는 자산으로 분류하였다.[68] ETS 규제기관은 NZU에 고유한 일련번호(시리얼 넘버)를 부여하고, 이들 단위는 뉴질랜드 내 등록계정 보유자나 해외의 등록계정 보유자 사이에서 거래될 수 있다.[69] EU ETS와 유사하게 뉴질랜드도 CDM과 JI로 발생한 크레딧을 그대로 수용하므로 교토의정서와 직접적으로 연결되어 있다. NZ ETS상의 의무를 준수하기 위해 이들 단위의 제출에 대해서는 몇 가지 제한을 가하고 있는데, 다음을 포함하고 있다:

- 원자력 프로젝트 활동으로 발생하는 ERU와 CER은 뉴질랜드 배출권 등록소에 등록될 수 없다.
- 장기 CER과 일시 CER은 모두 뉴질랜드 ETS에서 의무이행을 위해 제출할 수 없다.
- 수입된 AAU는 규정된 조건을 충족하는 경우에만 참가자에 의해 제출될 수 있다.
- 수입된 제1차 공약기간 AAU는 2012년 이후에 제출할 수 없다.[70]

초기의 NZ ETS는 배출권의 발생근원에 상관없이 원자력 프로젝트로 발생한 배출권을 제외한 교토의정서상의 모든 배출권 유형을 수용하였다. ETS에 진입할 수 있는 배출권의 수량에는 제한이 없었다. 그러나 뉴질랜드가 교토의정서 제2차

---

amended this date from 2013 to 2015.

66) Deborah Lynne Johnson, 'Electricity and the Environment - Current Trends and Future Directions' (2008) 12 *New Zealand Journal of Environmental Law* 195.

67) Karen Price, Lisa Daniell and Laura Cooper, 'New Zealand Climate Change Laws' in Wayne Gumley and Trevor Daya-Winterbottom (eds), *Climate Change Law: Comparative, Contractual and Regulatory Considerations* (Lawbook Co., 2009) 89, 96.

68) Wemaere, Streck and Chagas, above n 18, 55.

69) Climate Change Response Act 2002 (NZ) s 18(3)(b).

70) Climate Change Information, New Zealand Government, *Questions and Answers about the Emissions Trading Scheme* (16 December 2011)
www.climatechange.govt.nz/emissions-trading-scheme/about/questions-and-answers.html#units.

에 참여하지 않기로 하면서 이 부분에는 약간의 변화가 생겼다. 이 책을 집필하는 현 시점에 뉴질랜드 정부는 교토의 AAUs와 제1차에서 발생한 교토 크레딧의 이월 문제와 관련하여 아직 결정을 내리지 못하고 있다. 이 결정은 NZ ETS의 환경적 신뢰도에 명백한 영향을 미칠 것이고, 이는 다시 ETS의 국제적 연계에 관한 결정에 영향을 줄 수 있을 것이다.

2.5.3 호주의 탄소가격제

청정에너지패키지법(Clean Energy Package legislation)에 근거하여 도입된 호주의 탄소가격제(Carbon Pricing Mechanism; 이하 CPM)는 혼합적인 배출권거래제도였다.[71] 호주의 CPM은 최근 입법권력(legislative authority)의 변화에 따라 폐지되었다.[72] 그럼에도 불구하고 CPM의 법적 체계에 대해서는 검토할 필요가 있다. 이 제도의 검토를 통해 EU ETS와의 차이점을 파악할 수 있기 때문이다. 실제로 CPM은 이전의 다른 배출권거래 관련 입법에는 나타나지 않았던 많은 독특한 특징을 가지고 있다. 호주 CPM의 시스템은 다음과 같다:

- 온실가스를 배출하는 특정한 실체에 대한 책임 평가 및 부과
- 행동에 대한 지불요구와 제출 그리고
- 상기의 의무준수에 실패했을 경우 부과하는 비용[73]

CPM의 특징은 적격의 배출단위(eligible emissions units)라 불리는 거래가능한 수단으로, 온실가스 배출권 설계에 있어 특이점을 보인다. 특히 고정가격이 적용되는 기간에 발행된 배출권은 매우 독특하다. 이 기간 동안 적격의 배출단위는 가격변동의 대상이 아니라 3년간 특정한 가격수준을 유지해야만 하는 대상에 속해

---

71) Ross Gamaut, *Gamaut Climate Change Review Final Report* (Cambridge University Press, 2008) 310. Gamaut은 혼합모델의 기본 특징이 배출권거래제도 단위 가격에 제한을 가하는 것이라 보았다.

72) Clean Energy Legislation (Carbon Tax Repeal) Bill 2014 (Cth).

73) Revised Explanatory Memorandum, Clean Energy Bill 2011 (Commonwealth of Australia) 131.

있었다. 이들 배출단위는 실체들 사이에서 거래될 수 없었고 규제기관에 직접 제
출해야만 했다. 적격의 배출단위의 이 같은 성격은 배출단위 자체의 법적 성질에
영향을 미쳤다. 호주의 CPM과 EU ETS, 그리고 EU ETS를 모델로 삼은 다른 배출
권거래제도 간의 주요한 차이점 중 다른 하나는 호주의 제도가 고정가격 기간이든
변동가격 기간이든 온실가스의 배출을 위해 단위를 제출할 의무가 없다고 선언했
다는 점이다. 이는 곧 이들 배출단위가 CPM하에서는 라이센스로 분류될 수 없다
는 의미이다. 왜냐하면 필요한 수량만큼의 배출권 제공에 실패하였을 경우 아무런
금지와 패널티가 없기 때문이다. 그 대신에 배출권을 제출하거나 부족한 부분을
요금으로 지불하는 두 가지 선택권이 있었다. 이러한 특징은 EU ETS와 비교될 수
있다. 대상기업이 불충분한 배출량을 제출하였을 경우 EU ETS하에서는 EU ETS
지침에 따라 규제기관이 패널티를 부과한다. 관련 지침 제16조는 다음과 같이 언
급하고 있다:

> 회원국은 전년도의 배출량에 상응하는 충분한 허용량을 매년 4월 30일까지 제출하
> 지 않는 운영자에게 초과배출에 대한 패널티(the excess emissions penalty)를 부
> 과해야 한다. 초과배출 패널티는 운영자가 허용량을 제출하지 않은 시설에서 배출한
> 각 이산화탄소 1톤에 대하여 100유로로 한다. 초과배출 패널티를 납부한 경우 운영
> 자가 다음 해의 허용량을 제출한다 하더라도 초과배출량과 동등한 허용량을 제출할
> 의무는 여전히 부담한다.[74]

그러므로 이 비용은 배출허용량의 제출을 대체하는 것이 아니라 허용량에 부
가적으로 요구되는 것으로 한 기업이 온실가스를 배출하고자 한다면 해당 기업이
배출허용량을 가지고 있어야 한다는 의미이다. 이러한 특징은 호주의 제도가 가지
는 특징보다는 라이센스와 허가의 특징에 더 가깝다.

---

74) Directive 2003/87/EC of the European Parliament and of the Council of 13 October 2003
establishing a scheme for greenhouse gas emission allowance trading within the Community and
amending Council Directive 96/61/EC [2003] OJ L275/46, 32 Article 16.3 [emphasis added].

2.5.4 배출권거래제도의 연계

현재 국제적 온실가스배출을 위한 거래시장은 없다. 그러나 서로 호환이 가능한 배출권거래시스템의 상향식 연계를 통해 국제탄소시장이 만들어질 것이라는 기대는 존재한다.[75] 분명한 것은 배출권거래제도의 국제적 연계 가능성이 동 제도를 도입한 모든 국가에서 제기되고 있다는 것이다.[76]

이와 관련하여 각 시스템 사이에서의 직·간접적인 연결을 기대해 볼 수 있다. 직접연계는 다른 관할권 내에서 다른 제도의 배출단위가 배출에 대한 지불수단으로 수용될 수 있는 경우에 발생하는데, 이러한 방법으로 국제거래의 새 유형이 만들어 진다. 간접연계는 동일한 상쇄분이 제도 내에서 받아들여지는 경우에 발생한다. 배출권거래제도의 연계가능성은 구성요소 설계에 대한 사전적 고려가 필요하다. 배출권거래제도를 연계하는 것에는 재정적·규제적 이익이 있기 때문이다. 그러나 한편으로 이는 정책입안자가 가장 이상적인 배출권거래제도를 만드는 범위를 제한하기도 한다.

'1톤은 1톤이다'를 보장하기 위한 감시·보고·검증의 기준은 공동시장을 위한 주요 전제조건이다. 다른 중요한 문제로는 상쇄의 사용과 배출권 가격규제를 위한 소위 안전밸브(예컨대 가격 상한제와 가격 하한제)를 꼽을 수 있다. 이에 비해 총량 상한의 엄격성, 할당/수입의 규정, 또는 부문별한 범위와 같은 다른 설계적 특징과 관련된 차이점은 상대적으로 더 순조롭게 조정할 수 있다.

2.6 결 론

이 장에서는 법적 체계로서 배출권거래와 관련된 대부분의 이론적 내용을 살펴보았다. 이 장은 입문적 성질을 가지지만 주목할 만한 중요한 부분이 몇 가지

---

75) Climate Action, *International Carbon Market* (18 June 2014),
   http://ec.europa.eu/clima/policies/ets/linking/index_en.htm.
76) International Carbon Action Partnership, Linking (2014) https://icapcarbonaction.com/ets-topics/
   linking.

있다.

첫째, 국제법의 분석이 국내법에 구체적인 온실가스 배출규제정책이 도입되지 않은 경우에는 온실가스의 배출행위는 법적으로 금지되지 않는다는 점을 강조하는 것이 중요하다. 그럼에도 불구하고 제안하는 바는 국제기후변화체제가 제한받지 않는 온실가스 배출이 건강한 지구 공동체에 도움이 되지 않는다는 관점을 지지하고 있으므로 국가들이 가능한 한 온실가스를 감축해야 할 의무가 있다는 점이다.

둘째, 거래가능한 수단으로서 다양한 유형의 온실가스가 이 장에서 소개되었는데, 중요한 것은 단위, 크레딧, 그리고 허가가 갖는 서로 다른 발생근거와 특징이 명확하게 비교되었다는 점이다. 특히 이러한 특징이 잠재적으로는 거래가능한 수단으로써 온실가스의 법적 정체성을 변화시킬 수도 있다는 것이 중요하다. 이와 같은 특징과 거래가능한 수단으로서의 온실가스의 법적 정체성에 관해서는 이어지는 장에 자세히 설명되어 있다.

마지막으로 이 장에서는 호주와 뉴질랜드, 그리고 EU ETS를 비교하였다. 호주와 EU 사이에는 큰 차이점이 있지만 제도들 간의 유사점 역시 분명히 나타났다. 저자는 EU ETS가 국내배출권거래제도의 틀을 제공하였다고 본다. 이것은 우리가 배출권거래제도를 국제적으로 검토할 때에는 EU ETS의 복잡한 내용에서 시작해야만 한다는 것을 의미한다.

제 **3** 장

WTO법과 배출권거래

3.1 서 론

세계무역기구(World Trade Organization; 이하 WTO) 규칙은 새로운 경제조치를 도입하는 각국의 정부에게 추가적인 고려사항을 제시한다. WTO 회원국으로 참여하는 것에 동의한 국가들은 회원국의 의무에 구속된다는 것에 합의한다. 여기에는 해당 국가의 정부가 WTO 회원국이 결정한 규범을 준수해야 한다는 요건이 포함된다. 이 장의 목적은 배출권거래와 WTO의 관계에 대한 배경정보를 제공하는 것이다. 이를 위해 무역과 환경의 수렴, 더 구체적으로는 무역과 기후변화 간의 수렴에 관한 큰 그림을 살펴보고자 한다.

이 장은 크게 세 부분으로 나누어져 있다. 첫 번째 부분은 WTO의 구성 및 구조의 개요에 관한 내용이다. 국제법에서 WTO가 현재 갖는 중요성은 그 역사적 발전의 관점에서 고려되어야만 한다. WTO의 역사를 통해 WTO의 목적과 회원국이 되는 조건으로 받아들인 규범에 대해 이해할 수 있기 때문이다. 이를 염두에 두고 이 장에서는 우선 WTO를 그 발전의 맥락 속에 놓고자 한다.

이 장의 두 번째 부분은 WTO법이 국내배출권거래제도와 관련이 있는지에 대해 설명한다. 이 관련성을 입증하기 위한 세 가지 주장이 있는데, 그 첫 번째는 WTO가 추구하는 목적이 국제정치 환경에서 계속하여 관철되기 위해서는 국내법체계가 WTO법을 준수해야만 한다는 주장이다. 이와 관련하여 실질적으로 무제한적인 국제무역이 가지는 이론적 및 경제적 이익이 주장된다. 두 번째 주장은 무역과 환경적 가치의 수렴을 고려해야 한다는 것인데, 이는 WTO의 가치와 국제환경법이 모두 중요함을 인식하고 하나의 목적을 추구할 시에 다른 하나를 희생해서는 아니 된다는 내용을 담고 있다. 마지막으로 WTO의 분쟁해결규칙은 회원국의 불이행에 대해 WTO 집행메커니즘의 엄격한 성질을 부여하기 위하여 형성된 것으로 설명된다. 이 집행메커니즘만으로 회원국이 WTO법상의 의무를 준수하도록 하는 충분한 근거가 된다.

WTO는 국제무역을 규제하는 규칙체계로써 운영된다. 여기에서 제기된 질문은 이들 규칙에 대한 상세한 이해가 필요하다. 그러나 이들 규칙의 본질을 제대로 인식하기 위해서는 WTO 회원국들이 규칙을 해석 · 적용하는 방법을 이해하는 것 또한 중요하다. 이를 염두에 두고 WTO법 해석에 관한 규칙을 마지막 절에서 설명한다.

3.2 WTO협정의 역사적 발전

WTO의 역사는 WTO가 공식적으로 설립되기 약 50년 전부터 시작되었다. WTO의 기원은 심각한 경제적 우려를 유발시킨 제2차 세계대전 기간 동안 무역장벽을 보호주의적 정책으로 이용하였던 것으로 거슬러 올라갈 수 있다.[1] 이와 같은 무역장벽들은 너무 두드러지게 나타나서 미국 국무부 차관은 이 장벽들에 대한 '결과적 비참함, 당혹감, 분함'이 적어도 부분적으로는 전쟁에 책임이 있는 독재국가의 등장으로 이어졌다고 보았다.[2]

국제통화기금(International Monetary Fund; 이하 IMF)과 국제부흥개발은행(International Bank for Reconstruction and Development; 이하 World Bank)이 1944년 7월 브레튼 우즈 회의에서 설립된 이후 미국은 국제무역기구(International Trade Organization; 이하 ITO)의 설립을 제안했다.[3] ITO설립에 관한 논의는 약 2년에 걸쳐 이루어졌다. 이 기간 동안 ITO헌장 초안에 대한 합의[4]가 1948년 3월에 나왔고,[5] ITO 설립에 관한 논

---

1) David Palmeter and Petros C Mavroidis, *Dispute Settlement in the World Trade Organization: Practice and Procedure* (Cambridge University Press, 2004) 1.

2) Ibid.

3) Ibid 2.

4) Final Act of the United Nations Conference on Trade and Employment: Havana Charter for an

의가 이루어짐과 동시에 1947년 관세 및 무역에 관한 일반협정(the General Agreement on Tariffs and Trade 1947; 이하 GATT 1947)[6]의 초안이 작성되어 회원국의 동의를 받았다.[7] GATT 1947의 목적은 회원국 간 무역장벽 철폐 및 다른 무역제한조치를 완화시키는 것에 있었는데, 이것은 사실 ITO의 원래의 목적 중 하나에 불과했다. 하지만 GATT 1947은 1950년 미국이 ITO에 대한 지지를 철회한 이후[8] 국제무역을 규율하는 유일한 협정[9]이 되었다.

1947년부터 GATT 1947을 채택하는 국가의 수가 크게 증가하였고 이를 통해 무역장벽을 낮추는 데 성공하였다.[10] 비록 GATT 1947이 공식적 기구로서 승인을 받지는 않았지만 제네바에는 회원국 간 분쟁해결수단을 제공하기 위한 작은 사무국이 만들어지기도 했다.[11]

공식적인 제도장치의 부재는 GATT 1947의 결함으로 나타났다. 이 협정에는 시간이 지남에 따라 몇 가지 눈에 띄게 누락된 내용이 발견되었다.[12] 국제무역이 급속히 확대됨에 따라 약점을 해결하기 위한 새로운 협상이 필요하다는 사실이 분명해졌다. 이에 1986년에 우루과이 라운드 협상이 시작되었고, 협상기간 동안 WTO체제가 확립되었다.[13] 이는 새로운 국제무역기구를 창설하기 위한 기존 협상의제의 일부분도 아니었고 1990년까지 이러한 기구를 설립하기 위한 제안에 진전이 있었던 것에 대한 결과도 아니었다.[14] 사실 미국과 많은 선진국들이 국제무역

International Trade Organization.

5) Peter Van Den Bossche, *The Law and Policy of the World Trade Organization* (Cambridge University Press, 2nd edition, 2008) 78.

6) General Agreement on Tariffs and Trade, opened for signature 30 October 1947, 55 UNTS 194 (entered into force 29 July 1948).

7) Palmeter and Mavroidis, above n 1, 2.

8) Michael Pryles, Jeff Waincymer and Martin Davies, *International Trade Law Commentary and Materials* (Lawbook Co., 2004) 80.

9) Meredith A Crowley, An Introduction to the WTO and GATT' (2003) 27 *Economic Perspectives* 42, 43. 미국은 ITO헌장을 위한 지원 철회에 관해 의회에서 일관성의 결여를 예로 들었다.

10) Ibid.

11) Ibid.

12) Ibid. 누락된 내용에는, 비효율적인 분쟁해결 메커니즘, 농산물 및 섬유를 포함한 일부 상품의 예외, 서비스 무역에 관한 규제 그리고 지식재산권 보호가 포함된다.

13) Ibid.

14) John H Jackson, *The World Trade Organization: Consitution and Jurisprudence* (Biddles Limited, 1998) 5.

기구 설립을 위한 제안들에 반대해 왔다.[15] 그러다 1993년에 이르러서야 대부분의 회원국들이 국제무역규칙을 관장하는 조직을 설립하는 것에 동의했다.[16]

우루과이 라운드는 단순히 국제무역의 규제를 위한 새로운 기구의 형성이라는 것 이상으로 훨씬 많은 성과를 거두었다. 협상의 결과물은 '최종 의정서(Final Act)'에 반영되었다. 최종 의정서에는 서로 다른 60개의 조약이 포함되어 있으며,[17] 이 중 30개가 WTO의 설립을 위한 마라케쉬 협정에 포함되었다.[18] 나머지 협정은 주로 각료결정 및 선언이었다.[19] GATT 1947은 1994년 관세 및 무역에 관한 일반협정(General Agreement on Tariffs and Trade 1994; 이하 GATT 1994)으로 대체되었다.[20] 이 협정에 따라 채택된 모든 결정 및 관행과 함께 GATT 1947의 규정들은 새로운 GATT 협정과 직접적으로 상반되지 않는 한 여전히 WTO 회원국에 적용된다.[21]

WTO협정은 국제무역에 관한 실체적 규칙을 포함하고 있지 않다. 오히려 동 협정은 우루과이 라운드 중 협상된 규칙들을 이행하는 데 필요한 '제도적 및 절차적' 요건에 대한 가이드라인들만을 포괄한다.[22] 이들 규칙들은 WTO협정 부속서에 첨부되어 있다. 그림 3.1은 어떻게 서로 다른 협정들이 WTO협정 안에서 부속서로서 존재하는지 보여준다.

---

15) Van Den Bossche, above n 5, 83.
16) Ibid.
17) Joost Pauwelyn, *Conflict of Norms in Public International Law: How WTO Law Relates to other Rules of International Law* (Cambridge University Press, 2003) 41.
18) Marrakesh Agreement Establishing the World Trade Organization, opened for signature 15 April 1994, 1867 UNTS 154 (entered into force 1 January 1995).
19) Pauwelyn, above n 17, 42.
20) Marrakesh Agreement Establishing the World Trade Organization, opened for signature 15 April 1994, 1867 UNTS 3 (entered into force 1 January 1995) Annex 1A ('General Agreement on Tariffs and Trade 1994').
21) Ibid Article XVI.
22) Jackson, above n 14, 6.

〈그림 3.1〉 WTO의 구조

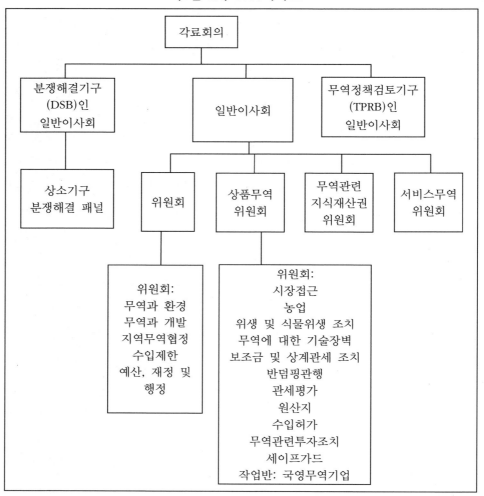

3.3 배출권거래와 WTO법의 관련성

3.3.1 WTO법의 목적을 지탱하는 이론

WTO의 근본적인 목적은 국제관계에서 중요한 의미를 가지므로 회원국은 법과 규칙을 준수해야 한다. 이러한 점이 배출권거래제도가 WTO법과 합치되어야 한다는 것을 뒷받침한다. 여기에서 자연스럽게 흘러나오는 논의가 바로 WTO의 목적에 관한 설명이다. 이와 관련하여 이하에서는 국제무역에서의 비차별원칙을 뒷받침하는 이론에 대해 검토하고자 한다.

WTO법은 국제공법의 '특수한 분과'이다.[23] WTO법은 자유롭고 비차별적인 무역을 추구하기 위해 WTO 회원국을 규제한다는 구체적인 목적을 가지고 만들어진 규칙으로 구성되어 있다.[24] WTO의 최우선 목표는 관세 및 기타 장벽을 낮추어 국제무역에서 차별을 제거하는 것이다. 무역장벽의 제거는 자유주의의 경제적 이데올로기[25]와 비교우위의 논리에서 이론적 정당성을 찾는다.[26]

신자유주의 이론은 시장이 정부의 개입으로부터 자유로워야 한다고 주장한다.[27] WTO법은 실제로 일정 수준의 규제를 도입하지만 이 규제는 국내시장이 정부가 부과한 장벽과 차별로부터 자유롭다는 것을 보장하기 위해 고안된 것이다.[28] 중요한 것은 규제로부터의 자유가 구체적으로는 개별국가가 각각의 '비교우위(comparative advantage)'를 통해 이익을 얻을 수 있게 한다는 점이다.

법의 행정적인 부분을 담당하는[29] WTO 사무국은 비교우위를 다음과 같이 설명한다:

> Ricardo는 절대적 효율에 관계없이 모든 국가가 노동, 자본, 천연자원 또는 기술과 같은 요소의 다양성으로 인해 특정한 물품을 생산하는 것이 상대적으로 나을 것이라고 주장하는 비교우위이론을 제시했다. 국가 간의 무역조건은 절대적인 차이보다는 자원에 있어서의 상대적 차이에 의해 결정되고 그 결과로 국제무역은 가장 적은 기회비용으로 생산된 상품의 무역을 장려하며 이것이 곧 복지혜택으로 이어질 것이다.[30]

---

23) Pauwelyn, above n 17, 40.

24) Ibid.

25) SG Sreejith, 'Public International Law and the WTO: A Reckoning of Legal Positivism and Neoliberalism' (2007-08) 9 *San Diego International Law Journal* 5, 47.

26) Van Den Bossche, above n 5, 16.

27) Trischa Mann (ed.), *Oxford Australian Law Dictionary* (Oxford University Press, 2010).

28) Sreejith, above n 25, 47.

29) Marrakesh Agreement Establishing the World Trade Organization, opened for signature 15 April 1994, 1867 UNTS 154 (entered into force 1 January 1995) Article VI.

일부 국가는 무언가를 생산하는 데 '절대적으로' 가장 효율적이지는 않을 것이나 비교우위의 원칙에서 상대적으로 효율적일 것이라고 본다.[31] 경제학에서 파생된 비교우위의 원칙은 제조된 상품이 그 국가의 '풍부한 자원'을 사용한 것이라면 해당 국가는 이익을 얻을 것이라고 본다.[32]

이 책의 목적을 위해 비교우위 이론을 간략히 설명할 필요가 있는데, Voon은 비교우위를 다음과 같이 표현했다:

비교우위는 간단히 말해서 국제무역을 왜곡하는 관세와 수입쿼터 등과 같은 무역장벽을 제거하면 국가는 가장 큰 '비교우위'를 가진 산업의 상품을 생산하거나 서비스를 제공하는 것을 전문으로 할 수 있고, 열세한 상품과 서비스는 수입할 수 있다는 이론이다.[33]

요약하면, 국제무역에서의 차별요소를 제거한다는 것은 WTO 회원국이 비교우위에 있는 상품과 서비스(재화와 용역)를 생산·제공할 수 있게 한다는 것을 의미한다. 보호무역주의 정책은 국가의 비교우위를 잠재적으로 변화시키는 환경적 변화를 초래할 것이다. 이 이론을 뒷받침하기 위해 세계경제에 참여하는 국가들에 경제적 이익이 있다는 것을 입증한 연구가 있었다.[34] Van Den Bossche는 "보호무역에 의해 세계경제에서 빠져나간 경제적 번영에 지불해야 하는 대가는 매우 높을 것이다"라고 말했다.[35]

WTO법은 비교우위라는 경제이론으로 정당화되는 '국제무역의 자유화'를 목

---

30) World Trade Organization Secretariat, 'Public Forum: Trading into the Future' (Forum Publication, World Trade Organization, 2009).
31) Van Den Bossche, above n 5, 16.
32) Julio Lopez Gallardo, 'Comparative Advantage, Economic Growth and Free Trade' (2005) 9(2) *Revista de Economia Contemporanea (Online)* 313, 315.
33) Tania Voon, *Cultural Products and the World Trade Organization* (Cambridge University Press, 2007) 4.
34) 2001년 세계은행이 한 연구를 수행하였다. 더 자세한 논의는 Van Den Bossche, above n 5, 17 참고.
35) Ibid 6.

적으로 설계되었다. 또한 국제무역의 이익을 위해 회원국들은 WTO에서 설정한 제한된 권리와 의무를 준수해야 한다. 하지만 무역장벽의 철폐는 다른 중요한 가치를 희생시키면서까지 달성되어서는 아니 된다. WTO의 목적은 국제법에서 잘 알려져 있는 두 가지 중요한 원칙, 즉 '지속가능한 발전'과 개발도상국을 위한 '분배적 정의'에 의해 정당화되어야 한다.

3.3.2 무역, 지속가능한 발전, 그리고 국제기후변화체제의 수렴

무역 및 기후변화 완화의 목적과 관련된 국제협상은 국제기후변화체제와 WTO법 사이의 분명한 연관성을 확립하였다. 국제기후변화체제의 유연한 운영방식과 WTO법의 엄격한 규범은 또 다른 가치에 대한 인식을 통해 연결된다. 더 중요한 것은 두 체제 모두 자신의 목적을 추구하는 것이 다른 한쪽의 목적을 침해할 지도 모른다는 것을 인정한다는 점이다. 이에 관한 자세한 내용은 이하에서 살펴볼 것이다.

3.3.2.1 WTO 목적상 지속가능한 발전의 인정

WTO를 뒷받침하는 개념은 WTO협정의 전문에 나타난다:[36]

이 협정의 당사자들은,
상이한 경제발전단계에서의 각각의 필요와 관심에 일치하는 방법으로 환경을 보호·보존하고 이를 위한 수단의 강화를 모색하면서, *지속가능한 발전이라는 목적에 일치하는 세계자원의 최적이용을 고려*하는 한편 생활수준의 향상, 완전고용의 달성, 높은 수준의 실질소득과 유효 수요의 지속적인 양적 증대 및 상품과 서비스의 생산 및 무역의 증대를 목적으로 무역 및 경제활동분야에서의 상호관계가 이루어져야 한다는 점을 인식하고,

개발도상국, 특히 그중 최빈 개도국이 국제무역의 성장에서 자기나라의 경제를 발전

---

36) Marrakesh Agreement Establishing the World Trade Organization, opened for signature 15 April 1994, 1867 UNTS 154 (entered into force 1 January 1995).

시키는 데 필요한 만큼의 몫을 확보하는 것을 보장하기 위하여 적극적인 노력을 기
울여야 할 필요성이 있다는 점을 인식하고,

관세 및 그 밖의 무역장벽의 실질적인 삭감과 국제무역관계에 있어서의 차별대우의
폐지를 지향하는 상호호혜적인 약정의 체결을 통하여 이러한 목적에 기여하기를 희
망하며…37)

WTO의 근본적 가치는 국제무역에서의 (i) 무역장벽의 감소와 (ii) 차별철폐이
다. WTO의 무역장벽 철폐와 비차별주의로 인해 전 세계의 생활 및 고용의 수준을
높이는 잠재력이 있다는 것은 이 조치의 정당성을 위한 근거로 작용한다. 실제로
국제무역의 증가는 WTO 목표의 종착점이 아니라 오히려 세계경제의 성장을 촉진
시키는 수단으로 작용한다. WTO 전문에는 또한 방법론적 가치도 나타나 있다. 전
술한 두 가지 근본적 가치인 무역장벽의 철폐와 비차별원칙은 지속가능한 발전과
개발도상국을 위한 분배적 정의라는 가치에 모두 부합되도록 달성되어야 할 필요
가 있다.38)

WTO 전문은 아래의 GATT 1947의 전문과 대조를 이룰 수도 있다:

무역과 경제활동분야에서의 그들의 관계가 생활수준을 향상시키고 완전고용 및 지속
적으로 증가하는 실질소득과 유효수요를 확보하며 세계자원의 완전한 이용을 발전시
키고 재화의 생산 및 교환의 확대를 위하여 이루어져야 한다는 것을 인정하면서…39)

GATT 1947의 전문은 1947년의 협정을 발전시킬 책임이 있는 협상가들이 전
세계적으로 증가하는 생산과 무역의 환경적 영향을 전혀 예상하지 못했음을 보여
준다. 이것과 비교하면 WTO협정을 협상한 당사국들은 환경과 무역 간의 불가피
한 상호관련성을 간과하지 않았다.

---

37) Ibid, Preamble (emphasis added).
38) 분배적 정의는 전문의 두 번째 문단에서 찾아볼 수 있다. 이는 두 가지 가치가 서로 상충될
    수 있다는 점을 강조한 것이다.
39) The *General Agreement on Tariffs and Trade 1994*, Preamble (emphasis added).

WTO협정의 전문은 매우 중요하다. 현재의 WTO 전문은 한 손에는 생산과 무역을 다른 한 손에는 환경과 자원을 두고 그 사이의 균형을 추구하고 있다.[40) 전문의 법적 중요성은 다수의 패널 및 상소기구의 결정에서 나타난다.[41) 예를 들어 *US−Shrimp*[42) 사건에서 WTO협정 전문에 포함된 새로운 환경적 고려사항의 중요성을 입증하기 위해 이전 GATT 1947의 전문이 언급되었다:

> 협상가들은 GATT 1947의 전문에 '세계자원의 완전한 이용'이라는 목적을 제시한 것이 1990년대의 세계무역체계에 더 이상 적합하지 않다고 믿었다. 그 결과 GATT 1947 본래의 목적을 제한하기로 결정했다…[43)

이와 관련하여 WTO협정 전문에 지속가능한 발전을 포함시킨 것은 '협정의 적용범위'[44)를 해석하는 데 도움을 주고 자유무역의 추구에 있어 환경적 지속가능성의 중요성을 강조하기 위한 것이다.

지속가능한 발전의 중요성은 환경정책 및 법의 제정과 관련하여 과장되어서는 아니 된다고 알려져 왔다.[45) 이 원칙은 국제적으로 '현대 환경법의 토대'로 인정된다.[46) 지속가능한 발전은 1987년 브룬트란트 보고서(The Brundtland Report)[47)

---

40) WTO하의 분쟁은 GATT 1947보다는 WTO의 목적을 고려하는 모습을 보인다. Appellate Body Report, *United States-Import Prohibition of Certain Shrimp and Shrimp Products,* WT/DS58/AB/R (1998) [152]—[155] quoted in *WTO Analytical Index: Guide to WTO Law and Practice* (Cambridge University Press, 2nd edition, 2007) 23.

41) 예를 들어, Panel Report, *Brazil-Export Financing Programme For Aircraft, Recourse by Canada to Article 21.5 of the DSU,* WTO Doc WT/DS46/RW (4 August 2000); Appellate Body Report, *United States-Import Prohibition of Certain Shrimp and Shrimp Products*, WT/DS58/AB/R (1998); Appellate Body Report, *United States-Standards for Reformulated and Conventional Gasoline*, WT/DS58/AB/R, (adopted 6 November 1998).

42) Appellate Body Report, *United States-Import Prohibition of Certain Shrimp and Shrimp Products*, WT/DS58/AB/R (1998).

43) Ibid [152], [153], [155] cited in *WTO Analytical Index: Guide to WTO Law and Practice* (Cambridge University Press, 2nd edition, 2007) 23.

44) Steve Charnovitz, 'An Introduction to the Trade and Environment Debate' in Kevin Gallagher (ed.), *Handbook on Trade and the Environment* (Edward Elgar, 2008) 237, 240.

45) Gerry Bates, *Environmental Law in Australia* (LexisNexis Butterworths, 6th edition, 2006) 117.

46) Ibid 2.

47) World Commission on Environment and Development, *Our Common Future: The World Commission on the Environment and Development* (1987).

에서 '미래세대의 가능성을 제약하지 않으면서 현 세대의 필요와 미래세대의 필요가 만나는 것'이라는 의미로 공식 정의되었다.[48] 환경적 지속가능성의 추구에 있어서는 기후변화에 대한 전 지구적인 도전이 요구된다는 것을 뜻한다.

WTO 회원국에 대한 환경적 가치의 중요성은 특정 WTO협정의 예외조항으로도 입증된다. 실제로 환경보호를 목적으로 도입된 조치들은 WTO법 내의 특정한 조항에 저촉될 수 있다. 이러한 예외조항에 대해서는 다음 장에서 더 자세히 논할 것이다.[49]

3.3.2.2 국제기후변화체제에서 무역의 인정

국제기후변화체제의 최우선 목표는 UN기후변화협약(United Nations Framework Convention on Climate Change; 이하 UNFCCC) 제2조에 나타나 있다.[50] 이 조항에서는 당사국들이 대기 중의 온실가스 농도를 안정화시킴으로써 기후체제에 반하는 위험한 인위적인 간섭을 막도록 요구하고 있다. 이러한 목적은 UNFCCC에 대한 교토의정서가 초안되면서 강화되었다.[51] 교토의정서는 선진국에게 배출목표를 제시하고 기준연도와 그 기간 중 허용되는 배출가스의 증가 또는 감소 비율을 지정하였다.

교토의정서에는 이와 같은 배출목표를 어떻게 달성해야 하는지에 대한 세부내용이 규정되어 있지는 않지만 이것에는 당사국들이 목표를 충족시킬 수 있도록 '유연성 메커니즘'이 포함되어 있다. 유연성 메커니즘에서 가장 중요한 것은 국제배출권거래의 도입이었다.[52] 교토의정서는 재정적 가치를 가진 거래가능한 배출권(emission rights)을 세계에 소개하였고, 협약의 목적과 상반되는 시장의 불완전성을 시정할 것을 꾸준히 요구하였다.[53]

---

48) Ibid 44.
49) 이 책 4.3.5, 4.5, 5.6, 7.4.4 참고.
50) United Nations Framework Convention on Climate Change, opened for signature 4 June 1992, 1771 UNTS 107 (entered into force 21 March 1994), Article 3.4.
51) The Kyoto Protocol to the United Nations Framework Convention on Climate Change, opened for signature 16 March 1998, 37 ILM 22 (1998) (entered into force 16 February 2005).
52) Ibid Article 17.
53) Ibid Article 2.1(v).

이에 교토의정서와 UNFCCC는 온실가스 배출에 가격을 책정하는 방식을 통해 기후변화를 완화시키고자 하였다. 그러나 이러한 다자간 협정은 희망하는 환경목표가 무역자유화의 가치를 손상시키는 방식으로 달성되어서는 아니 된다는 사실을 인식하고 있었다. 예컨대, UNFCCC는 "일방적인 조치를 포함한 기후변화에 대처하기 위한 여러 조치들은 자의적이거나 부당한 차별 또는 국제무역에 대한 위장된 제한수단이 되어서는 아니 된다"고 언급하였다.[54] 뒤이어 교토의정서는 국제무역에 미치는 영향을 최소화하기 위해 시행된 모든 조치를 다음과 같이 명시하고 있다. "부속서 I 국가는 동 조항에 근거한 정책과 조치를 시행하여 기후변화의 악영향과 국제무역에 미치는 영향을 포함한 부정적 영향을 최소화하기 위해 노력해야 한다."[55] 이러한 이유로 WTO협정과 국제기후변화체제는 두 가지 법적 합의를 연결하는 목적을 가지고 있다고 볼 수 있다. 더욱 중요하게도 상호간 목적을 인정한다는 것은 다자간 협약이 추구하는 목표가 서로 평등하다는 것을 시사한다는 점이다. 그러므로 이와 같은 경쟁적 이익에 대해 균형을 유지해야 한다는 점은 여러이익 가운데 하나를 해결하기 위해 입안된 모든 정책에 있어서 매우 중요한 고려사항이 된다. 그러한 정책 가운데 하나가 바로 배출권거래이다.

3.3.2.3 무역 및 환경목적의 추가적 수렴

무역 및 환경과 관련된 가치들의 관계에 대한 증거는 앞서 언급한 협정들에서 목표에 대해 상호간 인정한다는 것에 국한되지 않는다.[56] 이와 같은 관계는 1992년 리우데자네이루에서의 지구정상회의(Earth Summit)에서도 확인되었다. 지구정상회의 중 아젠다21(Agenda 21)에 이르는 협상에서는 무역 및 환경정책이 "지속가능한 발전에 유리하도록 상호 지지적"이어야 한다는 견해가 나왔다.[57]

무역과 환경보호가 추구하는 목적 사이의 균형을 유지하는 것이 중요함을 인

---

54) United Nations Framework Convention on Climate Change, opened for signature 4 June 1992, 1771 UNTS 107 (entered into force 21 March 1994) Article 3.5.
55) The Kyoto Protocol to the United Nations Framework Convention on Climate Change, opened for signature 16 March 1998, 37 ILM 22 (1998) (entered into force 16 February 2005) Article 2.3.
56) Charnovitz, above n 44, 237.
57) Ibid 239.

식함에도 불구하고 기후변화조치가 무역보호주의를 위장하는 수단이 될 수 있다는 우려도 존재한다. 앞서 언급한 것처럼 생물자원의 보호를 이유로 경제보호조치를 위장하는 것은 어렵지 않다.[58] 오존층을 파괴시키는 물질에 관한 몬트리올 의정서 (the Montreal Protocol on Substances that Deplete the Ozone Layer; 이하 몬트리올 의정서) 는 무역제한을 통해 환경목적을 추구하는 다자간 협정 중 하나이다.[59] 몬트리올 의정서 제4조 제1항은 참여국들이 "본 의정서의 참여국이 아닌 국가로부터의 규제 물질을 수입하는 것을 금지해야 한다"고 규정하였다.[60] 이러한 엄격한 조치에도 불구하고 몬트리올 의정서하에서 제안된 비준수무역절차(non-compliance trading procedures)는 "수입금지를 적용하는 국가가 인간의 건강보호를 의도하는 한 그리 고 프레온가스의 생산보호를 추구하지 않는 한"[61] GATT 예외규정에 의해 정당화 될 것이다. 그러므로 무역제한조치가 기후변화 완화를 목적으로 사용될 것이라는 평가는 불합리한 것이다. 하지만 무역제한은 무역체계와 WTO 규칙을 약화시키는 데 일조할 수 있을 뿐만 아니라 기후변화정책이 그 환경목적을 구성하는 것을 잠 재적으로는 위태롭게 할 수 있다는 우려도 존재한다. WTO 사무총장인 Pascal Lamy는 다음과 같은 우려를 표명하였다:

> 일부는 무역체제가 기후변화완화의 과정에서 겪는 경쟁적 불이익을 상쇄시키기를 원 한다. … 더 구체적으로 그들은 자신들이 배출량 제한으로 고생하는 것과 동등한 경제적 비용을 국경에서 수입상품에 대해 부과하고자 한다. …[62]

Pascal Lamy는 "WTO가 기후변화에 맞서 싸울 수 있는 즉각적인 방법은 청정 기술과 서비스 시장을 개방하는 것이다"라고 덧붙였다.[63] 이는 다시 말해 기후변

---

58) Percy Bidwell quoted in Steve Charnovitz, 'Exploring the Environmental Exceptions in GATT Article XX' (1991) 25(5) *Journal of World Trade* 37, 43.
59) *Montreal Protocol on Substances that Deplete the Ozone Layer*, opened for signature 16 September 1987, 26 ILM 1550 (entered into force 1 January 1989).
60) Ibid Article 4(1). 이 금지는 의정서의 발효 1년 내에 이행될 것으로 의도되었다.
61) Peter M Lawrence, 'International Legal Regulation for Protection of the Ozone Layer: Some Problems of Implementation' (1990) 2 *Journal of Environmental Law* 18, 39.
62) Pascal Lamy, 'Doha Could Deliver Double-win for Environment and Trade' (Speech delivered at the Informal Trade Minister's Dialogue on Climate Change, Bali, 9 December 2007).

화의 완화는 WTO 규범의 적절한 이행을 통해 강화될 수 있음을 시사한다. 저자는 기후변화로 인한 국제적 환경문제를 해결하기 위해 우호적 국제관계와 협력을 장려하는 것이 필수적이라는 점을 제안하기 위하여 Pascal Lamy의 견해를 인용하였다. 우호적인 국제관계는 국가 간의 효과적인 경제적 관계를 통해 장려될 수 있다.

WTO 규칙은 기후변화 완화와 관련된 모든 수단에서 중요한 의미를 가진다. 이것은 WTO의 목적을 계속 추구할 필요와 이들 규칙 및 이론이 기후변화정책도구의 목적을 촉진할 능력에서 비롯된다. 더 나아가 자유무역을 이유로 중요한 환경적 함의를 무시해서는 아니 되고 역으로 환경보호를 위한 모든 조치는 국제무역과 관련된 규칙을 준수해야 한다. 하지만 회원국이 WTO법을 준수하려는 또 다른 납득할 만한 이유가 있다. 그 이유는 WTO 규칙의 집행메커니즘에서 찾을 수 있다.

3.3.3 WTO법의 집행

WTO 절차와 국제사법재판소(International Court of Justice; 이하 ICJ)와 같은 다른 국제분쟁해결제도의 차이는 회원국이 WTO 분쟁해결제도의 관할권을 받아들일 필요가 없다는 점이다. 회원자격 그 자체가 강제적인 관할권에 대한 동의인 것으로 보기 때문이다.[64] 또한 WTO 분쟁해결절차에 대한 양해(Understanding on Rules and Procedures Governing the Settlement of Disputes; 이하 DSU)는 의무를 위반한 경우 무역제재를 사용할 수 있도록 하고 있다.[65] 이것만으로도 WTO 회원국이 규칙에 포함된 의무를 준수하도록 장려하는 효과가 있다.

WTO 회원국은 DSU의 '규칙 및 절차'를 집행하기 위해 분쟁해결기구(Dispute Settlement Body; 이하 DSB)에 강제관할권을 부여하였다.[66] 이 규칙과 절차에는 분쟁

---

63) Ibid.

64) Marrakesh Agreement Establishing the World Trade Organization, opened for signature 15 April 1994, 1867 UNTS 3 (entered into force 1 January 1995) Annex 2 ('Understanding on Rules and Procedures for the Settlement of Disputes') Articles 23.1 and 6.1 cited in Van Den Bossche, above n 5, 180.

65) Charnovitz, above n 44, 241.

66) Joost Pauwelyn, 'The Role of Public International Law in the WTO: How Far Can We Go?' (2001) 95 *American Journal of International Law* 535, 553; Palmeter and Mavroidis, above n 1, 17; Understanding on Rules and Procedures for the Settlement of Disputes, Article 2.

에 대해 판결을 내리는 패널 및 상소기구의 지정이 포함되어 있다. 이는 모든 회원국이 DSU에 명시된 절차에 따라 다른 회원국과 분쟁해결절차를 개시할 수 있게 한다.[67] 또한 패널은 '경제적 권력 또는 영향력'에 관계없이 분쟁해결을 위한 장을 제공한다.[68]

WTO에 가입한 모든 회원국은 국내정책에 있어서 경제적 수단과 원조조치의 시행시 WTO 규칙을 고려해야 한다. "이전에 환율 및 조세정책과 같은 국가주권의 배타적인 영역에 있다고 생각했던 문제에 대해서 이제 무역자유화 또는 무역장벽에 대한 영향을 검토해야만 한다."[69] 무역자유화에 대한 영향을 검토해야 하는 문제 가운데에는 기후변화완화조치도 포함되어 있다.

DSU는 DSU의 규칙을 집행하기 위해 DSB를 구성하도록 요구한다. DSB는 모든 WTO 회원국의 대표로 구성된다. DSB는 필요할 때마다 소집된다.[70] 이는 DSB에 월간 회의가 있음을 의미한다. 분쟁해결절차는 한 회원국 이상이 다른 회원국에 대해 제기한 분쟁에 대한 것으로 제한된다.[71] 분쟁은 회원국을 상대로 잠재적으로 "하나 이상의 WTO협정의 혜택을 무효화 또는 침해하는" 모든 조치로부터 시작된다.[72] WTO협정상의 의무로부터 발생한 분쟁은 제소국에 의해 시작되고, 그 다음 제소국과 피제소국 사이에 협의가 이루어진다. 협의에 실패했을 때에는 해당 문제를 해결하기 위한 패널이 설치된다.

사무국[73] 또는 '개인, 국제기구, 비정부기구 또는 산업협회'는 분쟁해결절차를 개시할 수 없고,[74] 분쟁해결에서 이러한 기구 및 단체들의 참여는 전문 의견서

---

67) 분쟁은 정부 대 정부 차원에서만 시작될 수 있다. Sharif Bhuiyan, *National Law in WTO Law* (Cambridge University Press, 2007) 7.

68) James Cameron and Kevin Gray, 'Principles of International Law in the WTO Dispute Settlement Body' (2001) 50 *International and Comparative Law Quarterly* 248, 248.

69) Jackson, above n 14, 419.

70) Palmeter and Mavroidis, above n 1, 15.

71) Van Den Bossche, above n 5, 182.

72) Peter Gallagher, *Guide to Dispute Settlement* (Kluwer Law International, 2002) 17. See General Agreement on Tariffs and Trade 1994, Article XXIII.

73) WTO 사무국은 제네바에 위치하고 WTO 네트워크를 유지하는 기능을 주로 수행한다. 여기에는 분쟁과정에서의 행정·법적 지원제공, 회원국 및 잠재적 회원국에 대한 조언 및 기술지원, 세계무역의 꾸준한 발전이 포함된다. See Van Den Bossche, above n 5, 132-5 참고.

74) Ibid 182.

(*amicus curiae* brief; 법원의 친구) 제출에 한정된다. 한편 이러한 제한은 비판의 대상이 되기도 하였다.[75]

DSB는 제소국의 요청에 따라 패널을 설치할 권한을 가진다.[76] 패널은 3인 또는 5인으로 구성되고 그중 1인이 의장을 맡는다.[77] 패널은 "WTO 비분쟁당사자의 전·현직 대표자나 학자들"로 구성된다.[78] 보고서에 나타난 패널의 결정은 그 자체로는 법적 구속력이 없고 DSB가 이를 채택한 경우에만 당사국에 대해 법적 구속력을 가진다.[79] 패널의 결정은 역총의(negative consensus)를 기초로 채택되는데[80] 이는 반대의견이 없으면 바로 채택이 된다는 의미이다.[81] 이것은 GATT 1947이 총의(positive consensus)를 견지하였던 것과 상반된다. 역총의를 이용하면 확실히 더 많은 결정이 채택된다. 사실 역총의는 채택과정을 더 형식적으로 만든다.[82]

패널 결정에 대한 항소에 대해서는 상설기구인 상소기구[83]가 심리한다. 상소기구는 DSB가 지정한 7인으로 구성된다.[84] 상소기구의 각 위원들은 "법률, 국제무역 및 대상협정 전반의 주제에 대하여 전문지식을 갖추었다고 인정되는 권위자로 구성된다. 상소기구위원은 어느 정부와도 연관되지 않고 WTO 회원국을 폭넓게 대표"해야 한다.[85] 상소기구의 관할권은 법률문제에 국한되어 있는데[86] 이 제한이 적용되는 유일한 국제재판소(international tribunal)이다.[87] 사실문제와 법률문제를 구별하는 것이 언제나 간단한 것은 아니다. 이에 대한 구별은 *EC－Hormones* 사건에서 상소기구가 "주어진 사실 또는 정해진 사실의 특정 조약 조항의 요건과

---

75) Ibid 191.
76) Understanding on Rules and Procedures for the Settlement of Disputes, Articles 2 and 6.
77) Palmeter and Mavroidis, above n 1, 105.
78) Ibid.
79) Understanding on Rules and Procedures for the Settlement of Disputes, Article 21.
80) Palmeter and Mavroidis, above n 1, 15.
81) Understanding on Rules and Procedures for the Settlement of Disputes, Article 16.4.
82) 특히 보고서를 거부하는 총의는 패널이나 상소기구가 호의적으로 결정한 당사자의 지지를 받아야 하기 때문이다. Ibid Articles 16-17. See also Palmeter and Mavroidis, above n 1, 85 참고.
83) 패널보고서에 대한 항소는 분쟁 당사국만이 할 수 있다. Palmeter and Mavroidis, above n 1, 212.
84) Understanding on Rules and Procedures for the Settlement of Disputes, Article 17.
85) Ibid Article 17.3.
86) Ibid Article 17.6.
87) Palmeter and Mavroidis, above n 1, 211.

의 일치 또는 불일치는 법적 특성을 가지므로 법률문제이다"[88]라고 명료화시켰다.

EC-Hormones 사건에서의 논리는 항소심에서 사실문제를 검토하기 위해 상소기구의 역량을 확장시킨 것으로 해석할 수 있다. 이러한 결론은 판결문에서 발췌한 다음의 내용에도 반영되어 있다. "패널이 법률문제 이전에 사실문제에 관한 객관적 합의를 이루었는지 여부와 관계없이 항소가 제기되면 상소기구가 검토해야 할 범위에 속하게 된다."[89] 이러한 이유로 분쟁해결절차가 시작되면 모든 WTO 회원국의 불이행이 사법적 조사의 대상이 된다. 따라서 해당 규정을 준수하지 않으면 회원국에게 상당한 비용이 발생할 수 있는데, 승부를 건 조치와 관련된 불확실성은 말할 것도 없다. 이와 같은 문제는 기업이 초기 재정지원을 받은 지 수년 후에 내려진 보조금 반환명령에서도 나타난다.[90]

3.4 WTO 규칙과 배출권거래제도 분석

광범위한 WTO협정은 상품무역에 관한 부속서 1A,[91] 서비스 무역에 관한 일반협정인 부속서 1B[92] 그리고 무역관련 지적재산권에 관한 협정(TRIPs)인 부속서

---

88) Appellate Body Report, *European Communities-Measures Concerning Meat and Meat Products (Hormones)*, WTO Doc WT/DS26/AB/R, WT/DS48/AB/R (13 February 1998) [132] quoted in Van Den Bossche, above n 5, 263.

89) Ibid.

90) Marrakesh Agreement Establishing the World Trade Organization, opened for signature 15 April 1994, 1867 UNTS 3 (entered into force 1 January 1995) Annex 1A (*'Agreement on Subsidies and Countervailing Measures'*) Articles 4 and 7. 조치가능 보조금에 대한 구제는 보조금의 철회가 될 수도 있다는 것에 주의하라. see Article 7.8. See also Gavin Goh, Australia's Participation in the WTO Dispute Settlement System' (2002) 30 *Federal Law Review 203; Panel Report, Australia-Subsidies Provided to Producers and Exporters of Automotive Leather*, WTO Doc WT/DS126/R (25 May 1999); See section 6.3.2. 이 책 6.3.2 참고.

91) 상품무역에 관한 협정, 농업에 관한 협정, 위생 및 식물위생조치의 적용에 관한 협정, 섬유 및 의류에 관한 협정, 무역에 대한 기술장벽에 관한 협정, 무역 관련 투자조치에 관한 협정, 반덤핑 협정, 관세평가 협정, 선적 전 검사에 관한 협정, 원산지규정에 관한 협정, 수입허가절차에 관한 협정, 보조금 및 상계조치에 관한 협정, 긴급수입제한조치에 관한 협정.

92) Marrakesh Agreement Establishing the World Trade Organization, opened for signature 15 April 1994, 1867 UNTS 3 (entered into force 1 January 1995) Annex IB ('General Agreement on Trade in Services').

1C 등 13개의 다자간 협정으로 구성되어 있다.[93] 또한 절차규범으로서 부속서 2에는 분쟁해결규칙 및 절차에 관한 양해가, 부속서 3에는 무역정책검토제도가 포함되어 있다.[94] 마지막으로 부속서 4는 복수국 간 무역협정이다. 상술한 협정들은 DSU 내에서 '대상협정(covered agreement)'[95]으로서 검토된다.

WTO협정은 상품(goods or products),[96] 서비스, 그리고 지식재산권 이 세 가지를 협정의 대상으로 규율한다. 이 중 상품이나 서비스에 관한 규제가 배출권거래제도의 분석과 관련이 있다. 이 책에서 저자는 지식재산권에 관한 WTO 규범은 다루지 않는다.

WTO협정은 본질적으로 길고 복잡하다. 이 책의 목적을 감안하면 WTO협정의 전반에 대한 내용을 다룰 필요는 없기 때문에 배출권거래제도와 밀접한 관계가 있는 이하의 협정만을 분석할 것이다:

- 1994년 관세 및 무역에 관한 일반협정(GATT 1994)
- 무역에 대한 기술장벽에 관한 협정(TBT협정)[97]
- 서비스무역에 관한 일반협정(GATS) 그리고
- 보조금 및 상계조치에 관한 협정(SCM협정)

이 협정의 조항을 이해하기 위해서는 해석방법을 이해할 필요가 있는데, WTO협정에는 해석원칙에 관한 내용도 포함되어 있다.

---

93) Carol Ni Ghiollamath, *Renewable Energy Tax Incentives and WTO Law: Irreconcilably Incompatible?* (Wolf Legal Publishers, 2011) 130.
94) Marrakesh Agreement Establishing the World Trade Organization, opened for signature 15 April 1994, 1867 UNTS 154 (entered into force 1 January 1995) Annexes 2 and 3.
95) '대상협정'에 대한 더 자세한 논의는 이 책 3.3.2 참고.
96) GATT 1994는 goods와 products를 모두 언급하였는데, 이 용어들은 협정에서 상호 호환적으로 사용되는 것으로 보인다.
97) Marrakesh Agreement Establishing the World Trade Organization, opened for signature 15 April 1994, 1867 UNTS 3 (entered into force 1 January 1995) Annex 1A ('Agreement on Technical Barriers to Trade').

3.4.1 해석규칙

3.4.1.1 국제관습법

WTO법은 자기완비적 체제가 아니며, 국제법체계 내에서 존재한다.[98] 모든 사건에 대해 해당 사건을 규율하는 조항을 포함시키는 것은 불가능하며, 비록 협상과정에서 이를 추구하였더라도 모든 회원국 간의 합의를 이루기는 힘들었기 때문에 국제법체계 내에서 WTO가 존재할 필요가 있었던 것이다.[99] 협정의 해석원칙은 분쟁을 해결할 때 신중하게 고려되어야 한다.[100]

WTO 규범은 고정적인 것이 아니다. 오히려 '진화적인' 방식으로 해석되어야 한다.[101] 이에 DSU는 WTO협정의 해석원칙을 명확히 밝히고 있다. DSU 제3조 제2항은 DSB와 관련하여 "국제공법의 해석에 관한 국제관습법에 따라 대상협정의 현존하는 조항을 명확히 한다"고 규정하고 있다.[102] 그러나 협정 내에서의 제한이 존재한다.[103] 다시 말해 WTO 회원국 간에 합의된 규칙이 국제공법에 어긋나지 않는다는 점은 인정되지만 WTO협정의 해석에 무제한적으로 사용되는 것은 아니다. 하지만 WTO법은 국제법체계의 일부일 뿐만 아니라 필요한 경우 국제공법 규범의 영향을 받기도 한다.[104]

국제공법의 관습법적 해석은 조약법에 관한 비엔나협약(Vienna Convention on the Law of Treaties; 이하 비엔나협약)[105] 제31조에 관련 규정이 있는데 구체적인 내용

---

98) Pauwelyn, above n 17, 37.

99) Andrew D Mitchell, *Legal Principles In WTO Disputes* (Cambridge University Press, 2008) 15.

100) Ibid.

101) Appellate Body Report, *United States-Import Prohibition of Certain Shrimp and Shrimp Products*, WT/DS58/AB/R (1998) [129] cited in Gabrielle Marceau, 'A Call for Coherence in International Law: Praises for the Prohibition Against "Clinical Isolation" in WTO Dispute Settlement' (1999) 33(5) *Journal of World Trade* 87, 100.

102) Marrakesh Agreement Establishing the World Trade Organization, opened for signature 15 April 1994, 1867 UNTS 3 (entered into force 1 January 1995) Annex 2 ('Understanding on Rules and Procedures for the Settlement of Disputes') Article 3.2.

103) Ibid. 제3조 제2항과 제19조 제2항은 협정의 해석에 있어 패널과 상소기구의 권한을 제한하였다.

104) Pauwelyn, above n 17, 30.

105) Vienna Convention on the Law of Treaties, opened for signature 23 May 1969, 1155 UNTS

은 다음과 같다:

1. 조약은 조약문의 문맥 및 조약의 대상과 목적으로 보아, 그 조약의 문면에 부여되는 통상적 의미에 따라 성실하게 해석되어야 한다.

2. 조약의 해석 목적상 문맥은 조약문에 추가하여 조약의 전문 및 부속서와 함께 다음의 것을 포함한다.
   (a) 조약의 체결에 관련하여 모든 당사국간에 이루어진 그 조약에 관한 합의
   (b) 조약의 체결에 관련하여, 또는 그 이상의 당사국이 작성하고 또한 다른 당사국이 그 조약에 관련되는 문서로서 수락한 문서

3. 문맥과 함께 다음의 것이 참작되어야 한다.
   (a) 조약의 해석 또는 그 조약규정의 적용에 관한 당사국간의 추후의 합의
   (b) 조약의 해석에 관한 당사국의 합의를 확정하는 그 조약 적용에 있어서의 추후의 관행
   (c) 당사국간의 관계에 적용될 수 있는 국제법의 관계규칙

4. 당사국의 특별한 의미를 특정용어에 부여하기로 의도하였음이 확정되는 경우에는 그러한 의미가 부여된다.[106)

비엔나협약에 근거하여 WTO협정을 해석할 때 첫 번째 원칙은 용어를 '통상적인 의미'로 해석하는 것이다. 이와 관련하여 상소기구는 일반적으로 사전적 정의가 좋은 단초를 제공하지만 전체론적인 해석을 배제하는 것에 의존해서는 아니된다고 하고 있다.[107)

비엔나협약 제31조의 다른 중요성은 '국제법의 관련 규칙'의 의미를 반영할 필요가 있다는 것이다. 무엇이 '국제법의 법원(source)'에 해당하는지를 결정하기 위해서는 ICJ 규정(Statute of the International Court of Justice)을 우선적으로 참고해야

---

331 (entered into force 27 January 1980). See Michael Lennard, 'Navigating by the Stars: Interpreting the WTO Agreements' (2002) 5(1) *Journal of International Economic Law* 17.

106) Vienna Convention on the Law of Treaties, opened for signature 23 May 1969, 1155 UNTS 331 (entered into force 27 January 1980) (emphasis added).

107) Appellate Body Report, *United States-Final Countervailing Duty Determination with respect to certain Softwood Lumber from Canada*, WTO Doc WT/DS257/AB/RW, AB-2003-6 (19 January 2004) [59].

한다.108) ICJ 규정 제38조 제1항은 다음과 같이 규정되어 있다:

> 재판소는 재판소에 회부된 분쟁을 국제법에 따라 재판하는 것을 임무로 하며, 다음
> 을 적용한다:
> (a) 분쟁국에 의하여 명백히 인정된 규칙을 확립하고 있는 일반적인 또는 특별한 국
> *제협약*
> (b) 법으로 수락된 일반관행의 증거로서의 *국제관습*
> (c) 문명국에 의하여 인정된 *법의 일반원칙*
> (d) 제59조109)의 규정에 따를 것을 조건으로, *사법판결 및 제국의 가장 우수한 국
> 제법학자의 학설*110)을 법칙결정의 보조수단으로.111)

국제법의 이들 다른 법원(sources)은 WTO의 권리와 의무를 해석하는 데 WTO DSU가 고려할 수 있는 기본적인 형태이다. 서술한 국제법의 법원은 국제법에 대한 WTO의 하위체계가 다른 국제법의 해석원칙과 함께 효과적이고 충돌이 없는 방식으로 해석되도록 보장해 준다.112)

국제법의 다른 법원의 중요성을 인정함에도 불구하고 WTO의 맥락에서 가장 중요한 '법'(대상협정을 제외하고는)은 분쟁해결제도의 '사법적' 결정을 통해 형성되는 일련의 법리라는 것이 일반적으로 받아들여지고 있다.113)

---

108) Charter of the United Nations and Statute of the International Court of Justice, opened for signature 26 June 1945, 1 UNTS XVI (entered into force 24 October 1945).
109) 제59조는 당사자 간 그리고 특정사건의 경우를 제외하고는 법원의 판결이 법적 구속력이 없다고 규정한다. 이 조항은 분쟁해결양해 제3조 제2항과 매우 유사하다.
110) 공법학자의 학설은 결과를 뒷받침하기 위해 패널과 상소기구에 의해 자주 인용된다. Van Den Bossche, above n 5, 59.
111) Statute of the International Court of Justice, Article 38(1) (emphasis added). 제38조 제2항은 ICJ가 형평원칙 또는 *ex aequo et bono*에 따라 분쟁을 결정할 수 있다고 규정하고 있다는 것에 주의하라. 이것이 ICJ에 제한된 것이라는 것을 고려할 때, 이것은 DSB의 분쟁해결과는 관련이 없다.
112) Marceau, above n 101, 127.
113) Palmeter and Mavroidis, above n 1, 51; Van Den Bossche, above n 5, 54.

3.4.1.2 WTO 분쟁해결보고서를 이용한 해석[114]

DSB에서 채택된 결정이 패널과 상소기구에 대해 구속력을 갖는다는 것은 일반적인 오해이다.[115] WTO 분쟁해결체계는 과거의 '사법적' 논증에 크게 의존하는 것처럼 보인다. 하지만 DSU는 패널과 상소기구가 인정한 사실이나 권고가 WTO 협정이 확립한 권리와 의무를 추가하거나 축소할 수 없다고 명시하고 있다.[116] 이 원칙은 WTO협정 중 각료회의(Ministerial Conference)와 일반이사회(General Council)가 WTO협정과 다자간 무역협정의 해석을 채택하는 독점적인 권한을 가진다는 부분에 포함되어 있다:[117]

채택된 패널과 상소기구의 보고서는 원칙적으로 특정 분쟁에서의 당사국만을 구속하는데, 이는 DSB가 '입법적' 역할을 수행하는 것을 배제하기 위함이다.[118] 그럼에도 불구하고 상소기구는 이후의 관련있는 분쟁에서 기 채택된 보고서[119]를 고려해야 한다고 제안하였다.[120]

---

114) 이 절에서의 논의는 채택된 결정을 말한다. See David Palmeter and Petros C Mavroidis, The WTO Legal System: Sources of Law' (1998) 92 *American Journal of International Law* 398, 402 채택하지 않은 보고서의 낮은 법적 지위에 대한 논의. See also Appellate Body Report, Japan-Taxes on Alcoholic Beverages, WT/DS8/AB/R, WT/DS10/AB/R, WT/DS11/AB/R (1 November 1996) DSR 1996:1, 16, 상소기구는 채택되지 않은 보고서는 법적지위를 갖지 않지만, 사용된 논증은 후속 패널 및 상소기구를 위해 여전히 유용한 것으로 증명될 수 있다고 하였다.

115) 이전 결정에는 제16조에 따른 GATT의 결정이 포함된다. 1 of the Marrakesh Agreement Establishing the World Trade Organization, opened for signature 15 April 1994, 1867 UNTS 154 (entered into force 1 January 1995).

116) Understanding on Rules and Procedures for the Settlement of Disputes, Article 3.2.

117) Marrakesh Agreement Establishing the World Trade Organization, opened for signature 15 April 1994, 1867 UNTS 154 (entered into force 1 January 1995) Article IX:2.

118) Van Den Bossche, above n 5, 174.

119) 채택되지 않은 GATT 패널 보고서는 WTO체제하에서는 법적지위가 없기 때문에 분쟁당사국을 구속하지 않고 후속 패널 역시 이를 준수할 의무가 없다. 그러나 "패널은 채택되지 않은 보고서라 하더라도 관련이 있다고 여겨진다면 거기에서 유용한 지침(guidance)을 찾아낼 수 있다." See Appellate Body Report, *Japan-Taxes on Alcoholic Beverages*, WT/DS8/AB/R, WT/DS10/AB/R, WT/DS11/AB/R (1 November 1996) DSR 1996:1, 14 cited in Jacob Werksman, 'Greenhouse Gas Emissions Trading and the WTO' (1999) 8(3) *Review of European Community & International Environmental Law* 251.

120) Appellate Body Report, *Japan-Taxes on Alcoholic Beverages*, WT/DS8/AB/R, WT/DS10/AB/R, WT/DS11/AB/R (1 November 1996) DSR 1996:1 cited in Van Den Bossche, above n 5, 54. See also David Felix, 'The Role of Precedent in the WTO-New Horizons?' (Working Paper No

채택된 보고서는 GATT 법리축적에 중요한 일부로 후속 패널은 주로 채택된 보고서를 고려한다. WTO 회원국은 보고서를 통해 해당 행위가 합법적일 것이라는 기대를 하기 때문에 이와 관련된 분쟁의 경우 해당 보고서를 고려해야만 한다. 그러나 해당 분쟁당사국 간의 특정분쟁의 해결에 관하여만 법적 구속력이 있다.[121]

상소기구는 ICJ와 DSU의 법리를 비교해 왔다. 그 과정에서 상소기구는 ICJ가 중재사건을 통해 효과적인 법의 일부를 발전시킨다는 것에 주목하였다:

ICJ 규정에도 동일한 효력을 가지는 명시적 규정인 제59조가 있다는 것에 주목할 필요가 있다. 이것은 ICJ(그리고 이것의 전임자)가 이전에 결정된 가치에 대해 쉽게 인지할 수 있는 판례법의 발전에 반감을 갖지 않는다는 것을 보여준다.[122]

그럼에도 불구하고 WTO법에는 엄격한 선례구속의 원칙(stare decisis)이 존재하지 않는다.[123] 그런데 실무에서 패널은 '위계적으로 패널의 상위기관'인 상소기구의 결정에 따른다.[124] 이는 형식적인 선례규칙이 적용되는 것과 매우 유사하다. 이러한 접근은 "국제재판소(international courts and tribunals)는 항상 자신의 선례와 결정의 일관성을 유지하는 것에 매우 주의를 기울인다. GATT는 국제무역체제에서의 안정성을 위해 패널 해석에서 이러한 일관성을 요구하였다"는 서술에 반영되어 있다.[125]

분쟁의 효과적 해결에 일관된 규칙이 필수적이라는 사실은 모든 회원국이 인정하고 있다.[126] 따라서 WTO 내 분쟁해결체계의 완전성을 보전하기 위해 분쟁을 해결하는 기관은 묵시적으로 선례의 규칙에 따르는 것처럼 보인다. 그러나 DSU는

2009-12, Universiteit Maastricht, October 2009).

121) Appellate Body Report, *Japan-Taxes on Alcoholic Beverages*, WT/DS8/ AB/R, WT/DS10/AB/R, WT/DS11/AB/R (1 November 1996) DSR 1996:1, 14.

122) Ibid.

123) See generally Felix, above n 120.

124) Ibid 7.

125) *United States-Restrictions on Imports of Tuna* GATT BISD 39th Supp, 155 (1993, unadopted) 27.

126) Paul C Rosenthal and Robert TC Vermylen, 'The WTO Antidumping and Subsidies Agreements: Did the United States Achieve its Objectives during the Uruguay Round?' (2000) 31(3) *Georgetown Journal of International Law* 871, 873.

패널과 상소기구가 회원국 간 협상에서 이해된 바에 따라 법을 적용하여 분쟁을 해결한다. 분쟁해결기구의 결정은 이들 보고서에 대한 새로운 해석을 정당화할 수는 없지만,[127] 일관적으로 적용되는 법리가 '후속 관행(subsequent practice)'에 해당할 수 있다는 주장이 있다.

3.4.1.3 WTO 회원국의 후속 관행을 통한 해석

비엔나협약은 제31조 제3항 (b)호에서 '후속 관행'에 대해 언급하고 있다. 이 조항의 타당성은 *Japan—Alcoholic Beverages II* 사건에서 상소기구에 의해 명확하게 되었다:

> 조약해석에서 후속 관행의 본질은 행위해석에 관한 당사국의 합의를 의미하는 식별 가능한 패턴을 확립하기에 충분할 만큼 '일치하고 공통적이며 일관된' 후속 행위 또는 선언으로 인식되었다. 고립된 행위는 일반적으로 후속관행을 확립하기에 충분하지 않다; 관련 당사자들의 합의를 확고히 하는 것은 연속적인 행위이다.[128]

이 사건에서의 논증이 WTO의 관행 전체를 포함한다면 분쟁해결체계의 결정은 패널과 상소기구의 일관된 관행으로 구속력 있는 선례를 형성한다는 것을 주장할 수 있다. 그러나 이와 반대로 *Japan—Alcoholic Beverages II* 사건에서는 '후속 관행'을 오히려 '회원국의 후속 관행'이라 보았다. 패널과 상소기구는 회원국도 아니고 그들을 대표하지도 않는다.

이 분석을 근거로 하면 채택된 패널과 상소기구의 보고서는 후속적인 분쟁해결기구에 대해 구속력이 없다. 그럼에도 불구하고 보고서는 WTO협정을 해석할 때 설득력 있는 수단으로 계속적으로 작동한다.

패널과 상소기구의 논리가 '대상협정'에 불가분의 일부가 되도록 하는 규정이 있다. 이들 상황이 드물기는 하지만 이러한 논증은 '유권해석(authoritative interpretation)'의 채택을 통해 구속력을 가질 수 있다.

---

127) But see, Felix, above n 120.

128) Appellate Body Report, *Japan-Taxes on Alcoholic Beverages*, WT/DS8/AB/R, WT/DS10/AB/R, WT/DS11/AB/R (1 November 1996) DSR 1996:1 quoted in Van Den Bossche, above n 5, 58.

3.4.1.4 WTO 기구의 유권해석

회원국 의무의 '추가 또는 축소'에 있어서 DSB의 권한을 제한하는 WTO협정 제9조 제2항은 흥미롭다. WTO협정 제9조 제2항의 내용은 다음과 같다:

각료회의와 일반이사회는 이 협정과 다자간 무역협정의 해석을 채택하는 독점적인 권한을 가진다. 부속서 1의 다자간 무역협정의 해석의 경우 이들은 동 협정의 운영을 감독하는 이사회의 권고사항에 기초하여 자신의 권한을 행사한다. 해석의 채택에 대한 결정은 회원국 3/4 다수결에 의한다. 이 조항은 제10조의 개정규정을 저해하는 방법으로 사용되지 아니한다.

위 규정은 각료회의와 일반이사회가 당사국을 구속하는 해석을 채택할 수 있도록 하고 있다.[129]

3.4.1.5 해석의 보충자료

전술한 조항 외에도 비엔나협약 제32조는 다음과 같은 해석을 허용하고 있다:

제31조의 적용으로부터 나오는 의미를 확인하기 위하여, 또는 제31조에 따라 해석하면 다음과 같이 되는 경우에 그 의미를 결정하기 위하여, *조약의 교섭 기록* 및 그 체결시의 사정을 포함한 해석의 보충적 수단에 의존할 수 있다.
(a) 의미가 모호해지거나 또는 애매하게 되는 경우, 또는
(b) 명백히 불투명하거나 또는 불합리한 결과를 초래하는 경우.[130]

WTO협정을 위한 협상에서의 준비문서들은 특정한 상황에서 적절한 해석도구가 될 수 있다. 비록 공식적으로 기록된 WTO 협상의 역사는 없지만 패널과 상소기구는 이하의 내용을 포함하도록 준비문서의 범위를 확대했다:

---

129) Van Den Bossche, above n 5, 142.
130) Vienna Convention on the Law of Treaties, opened for signature 23 May 1969, 1155 UNTS 331 (entered into force 27 January 1980) Article 32 (emphasis added).

- GATT 1947의 협상역사[131]
- WTO 이전의 양자협정[132]
- 관세 분류 관행[133] 그리고
- 회원국이 특정한 의무를 작성하는 데 도움을 주는 우루과이라운드 협상의 초안[134]

'준비문서'의 범위는 광범위하지만 제32조는 해석의 이런 방식을 제한해 왔다.[135] 이 때문에 준비문서는 비엔나협약 제31조에 기초한 WTO법 해석의 명확화가 필요할 때 해석도구로서만 유용하다. 통상적 해석으로 인하여 WTO 규정의 모호함, 불분명함, 불합리함이 발생하는 경우에만 이것이 필요할 것이다.

3.5 결 론

이 장의 목적은 WTO와 관련된 배경정보를 제시하는 데 있다. 특히 저자는 WTO 규칙 및 WTO와 관련된 이론을 주로 검토하였다. 배출권거래제도에 대한 WTO법의 중요성은 세 가지 관점에서 설명되었다. 첫 번째는 비교우위이론의 관점이다. 비교우위는 세계 경제에 참여함으로써 얻는 경제적 이익과 균형을 이루고 회원국의 규범준수를 통하여 세계무역체계의 완전성의 유지를 정당화한다. 두 번째로 이 장에서는 WTO협정 및 국제기후변화체제 모두에서 무역과 환경 간의 연계성을 설명하였다. 무역과 환경 간의 연계성은 목적 사이에 우선순위가 있는 것은 아니지만 양자가 동일하게 중요하고 두 가지 목적을 동시에 고려할 때 상호 이익의 가능성을 인정한다. 셋째 이 장은 WTO법의 중요성이 WTO협정의 집행메커니즘으로 추궁될 수 있다는 점을 밝혔다. 집행메커니즘만으로 회원국의 의무준수를 장려할 수 있다.

---

131) Van Den Bossche, above n 5, 59.
132) Appellate Body Report, *European Communities-Measures Affecting the Importation Of Certain Poultry Products*, WTO Doc WT/DS69/AB/R, AB-1998-3 (13 July 1998) [83].
133) Van Den Bossche, above n 5, 205.
134) Ibid 206.
135) Ibid.

　　마지막으로 저자는 이 장에서 WTO 규칙의 해석에 관한 내용을 검토하면서 WTO협정의 해석이 간단한 작업이 아니라는 점을 강조하였다. WTO가 닫힌 법체계라는 믿음에도 불구하고 그 반대도 사실이다. WTO법은 국제법의 특수 분야이고, 그 자체로 국제법의 해석방법으로 해석되어야 한다.

　　결론적으로, WTO협정 전문이 지속가능한 발전을 인정하였다는 점을 기억하는 것이 중요하다. 그러므로 오염자 부담의 원칙과 같은 지속가능한 발전의 원칙은 WTO 규범과 일정한 관련이 있어야 한다. 또한 분쟁의 해결에서 패널과 상소기구가 결정을 내리는 쟁점들은 종종 환경목적에 관한 것이 아니라 그러한 목적을 달성하는 데 사용된 수단에 관한 것이다. 다음 장에서는 환경목적을 달성하기 위해 사용된 수단에 관한 내용과 그것이 WTO법을 준수하는지 여부에 대해 검토할 것이다.

제4장

상품으로 온실가스 거래수단의 분류

4.1 서 론

전통적으로 WTO 규칙에서 상품과 서비스의 구별은 명확했다. '발등에 떨어지는 것'은 상품으로 분류되었고, 서비스로 분류되는 것들을 제외한 나머지가 상품으로 분류되었으며, 종종 지식재산권도 경우에 따라 상품으로 분류되었다.[1] 그러나 이러한 구별은 시간이 지남에 따라 모호해졌는데, 이는 기술발달의 결과로 상품으로 분류될 수 있지만 물리적 실체가 없는 무형품목의 교역이 증가했기 때문이다. 이와 관련하여 배출권은 무형적 성격에 기초한 상품의 새로운 형태로 분류될 수 있다.

상품 또는 서비스의 분류는 WTO 규범에서는 매우 중요한 구별이다.[2] 왜냐하면 상품은 서비스를 규율하는 서비스무역에 관한 일반협정(General Agreement on Trade in Service; 이하 GATS)과는 다른, 상품규제에 관한 협정인 1994년 관세 및 무역에 관한 일반협정(General Agreement on Tariffs and Trade 1994; 이하 GATT)에서 의무가 발생하기 때문이다. 특히 GATT 1994에서의 약속은 '절대적'인 반면, GATS에서는 오직 회원국 간에 합의한 분야에 관해서만 의무가 적용된다.[3] 이하에서는 이 장에서 배출권의 분류에 관한 분석을 특별히 WTO협정이 진화적인 방식으로 해석될 것이라는 것을 인정하며 검토할 것이다.

이 장의 목적은 두 가지로, 그 첫 번째는 WTO 규칙의 맥락 내에서 배출권이 상품으로 분류될 수 있는지 여부를 검토하는 것이다. 이에 대해 저자는 배출권은

---

1) Pietro Poretti, *The Regulation of Subsidies within the General Agreement on Trade in Services of the WTO* (Kluwer Law International, 2009) 9.

2) Tania Voon, 'China and Cultural Products at the WTO' (2010) 37(3) *Legal Issues of Economic Integration* 253, 255.

3) Ibid 255.

물리적 실체가 없으므로 상품으로 분류되지 않을 수도 있다는 결론을 내렸다. 그러나 WTO 규칙 내에서의 기준이 불변하는 것은 아니므로 이 장의 두 번째 목적은 배출권이 상품으로 분류될 수 있는 가능성과 그 의미를 살펴보는 것에 있다. 이는 GATT 1994를 넘어서도 영향을 미치기 때문에 무역관련 기술장벽협정(Technical Barriers to Trade Agreement; 이하 TBT협정)을 본 장의 마지막 부분에서 검토하였다.

4.2 WTO상 상품의 의미 검토

유형성을 제외한다면, 거래가능한 수단으로서의 온실가스는 WTO 규칙하에서 상품으로 분류될 만한 특성을 가진다.[4] 거래가능한 수단으로서의 온실가스의 분류는 WTO법이 배출권거래제도에 어떻게 적용되는지를 검토하는 첫 번째 단계이다.

WTO법하에서 'products'나 'goods'에 대한 이해는 GATT와 WTO협정의 부속서 1A의 적용범위를 확정하는 데에 있어서 필수적이다. GATT는 'products'나 'goods'를 모두 언급하고 있어서 상호 호환적으로 사용하는 것으로 보이므로 이 장에서도 적용가능한 WTO법을 참조하여 'goods'와 'products'로 지칭할 것이다.

4.2.1 '상품'의 '통상적 의미'

WTO 규칙은 상품의 국제무역을 규율대상으로 한다.[5] GATT는 상품에 대한 정의를 내리지 않았고 WTO법에도 역시 상품의 의미에 관한 명시적인 기준이 없다. 이처럼 상품의 개념정의가 협정의 표면에 드러나지 않기 때문에 해석원칙을 통해 그 통상적 의미를 검토할 수밖에 없다.[6] 따라서 'product'라는 용어의 의미

---

4) Erich Vranes, 'Climate Change and the WTO: EU Emission Trading and the WTO Disciplines on Trade in Goods, Services and Investment Protection' (2009) 43(4) *Journal of World Trade* 707, 718.

5) John H Jackson, *The Jurisprudence of GATT and the WTO* (Cambridge University Press, 2000) 58.

를 제대로 이해하려면 해당 용어의 통상적 의미를 먼저 파악할 필요가 있다. 옥스퍼드 영어사전(Oxford English Dictionary)은 'product'에 대해 "판매를 위해 제조된 물품 또는 물질"[7] 또는 "자연적, 화학적 또는 제조과정을 통해 생산된 물질"[8]로 정의하고 있는데, 이 두 가지 정의 모두 상품의 유형성을 전제로 하고 있다.

그러나 저자는 'product'에 대해 유형성을 요구하고 있는 옥스퍼드 영어사전에서의 정의가 전 세계적으로 쉽게 수용되는 것은 아니라고 생각한다. 예컨대 product는 "물질적 실체이지만 goods는 반드시 물질적이거나 유형적일 필요는 없는 것"으로 정의된다.[9] 이를 염두에 두고 'product'의 용어해석에 대한 다음의 검토는 WTO의 문맥 안에서 동 개념의 쓰임을 이해하는 데 도움을 줄 것이다.

4.2.2 '상품'의 해석에 관한 WTO의 법리

패널이 'product'의 의미를 명확히 할 필요가 있다고 판시한 분쟁은 거의 없었지만, *Canada—Measures Affecting the Sale of Gold Coins*[10] 분쟁의 미채택 결정에서 'product'의 의미를 검토한 일이 있었다. 이 사례에서 패널은 두 가지 종류의 금화를 비교하여 이것이 '동종 상품'인지를 결정하고자 하였다. 패널은 고객들이 종종 투자목적으로 금화를 구입했다고 결론지었는데, 이는 법적 화폐로서의 금화의 유형성을 강조하였다기보다는 유형적 상품가치를 가진다고 인정한 것으로 볼 수 있다.[11] 이를 근거로 패널은 동일한 실체에 대해 동시에 두 가지 '정체성(identities)'을 적용할 수 있다고 인정하였다:

---

6) 이 책 3.4.1 참고.

7) Catherine Soanes, Sara Hawker and Julia Elliot (eds), *Oxford English Dictionary* (Oxford University Press, 6th edition, 2010) 595-6.

8) Ibid.

9) Peter Hill, 'Tangibles, Intangibles and Services: A New Taxonomy for the Classification of Output' (1999) 32(2) *Canadian Journal of Economics* 426.

10) GATT Panel Report, *Canada-Measures Affecting the Sale of Gold Coins*, GATT Doc L/5863 (17 September 1985, unadopted).

11) Annie Petsonk, 'The Kyoto Protocol and the WTO: Integrating Greenhouse Gas Emissions Allowance Trading into the Global Marketplace' (1999) 10 *Duke Environmental Law and Policy Forum* 185, 188.

메이플 리프(Maple Leaf)와 크루거랜드(Krugerrand)는 만들어진 국가에서는 법적 화폐이지만 주로 투자상품으로 구입된다. 그러므로 패널은 메이플 리프와 크루거랜드 금화가 제3조 제2항의 해석에 따라 지불수단일 뿐만 아니라 'product'에도 해당한다고 보았다.[12]

이 해석은 SCM협정과 관련된 WTO의 법리(jurisprudence) 속에서 이해될 수 있다.[13] *US-Softwood Lumber III* 분쟁에서 패널은 'goods'의 의미가 통상적 의미와 부합해야 한다는 점을 고려하였다.[14] 패널은 다음과 같이 언급했다:

> 사전은 'goods'에 대해 '화폐, 증권, 양도성증권을 제외하고 내재적 가치가 있는 개인적 재산'으로 정의하고 있다. 따라서 'goods'의 일반적인 의미는 매우 광범위하고 '상품'으로 간주될 수 있는 금전 이외의 '유형적이거나 동산의 성질을 가지는(movable) 개인재산'의 종류에는 제한을 두지 않는 것처럼 보인다.[15]

이러한 논증에서 SCM협정하에서의 'goods'는 유형적이거나 동산의 성질을 가지는 개인재산의 형태라 볼 수 있다. 패널은 'goods'의 정의에서 "국경 간 거래될 수 없는 것"[16]은 제외하였다. 이후 *US-Softwood Lumber IV* 분쟁에서 상소기구는 'goods'의 정의에 "유형적이고 소유가능한 품목(items)"이 포함된다는 것에 동의하였다.[17] 이와 같은 해석을 수용한다면 goods나 products는 본질적으로 유형성을 가지거나 동산의 성질을 지닌 개인재산이어야 한다고 보았다. 여기에는 넓은

---

12) GATT Panel Report, *Canada-Measures Affecting the Sale of Gold Coins*, GATT Doc (17 September 1985, unadopted), 13 [51] (emphasis added).

13) Marrakesh Agreement Establishing the World Trade Organization, opened for signature 15 April 1994, 1867 UNTS 3 (entered into force 1 January 1995) Annex 1A ('Agreement on Subsidies and Countervailing Measures').

14) Panel Report, *United States-Preliminary Determinations with Respect to Certain Softwood Lumber from Canada*, WTO Doc WT/DS236/R (27 September 2002).

15) Ibid [7.22]. 이러한 정의는 '증권'을 제외하고 있지만 전술한 바와 같이 '물건'은 한 가지 이상의 성질을 가진다.

16) Ibid [4.120].

17) Appellate Body Report, *United States-Final Countervailing Duty Determination with respect to certain Softwood Lumber from Canada*, WTO Doc WT/DS257/AB/RW, AB-2003-6 (19 January 2004) [59].

범위의 products가 포함되지만 라이센스에 수반된 권리는 상품의 분류에서 제외된 다고 패널이 명확하게 밝혔다.18)

　무형의 상품에 대한 가장 최근의 쟁점은 *China – Publications and Audiovisual Products* 분쟁에서 검토되었다.19) 이 사건의 보고서에서는 물리적 실체가 없는 상품의 유통이 GATS의 범위에 포함될 수는 있지만 GATT의 적용여부에 대해서는 명확히 밝히지 않았다.20) 이 분쟁에서 흥미로운 점은 상소기구가 국제사법재판소 (International Court of Justice; 이하 ICJ)의 판결을 언급했다는 것이다.21) 이와 관련하여 회원국들이 WTO 규칙의 범위 내에서 회원국의 의무가 시간이 지남에 따라 진화할 것으로 기대할 수 있다는 점에 대하여 지적된 바 있다.22) 이러한 지적에도 불구하고 무형상품에 대한 GATT의 적용 여부와 관련된 의무는 현재까지는 아직 미해결 상태인 것으로 보인다. 따라서 협정의 적용범위는 불명확하지만 현 단계에서의 법리는 GATT의 적용영역에 무형상품을 명시적으로 포함시키지 않고 있다.

　GATT협정의 대상으로 'products'를 이해하는 법리에 관하여 검토하였으나, 한편으로는 상품을 분류하는 국제적 환경은 시간이 지남에 따라 눈에 띄게 진화하고 있음을 알 수 있다. 통일상품명 및 부호체계에 관한 국제협약(International Convention on the Harmonized Commodity Description and Coding System; 이하 'HS협약') 이 이러한 진화와 특히 관련이 깊다.23)

---

18) Panel Report, *United States-Preliminary Determinations with Respect to Certain Softwood Lumber from Canada*, WTO Doc WT/DS236/R (27 September 2002) [4.15].

19) Appellate Body Report, *China-Measures Affecting Trading Rights and Distribution Services For Certain Publications and Audiovisual Entertainment Products*, WTO Doc WT/DS363/AB/R, AB-2009-3 (19 January 2010).

20) Voon, above n 2, 257.

21) Ibid 256.

22) Appellate Body Report, *China-Measures Affecting Trading Rights and Distribution Services For Certain Publications and Audiovisual Entertainment Products*, WTO Doc WT/DS363/AB/R, AB-2009-3 (19 January 2010) [396].

23) The International Convention on the Harmonized Commodity Description and Coding System, opened for signature 14 June 1983, 1503 UNTS 167 (entered into force 1 January 1988).

4.2.3 국제통일상품분류체계(Harmonized System; HS)

HS협약은 통일상품명 및 부호체계(Harmonized Commodity Description and Coding System)를 상세하게 열거한 것이다. 이것은 보통 통일체계(Harmonized System; 이하 HS코드)라고 불린다. HS코드는 상품분류에 관한 '국제표준상의 명명법'이다.[24] 다시 말해 HS코드는 포괄적이지는 않더라도 쉽게 인지할 수 있는 상품목록을 제공함으로써 특정 상품이 GATT 체계하에서 상품으로 인정받는지를 식별할 수 있게 하는 실질적인 도구로 작용한다. WTO 회원국이 HS협약에 서명해야 할 의무는 없고 HS코드를 사용해야 할 의무 역시 없다. 그러나 거의 모든 WTO 회원국, 심지어 HS협약의 비체약당사국조차도 HS코드를 사용하고 있다.[25]

1988년 1월 1일 HS협약이 발효된 이래 HS는 4년에서 6년마다 갱신되었다.[26] 갱신을 통해 HS코드는 "기술발전에 따른 새로운 상품을 포함시키고 국제무역의 발전을 고려하여 최신의 정보"를 확보할 수 있었다.[27] HS코드는 열거된 상품을 식별하기 위해 의무적으로 6자리로 표기하고, 특수성을 고려하여 당사국이 4자리를 추가적으로 사용할 수 있도록 허용하고 있다.[28] 이는 6자리를 넘어서는 분류는 표준화되어 있지 않다는 의미이다.

GATT의 법리는 HS 표기법이 상품을 포괄적으로 열거한다고 보지 않는다. *Canada/Japan-Tariff On Imports Of Spruce, Pine, Fir (SPF) Dimension Lumber* 분쟁에서 패널은 아래와 같이 설시하였다:

> 국제적으로 거래되는 모든 상품을 개별적으로 식별하고, 목록화하여 제공하는 관세분류시스템은 없다. 그러나 이것이 특정한 상품을 식별할 수 없고 그 처리를 GATT

---

24) Dayong Yu, 'The Harmonized System-Amendments and Their Impact on WTO Members' Schedules' (Staff Working Paper No ERSD-2008-02, World Trade Organization, February 2008) 1.

25) Ibid.

26) Ibid.

27) Peter Van Den Bossche, *The Law and Policy of the World Trade Organization* (Cambridge University Press, 2nd edition, 2008) 430.

28) Michael J Trebilcock and Robert Howse, *The Regulation of International Trade* (Routledge, 3rd edition, 2005) 188.

의무에 비추어 판단할 수 없다는 것으로 받아들여지지는 않는다. 특정 상품이 HS코드표기에 나타나지 않는다는 사실이 상품 자체가 존재하지 않는다거나 식별될 수 없다는 의미는 아니다.[29)]

이로부터 HS코드 목록에 없다는 것에서도 이후에 상품으로 분류될 가능성이 있다는 결과가 도출된다.

4.2.4 WTO협정상 상품의 정의 - 소결

WTO 규칙 내에서 어떤 것을 상품으로 분류하는 데 영향을 미치는 요소에는 여러 가지가 있다. 먼저 상품은 재산이어야 하고, 이 상품은 소유권과 결부된 권리를 포함해야 한다. 두 번째 요소는 객체가 '동적(movable)'이어야 한다는 것이다. 그러나 동적인 성질을 가진다는 것이 물리적인 움직임을 의미하는 것인지 법적 의미인지가 명확하지 않다. 세 번째로 그 객체가 국제무역의 대상이 될 수 있어야 한다. 이는 상품분류와 관련한 별도의 기준이지만 앞서 살펴본 두 가지 요소가 충족된다면 세 번째 요소는 쉽게 충족시킬 수 있다. 넷째 WTO법에서의 상품은 화폐가 아니고 라이센스에 수반된 권리도 아니라는 것은 명백하다. 그럼에도 불구하고 *Canada—Measures Affecting the Sale of Gold Coins* 분쟁에서는 객체가 하나 이상의 법적 지위를 가질 수 있다고 명시하였다. 그러므로 이들 분류는 상호 배타적이지 않다고 보는 것이 합리적이다. 마지막으로 HS코드 표기는 WTO법에서 상품으로 분류되는 객체에 대해 말할 수는 있지만 이것이 전체 상품목록을 의미하는 것은 아니다. 따라서 HS코드에 포함되어 있지 않은 객체는 상품으로 분류될 수 있는 가능성이 여전히 존재한다.

위와 같은 요소를 염두에 두고 이하에서는 배출권에 대해 자세히 검토할 것이다.

---

29) GATT Panel Report, *Canada/Japan-Tariff On Imports Of Spruce, Pine, Fir (SPF) Dimension Lumber*, GATT Doc L/6470 (adopted 19 July 1989) GATT BISD 36S/167, 15 [3.17].

4.2.5 개인재산으로서의 배출권

배출권이 개인 재산인지를 알아보기 위해서는 먼저 세계적으로 널리 알려져 있는 법적 분류로서의 '재산'의 의미를 파악할 필요가 있다. 이와 관련하여 용어의 정의는 재산의 의미를 명확히 하는 좋은 시작점이다.[30] 옥스포드 영어사전(*Oxford English Dictionary*)은 재산에 관하여 두 가지 설명을 하고 있다. 첫 번째는 소유의 대상이 될 수 있는 것(들)을 망라한다. 두 번째는 '재산'이라는 용어가 물건(들)의 소유 또는 사용과 관련된 권리를 지칭할 수 있다고 설명한다.[31] 이들 개념정의는 재산의 관념이 일단의 권리인 재산과 비교하여 물건인 재산을 포함시킨다는 것을 보여준다.[32] 이 책의 목적상 대상에 관해서 존재하는 권리와 구별하여 재산의 대상을 고려하는 것이 유용하다.

만약 재산이라는 용어가 대상에 존재하는 권리의 집합체라고 본다면 이 권리들의 성질에는 의문의 여지가 있다. Fisher는 재산권을 인정하기 위해서는 명확성과 확실성이 요구된다고 보았다.[33] 더 명확하게 설명하자면 명확성과 확실성은 권리의 대상이 명확하고 권리의 개념정의가 가능해야 하며 '충분한 기간 동안 실질적 변화없이' 존재할 것을 요구한다.[34] 또한 재산으로서의 권리를 분류하는 기본적 기준에는 식별성, 유통성, 배타성 및 영속성이 포함된다는 점도 추가할 필요가 있다.[35]

WTO법에서 '상품'의 정의를 분석해보면, 회원국들은 대상과 연관된 권리보다는 재산의 *대상(object)*이 상품으로 분류되는 것을 의도하는 것으로 나타난다. 또한 WTO법의 맥락에서 상품으로 대상을 분류하는 것이 근본적이고, 대상의 소유

---

30) Douglas Fisher, 'Rights of Property in Water: Confusion or Clarity' (2004) 21 *Environmental and Planning Law Journal* 200, 201.
31) Soanes, Hawker and Elliot, above n 7, 599. *Oxford English Dictionary*도 Fisher에서 인용되었다는 것에 주의하라. above n 30, 201.
32) Jonnette Watson Hamilton and Nigel Bankes, 'Different Views of the Cathedral: The Literature on Property Law Theory' in Aileen McHarg et al (eds), *Property and the Law in Energy and Natural Resources* (Oxford University Press, 2010) 19, 22.
33) Fisher, above n 30, 211.
34) Ibid.
35) Ibid.

권과 연관된 권리들 중의 하나가 양도가능성이다. 그러므로 여기서 제기되어야 하는 질문은 배출권이 재산의 대상인지 대상에 대한 권리인지 여부이다.

배출권을 재산의 대상으로 분류하기 위해서는 대상으로서 그러한 배출권과 관련한 일단의 권리가 존재해야 한다. 이러한 권리는 Fischer가 설명한 것과 본질적으로 유사해야 한다. 배출권 그 자체는 권리의 집합체로 나타낼 수 있다. 전 세계적으로 서로 다른 배출권거래제도에 다양한 범주의 배출단위와 크레딧이 존재한다. 그러나 제도와 배출권의 상이성을 넘어서는 공통적 특성을 발견할 수 있다. 첫째 배출권은 고유하다. 이와 관련하여 배출권은 각기 특정 배출권에 부여된 특정한 등록번호를 가질 것이다. 일단 배출권이 제출되었으면 그것은 취소되어 재발행되지 않을 것이다. 둘째 배출권은 거래가능하다. 이는 배출권거래제도를 구성하는 배출권의 근본적인 특성이다. 배출권을 거래할 수 있는 능력은 배출권거래제도의 본질에서 근본적인 것이다. 셋째 배출권은 전적으로 전자적으로(electronic) 되어 있다. 이들 배출권은 등록부에의 입력으로만 존재하므로 이와 관련된 물리적 실체는 없다.

중요한 것은 배출권 소유자가 소지하는 권리는 객체로서의 배출권을 대상으로 한다는 것이다. 배출권에 대한 소유를 통해 2차적 대상에 대한 법령상 권리(statutory rights)는 발생하지 않는다. 따라서 배출권의 특성은 다른 무형적 문서와 대조될 수 있다. 구체적으로, 무형적 문서는 권리자가 *권리를 나타내*는 것으로 간주되는 범위 내에서 문서에 표시되어 있는 *금전, 재화 또는 보증*에 대한 권리를 부여하며, 이는 문서 자체의 양도로 이전될 수 있다.[36] 무형적 문서와는 달리 배출권은 그 소지자에게 금전, 재화 또는 보증에 대한 권리를 부여하지 않는다. 배출권은 부수적인 대상과 관련된 권리와는 대조적으로 정말로 재산의 대상이다.

배출권 소지자의 권리는 해당 배출권 및 이와 관련된 가치와 관련되어 있다. 대체로 이 배출권과 관련된 권리로 인해 배출권 소지자가 온실가스를 대기로 방출하거나 과거의 온실가스 배출량에 대한 비용을 지불할 수 있다. 이들 권리는 배출권이 일종의 라이센스와 비교될 수 있음을 의미한다. 영국에서는 *In Re Celtic*

---

36) Ewan McKendrick, *Goode on Commercial Law* (LexisNexis, 4th edition, 2009), 32 (emphasis added) cited in *Travelex Ltd v Federal Commissioner of Taxation* 241 CLR 510 [86].

Extraction Ltd 사례에서 법원이 라이센스 및 관련된 재산권 문제를 다루었다.[37] 동 사건에서 법원은 폐기물관리 라이센스가 영국 도산법의 목적에서 재산의 대상으로 간주되기 위해서는 다음의 세 가지 조건이 충족되어야 한다고 보았다:

- 어떤 조건을 갖춘 사람에게 어떠한 권한 혹은 라이센스를 부여하는 법적 틀이 있었어야 함
- 이 권리는 양도가능했어야 함 그리고
- 이 권리는 가치가 있었어야 함[38]

언급한 바와 같이 WTO 규정에서 상품은 일반적으로 재산의 대상으로 간주되며 상품의 정의에서 소유에 대한 법적 권리는 제외된다. 이러한 측면에서 배출권은 재산의 대상으로 여겨질 수 있으며 상기의 요건을 충족시키는 것으로 볼 수 있다.

4.2.6 배출권을 상품으로 분류하기

WTO 규칙 내에서 상품의 정의를 고려할 때 배출권이 상품분류의 일부가 되는지 여부는 배출권이 법적으로 유통이 가능한 개인의 소유재산으로 고려할 수 있는지에 따라 다를 것이다. 그러나 이러한 유형성 요소는 유통가능성만으로 충족되는 것은 아니다. 배출권은 전자등록의 방식으로 존재하기 때문에 어떠한 형식으로든 유형적이지 않다.[39] 이것이 WTO 규칙의 맥락에서 배출권을 상품으로 분류하고자 할 때 가장 극복하기 어려운 부분이다. 이와는 대조적으로 저자는 WTO 법리는 상품을 물리적인 것 또는 *유통가능한 개인재산(moveable personal property)*의 형

---

37) *In Re Celtic Extraction Ltd* [2000] 2 WLR 991 cited in Karoliina Anttonen, Michael Mehling and Karl Upston-Hooper, 'Breathing Life into the Carbon Market: Legal Frameworks of Emissions Trading in Europe' (2007) 16 *European Environmental Law Review* 96, 98.

38) Anttonen, Mehling and Upston-Hooper, above n 37, 99.

39) Keyzer et al, 'Carbon Market Integrity: A Review of the Australian Carbon Pricing Mechanism' (Report, The Carbon Market Institute, March 2012) 10; Revised Explanatory Memorandum, Clean Energy Bill 2011 (Commonwealth of Australia) 113.

태로 볼 수 있도록 허용한다는 주장을 제시할 수 있다.[40] 이것은 정의를 내리는 기준으로서 유형성이라는 특성이 불확실성을 가지고 있음을 의미한다. 그러므로 유형성을 넘어서는 상품의 분류를 고려하는 것이 중요하다. 배출권은 HS코드 내에서는 상품으로 분류되지 않는다. 이것은 다른 거래가능한 유형의 온실가스의 경우에도 마찬가지다. 이 점은 설득력이 있지만, 배출권의 비목록화(non-listing)가 배출권을 상품으로 분류할 수 없다는 뜻은 아니다. 여기에는 세 가지 이유가 있다. 첫째, HS코드는 모든 상품을 온전히 분류하고 있지는 않다.[41] 둘째, HS코드는 새로운 상품을 포함시키기 위해 정기적으로 수정된다.[42] 셋째, HS코드는 6자리까지만 표준화되어 있고 추가적으로 4자리까지를 관련 기관들이 특별한 목적으로 사용할 수 있도록 허용하고 있다.[43] 즉 6자리 분류 이외에는 표준화되어 있지 않으며 회원국은 자유롭게 적절한 장(chapter) 내에 상품을 추가할 수 있다.[44]

이와 관련하여 HS코드에는 배출권을 상품으로 분석하는 데 관련 있는 두 개의 장이 있다. 첫 번째는 제28장으로 특정 화학물질에 관한 상품코드를 포함하고 있는데 여기에는 이산화탄소에 대한 상품코드가 포함되어 있다.[45] 그러나 이 상품코드는 온실가스 *배출량(emissions)*에 적용되기보다는 이산화탄소를 포함한 식별가능한 상품을 포함하는 것으로 보아야 한다.[46] 상품의 본질에 유형성을 고려하는 것은 배출권을 상품의 범주에 포함시키는 것을 거의 불가능하게 한다. 그럼에도 불구하고 논쟁의 여지가 있지만 이것이 공통된 연결점이다.

---

40) Panel Report, *United States-Preliminary Determinations with Respect to Certain Softwood Lumber from Canada*, WTO Doc WT/DS236/R (27 September 2002) [7.22].

41) The International Convention on the Harmonized Commodity Description and Coding System, opened for signature 14 June 1983, 1503 UNTS 167 (entered into force 1 January 1988) 15 [3.17].

42) Tradebits.in, *49070030-Documents of title conveying the right to use information technology software*, www.tradebits.in/hscodepage/49/4907/49070030/1/index.html, 1.

43) Trebilcock and Howse, above n 28, 188.

44) The International Convention on the Harmonized Commodity Description and Coding System, opened for signature 14 June 1983, 1503 UNTS 167(entered into force 1 January 1988) Annex-General Rules for the Interpretation of the Harmonized System [4].

45) Ibid 205-06.

46) Universal Industrial Gases, Inc., *Carbon Dioxide (C02) Properties, Uses, Applications C02 Gas and Liquid Carbon Dioxide* (2008) www.uigi.com/carbondioxide.html.

HS코드 제49장에서는 인쇄된 서적, 신문, 그림 및 기타 제품도 포함된다.[47] 일견 관련성이 없어 보이기도 하지만 HS코드는 면허, 주식증서 및 기타 문서를 포함하고 있음을 보여준다.[48] 이런 이유로, 배출권이 이 범주에 속할 수 있다는 주장이 있다. 일부 평론가들은 이러한 분류가 배출권과 동일한 무형의 성질을 가지는 소프트웨어 라이센스에 적합하다고 주장하였다.[49] 그러나 이 범주에는 사실 인쇄된 자료만 포함되고 있다.[50] 이것은 사실상 무형의 재산에 유형의 성격을 부여한 것이다. 언급한 바와 같이, 배출권은 단순히 전자 등록부에 입력하기만 하면 인식되기 때문에 어떤 형태로든 유형적이지는 않다.[51] 일반적으로 문서로 존재할 것을 요구하는 경우는 전자 형식의 모든 문서에도 합법적으로 충족되는 경우가 많지만[52] 패널이나 상소기구는 이를 명시적으로 받아들이지 않았다. 특히 디지털 상품이 GATT의 대상에 포함되어야 하는지, 아니면 GATS의 대상에 포함되어야 하는지 여부는 WTO 회원국에 의해 결정되지 않은 채로 남아 있다.[53]

이 책은 현행 WTO법을 초월하려는 의도는 아니나, 이상에서 제기된 문제를 무시하기는 어렵다. 주식증서와 권원문서를 인쇄된 유형물의 형식으로 제공해야만 상품으로 분류될 수 있고, 해당 문서를 전자형식으로 제공할 때에는 상품으로 분류할 수 없다는 것은 논리적이지 않다. 외견상 한 사람의 거래는 다른 한 사람의 거래와 동일하다. 그러나 이러한 이유로 배출권을 등록부에 입력이 아닌 인쇄물로

---

47) The International Convention on the Harmonized Commodity Description and Coding System, opened for signature 14 June 1983, 1503 UNTS 167 (entered into force 1 January 1988) 242.

48) Ibid.

49) Tradebits.in, above n 42.

50) 이 장 두 번째 문단의 HS코드에 관한 설명을 하자면 '인쇄'에는 컴퓨터 통제하의 생산이 포함된다. 이것은 배출권거래제도에서 적격배출권과 같은 인쇄되지 않은 배출권으로 확장될지 아닐지 여부는 불확실하다.

51) Keyzer et al, above n 39, 10; Revised Explanatory Memorandum, Clean Energy Bill 2011 (Commonwealth of Australia) 113.

52) Electronic Transactions Act 1999 (Cth) s 4 참고. 동법은 문서 생성을 위한 요건이 전자형식으로 충족되는 것을 보장하며 국제적 지위 역시 전자문서이다. Lawbook, *The Laws of Australia* (at 15 October 2009) 8 *Contracts*, 'Electronic Contracts' [8.9.640].

53) Tania Voon, *Cultural Products and the World Trade Organization* (Cambridge University Press, 2007) 73-5; Sacha Wunsch-Vincent, 'The Rise of Trade in Digital Content' (Workshop on E-Commerce, Development and SMEs, World Intellectual Property Organization, 8 April 2013). 전자상거래는 2013년 WTO포럼의 주제였다.

만들어 상품으로 분류하자는 것은 정당화될 수 없다. 사실 두 가지 모두 동일한 권리를 나타내며 둘 다 양도가 가능하다.

이러한 논증에도 불구하고 배출권은 WTO법에서 상품으로 분류되지 않고 있는 것이 현실이다. 이에 더해 WTO법의 맥락에서 상품은 유형적이어야 한다는 주장이 제기될 수 있다. 따라서 배출권 및 기타 거래가능한 온실가스를 상품으로 분류하기 위해서는 배출권거래제도를 개념화할 때 입법자에게 알려지지 않은 원칙들이 요구된다. 그러므로 WTO 회원국의 동의 없이 상품 정의를 확대하는 것에는 불합리한 요소가 있다.

배출권은 회원국들의 동의 없이는 상품으로 분류되지 못할 것이다. 그러나 WTO 규정을 해석하는 것은 대부분 고정적이지 않다. Pauwelyn은 WTO법을 '진화론적(evolutionary)'으로 해석하고 있다.[54] Martin은 상품의 정의가 "배출 허용량과 같은 새로운 것들을 포함하도록 진화할 것"이라고 보았다.[55] WTO 회원국 간의 협상을 통해 이러한 진화가 유기적으로 일어날지 여부는 아직 밝혀지지 않았지만, 아마도 이러한 진화는 필연적일 것이다.

GATT하에서 배출권 분류가 모호함에도 불구하고, 이 장은 이러한 배출권이 그와 같이 분류될 수 있다는 것을 전제로 진행된다. 그 이유는 단기적으로 인정되지 않더라도 WTO법의 맥락에서 '상품'의 정의가 이러한 수단을 포함하도록 진화할 가능성을 내포하고 있기 때문이다.

4.3 GATT 내에서의 함의

GATT는 상품의 무역에 대해 규율하는 가장 일반적인 협정이다. GATT의 주요목적은 관세양허에 제한을 가하고 수량제한을 포함하여 상품의 국제무역에 관한

---

54) Joost Pauwelyn, 'The Role of Public International Law in the WTO: How Far Can We Go?' (2001) 95 *American Journal of International Law* 535, 574-5.

55) Marisa Martin, 'Trade Law Implications of Restricting Participation in The European Union Emissions Trading Scheme' (2007) 19(3) *Georgetown International Environmental Law Review* 437, 447.

기타 장벽을 제한하는 것이다. 만약 배출권이 WTO법의 맥락에서 상품으로 분류
된다면, 이 협정의 규정을 준수하는 것이 주는 함의가 있을 수 있다.

배출권이 WTO법의 범위 내에서 상품으로 간주되어야 한다는 것에 회원국들
이 동의한다면, 회원국들이 배출권시장과 관련된 규정들을 정하는 데 있어서 GATT
의 요건이 회원국의 주권을 제한할 수 있다. 예를 들어, EU ETS와 호주의 청정에
너지패키지는 크레딧을 양도할 때 무엇이 수량제한으로 간주될 수 있는지 소개하
고 있다. 이들 제한은 일반적으로 배출크레딧을 형성시키도록 하는 배출감축 프로
젝트의 유형에 기초하고 있다.[56]

그뿐만 아니라 국제배출권시장은 각 국가별로 형성하고 있는 배출권거래제도
를 서로 연결시키는 결과를 낼 것으로 예상된다.[57] 이런 이유로, 배출단위와 크
레딧의 국제적 거래는 아주 흔한 일이 될 것이다. 따라서 최혜국대우와 내국민대
우 관련 규정들은 국제배출권시장이 공정하고 차별 없는 방식으로 발전시켜 나가
는 데 큰 역할을 할 것으로 기대된다. 이 규정들은 아래에서 더 구체적으로 논의
한다.

4.3.1 수량제한

GATT 제11조는 자유무역을 지탱하는 가장 중요한 원칙 가운데 하나를 반영
하고 있다.[58] 이 조항은 수입상품에 수량제한을 부과하는 회원국들의 법적 권한을
제약한다. 이 조항을 시작하는 제1항은 다음과 같이 기술하고 있다:

다른 체약당사자 영토의 상품의 수입에 대하여 또는 다른 체약당사자 영토로 향하
는 상품의 수출 또는 수출을 위한 판매에 대하여, 쿼터, 수입 또는 수출허가 또는

---

56) 예컨대 Directive 2004/101/EC of the European Parliament and of the Council of 27 October
2004는 교토의정서의 프로젝트 메커니즘과 관련하여 공동체 내에서 온실가스 배출량 거래에
관한 계획을 수립하는 지침인 Directive 2003/87/EC를 개정 [2004] OJ L338/47, 18 [8].

57) Climate Action, *International Carbon Market* (18 June 2014)
http://ec.europa.eu/clima/policies/ets/linking/index_en.htm.

58) Simon Baughen, *International Trade and the Protection of the Environment* (Routledge-Cavendish,
2007) 26.

그 밖의 조치 중 어느 것을 통하여 시행되는지를 불문하고, 관세, 조세 또는 그 밖의 과징금 이외의 어떠한 금지 또는 제한도 회원국에 의하여 설정되거나 유지되어서는 아니 된다.

이 조항의 제2항은 이 금지사항에 대한 일부 제한적 예외를 제시하고 있지만 배출권거래제에는 적용되지 않는다.

Canada-Periodicals 분쟁에서 패널은 회원국이 특정 상품의 수입을 완전히 금지하면 제11조 제1항을 위반하게 된다고 결정하였다.[59] 패널은 계속해서 이 조항은 광범위하게 적용되며, *사실상(de facto)* 및 *법률상(de jure)* 수량제한에 모두 적용된다는 것을 시사했다.[60]

Argentina-Hides Leather 분쟁에서는 수량제한이 무역에 주는 실질적 영향을 고려하였다. 이 분쟁에서,

> 패널은 해당조치가 실제 무역에서 수량제한의 효과를 가져왔는지 알기 위해 해당조치와 해당 수입상품 간의 상관성에 관해 논의했다. 이때 제11조 제1항의 위반을 구성하기 위해 해당조치에 의한 실제 무역효과가 영향을 받았는지를 입증할 필요는 없지만, 무역효과는 *사실상(de facto)* 제한이 존재했다는 것을 입증하는 역할을 한다고 보았다.[61]

EU와 호주 같은 곳의 배출권거래제도는 국가를 넘어 배출권을 거래하는 것을 허용하지만 다른 제도들은 그렇지 않다. 배출권의 수량제한 가능성에 관하여 호주의 2011년 청정에너지법(Clean Energy Act 2011)이 좋은 예가 될 수 있다.[62] 이 제한

---

59) Panel Report, *Canada-Certain Measures Concerning Periodicals*, WTO Doc WT/DS31/R (report circulated 14 March 1997) [5.5] cited in *WTO Analytical Index: Guide to WTO Law and Practice* (Cambridge University Press, 2nd edition, 2007) 209.

60) Panel Report, *Argentina-Measures Affecting the Export of Bovine Hides and the Import of Finished Leather*, WTO Doc WT/DS155/R (19 December 2000) [11.17] cited in Van Den Bossche, above n 27, 449.

61) *WTO Analytical Index*, above n 59, 212 citing Panel Report, *Argentina-Measures Affecting the Export of Bovine Hides and the Import of Finished Leather*, WTO Doc WT/DS155/R (19 December 2000).

62) Clean Energy Act 2011 (Cth) s 133(7)는 적격의 국제배출단위의 제출에 관해 지정된 제한

은 배출단위와 크레딧, 특히 교토의 배출단위와 크레딧의 양도제한에서 기인한다. 배출권거래제도에서 배출단위나 크레딧의 제출에 대해 부과한 제한은, 곧 어떤 회원국 영토로부터 상품의 수입을 제한하는 조치와 같다는 것을 의미한다.[63] 만약 배출단위와 크레딧이 실제로 상품으로 분류된다면 이러한 제한을 부과하는 모든 배출권거래제도는 GATT의무를 위반하게 된다. 그러나 만약에 '모든 제3국의 동종상품' 모두의 수입이 해당 상품과 유사하게 제한된다면, 그 제한은 허용될 것이다. 왜냐하면 GATT 제13조가 이러한 수량제한을 허용하고 있기 때문이다.

4.3.2 최혜국대우

최혜국대우원칙은 GATT 1994 제1조 제1항에 나타나 있다.[64] 이 조항은 한 수입국으로부터 상품에 특정 *혜택(advantage)*이 주어졌다면 그 혜택은 모든 WTO 회원국의 '*동종상품(like products)*'에도 *즉시 그리고 무조건적으로(immediately and unconditionally)* 주어져야 한다고 요구하고 있다.[65]

제1조 제1항은 어떤 혜택이 *법률상* 또는 *사실상*의 차별을 구성할 경우 의무를 위반한 것으로 본다.[66] 이것은 상품에 대한 모든 혜택이 원산지에 상관없이 부여되어야 한다는 것을 의미한다. 패널은 *Canada—Autos* 분쟁에서 이에 대해 검토

(designated limit)을 무기한으로 부과한다. '지정된 제한'은 Clean Energy Act의 s 123A에 정의되어 있다. Clean Energy Act는 규제되지 않는다면 '디폴트' 제한이 s 123A(7)로부터 적용할 것이라고 규정하고 있다. '디폴트'는 교토단위이기도 한 적격의 국제배출단위는 제출에 관한 12.5퍼센트 제한의 대상이 될 것이라는 것이다; s 133(7E)(c)는 해당 연 동안 50퍼센트의 배출수량으로 적격의 국제배출단위에 관한 일반적 제한을 정의하고 있다. 더욱이 NZUs와 같은 특정유형의 단위에 관한 완전한 금지는 *Canada-Periodicals* 분쟁에서의 패널의 논증이 이끌어 내진다면 수량제한으로 간주될 것이다.

63) Marrakesh Agreement Establishing the World Trade Organization, opened for signature 15 April 1994, 1867 UNTS 3 (entered into force 1 January 1995) Annex 1A ('General Agreement on Tariffs and Trade 1994') Article XI: 1.

64) 이 규정은 WTO 설립헌장 제2조에도 포함되어 있다. 이것은 공급자의 국적을 근거로 한 차별을 금지한다.

65) Van Den Bossche, above n 27, 325.

66) Appellate Body Report, *Canada-Certain Measures Affecting the Automotive Industry*, WTO Doc WT/DS139/AB/R, WT/DS142/AB/R (adopted 19 June 2000) quoted in WTO Analytical Index, above n 59, 111.

했다.[67] 이 분쟁에서, 수입관세면제를 최혜국대우의무 위반으로 판단했다. 왜냐하면 관세면제 혜택이 특정한 자동차 제조업자들에게 주어졌기 때문이다. 그 제조업자들은 특정 지역에서만 운영됐기 때문에 패널은 그 혜택을 차별이라고 판단했다.[68]

사실상 차별의 또 다른 예시는 *EEC−Imports of Beef* 분쟁에도 나타난다.[69] 이 분쟁에서, 패널은 혜택이 상품의 원산지와 관련없이 부여되었어도 해당 조치가 제1조 제1항을 위반한 것으로 간주했다. 이 분쟁에서 문제의 혜택은 정품인증서가 발급됐을 때 쇠고기 수입 추가 부담금을 유예시켜 준 부분이었는데, 이 인증서의 발급 권한이 부여된 유일한 기관이 미국이었기 때문에 미국상품이 아닌 다른 국가의 쇠고기에 대한 차별이 존재한다고 보았다. 패널은 다음과 같이 결정하였다:

> 미국이 아닌 다른 원산지의 동종상품은 EEC 시장에의 접근이 사실상 제한되어 있었다. 제1조 제1항 d호에 설명되어 있고 위원회 규정의 부속서2에 나와 있는 육류 인증권한을 가진 유일한 기관이 미국산 고기만을 인증하도록 되어 있는 미국기관이었다는 것을 고려할 때 그러하다.[70]

만약 WTO 회원국들이 배출단위와 크레딧을 상품으로 여긴다면, 최혜국대우 원칙은 회원국의 배출권에 대한 차별적 조치를 금지하며 배출권거래제도를 시행하는 다른 회원국의 배출권에도 그럴 것이다. 예를 들어, 만약에 배출권거래규정이 EU ETS 배출허용량의 제출은 허용하면서도, NZUs처럼 '동종'으로 분류될 수 있는 다른 배출단위들은 제외했다면, 이것은 최혜국대우에서 잠재적으로 문제가 될 수 있는 것이다.[71]

이런 차별은 수량제한규칙과 비슷한 것 같지만 중요한 차이점이 하나 있다. 이 최혜국대우조항은 '동종성'을 요구한다. 최혜국대우조항의 다른 요소들은 이론

---

67) Panel Report, *Canada-Certain Measures Affecting the Automotive Industry*, WTO Doc WT/DS139/R, WT/DS142/R (adopted 19 June 2000).

68) Ibid [11.1].

69) GATT Panel Report, *European Economic Community-mports of Beef from Canada*, GATT Doc L/5099 (adopted 10 March 1981) GATT BISD 28S/92.

70) Ibid [4.2].

71) Explanatory Note, Clean Energy Legislation Amendment (International Emissions Trade and Other Measures) Bill 2012, 4.

적인 우려가 거의 없다. 회원국이 혜택을 '즉시(immediately)' 제공해야 한다는 요건은 '지연 없이(without delay)' 제공하는 것을 의미한다.[72] 혜택이 무조건적으로 주어져야 한다는 요건은 최초의 혜택이 적용되면서 다른 혜택에도 똑같은 조건으로 부여해야 한다는 뜻이다.[73] 배출권거래 이행에 있어 최혜국대우규칙이 고려될 때 중요한 분석 쟁점은 '동종성'이다. 자세한 내용은 다음의 절에서 살펴보기로 한다.

4.3.3 내국민대우

내국민대우규칙은 GATT 1994 제3조에 규정되어 있다.[74] 이 조항은 수입상품에 대한 국내규제뿐만 아니라 내국세나 다른 내국 과징금에 대한 의무도 설정한다. 내국민대우는 수입상품에 대한 재정적 차별 또는 규제적 차별을 최소화하는 것을 목적으로 삼고 있다.[75] 특정 상품에 대한 차별이 관세와 비슷한 방식으로 무역을 왜곡할 수도 있기 때문이다. 따라서 내국민대우원칙은 WTO 법적 체계의 목적을 추구하기 위해 필수적이다.

제3조 제2항은 수입상품에 대한 내국세와 내국 과징금의 적용에 대해 다루고 있다. 제3조 제2항의 의도는 수입상품이 일단 *국내 시장에 진입한 경우*, 수입상품에 더 높은 세금을 부과하는 형태의 차별이 발생하지 않도록 하기 위함이다.[76] 그 결과 제3조 제2항은 *국내조치*들에만 연관이 있다. 제3조 제2항은 관세와 같은 국경 조치들[77]에는 영향을 주지 않는다.[78] 오히려, GATT 제2조에 포함된 관세양허

---

72) Mitsuo Matsushita, Thomas J Schoenbaum and Petros C Mavroidis, *The World Trade Organization: Law, Practice and Policy* (Oxford University Press, 2nd edition, 2006) 212.

73) Appellate Body Report, *Canada-Certain Measures Affecting the Automotive Industry*, WTO Doc WT/DS139/AB/R, WT/DS142/AB/R (adopted 19 June 2000) quoted in *WTO Analytical Index*, above n 59, 114. 상소기구는 '우리의 견해로, 제1조 제1항의 의미 내에서 혜택이 무조건 부여되는지 여부는 다른 국가의 동종상품 간의 차별을 포함하는지 여부의 검토와 관계없이 결정될 수 없다'고 하였다.

74) 내국민대우원칙은 제17장 서비스무역에 관한 일반협정에도 포함되어 있다.

75) Tania Voon, *Cultural Products and the World Trade Organization* (Cambridge University Press, 2007).

76) Van Den Bossche, above n 27, 345.

77) Bernard M Hoekman and Petros C Mavroidis, *The World Trade Organization: Law; Economics and Politics* (Routledge, 2007) 16.

를 초과하는 관세에 대한 금지는 제3조 제2항이 이 규정의 예외로 언급하고 있다. 앞서 언급한 대로, 이 예외는 WTO 규칙에서 국경세조정을 정당화하는 일부분이다.

내국민대우규칙은 회원국이 국내시장에 들어온 수입상품에 규제적 조건을 부과하는 경우에도 적용될 수 있다. 상품기준과 같은 규제적 조치들이 이 규정에 특히 연관돼 있다. *India—Autos* 분쟁은 제3조 제2항과 제4항이 다음과 같은 경우에서 적용된다고 명확히 하고 있다:

> 이 조치가 수입상품에만 적용된다는 사실만으로는 제3조의 적용범위 내에 든다는 것에 장애가 된다고 할 필요가 없다. 예를 들어, 내국세나 동종 국내상품이 아닌 수입상품의 판매를 좌우하는 상품 기준이 시장에서 수입상품의 조건에 영향을 줄 수 있고, 이는 수입상품에 대한 불리한 대우의 요소가 될 수 있다.[79]

국내상품에 부과된 조건과 관련하여 수입상품에도 공정한 조건을 부과해야 하는 것이 매우 중요한 요소로 언급되고 있지만, 상소기구는 *US—Gasoline* 분쟁에서, 그 조항이 국내상품과 수입상품의 대우가 동일할(identical) 것까지는 요구하지 않는다고 결정했다.[80] 그러나 만약 패널이나 상소기구가 국내배출권과 국제배출권이 '동종(like)' 상품이라고 결론 내린다면, 국내상품에만 부여된 어떠한 호혜적인 대우가 GATT 제3조 제4항과 제2항에 위반될 여지가 있다.[81] 최혜국대우규칙과 유사하게, 내국민대우규칙은 비교하는 상품이 '동종상품'일 것을 요구한다.

4.3.4 '동종상품'의 기준

WTO 설립 이전, 국경세조정 작업반(Working Party for Border Adjustments)은 '동종상품'의 의미를 GATT의 범주 안에서 분석했다. 작업반의 보고서는 동종상품의

---

78) 국경세조정은 일반적으로 상품이 시장에 진입한 후에 적용되며 국내조치에 적용되는 내국세와 관련되어 있으므로 국경조치는 아니다. 그러므로 국경세조정은 내부적 조치이다.

79) Panel Report, *India-Measures Affecting the Automotive Sector*, WTO Doc WT/DS146/7, WT/DS175/7 (21 December 2001) [7.306].

80) Ibid.

81) 크레딧 제출에 관한 제한은 GATT1994 제III조 제4항에 해당한다고 볼 수 있다.

해석이 개별 사안별로 조사되어야 한다고 언급하고 있다. 작업반은 두 상품을 평
가하는 데 도움을 줄 수 있는 비교 카테고리를 제공했는데, 시장에서 *상품의 최종
사용용도, 소비자의 취향과 습관, 그리고 상품의 특징과 성질 및 품질*이 그 비교대
상이다.[82]

    '동종상품'에 대한 추가적인 설명은 *Japan – Alcoholic Beverage II* 분쟁에서
상소기구에 의해 제공되었다. 이 분쟁에서, 상소기구는 조사 중인 조항에 따라 동
종상품의 의미가 달라져야 한다는 것을 설명하기 위해 '아코디언' 비유를 사용했
다.[83] 패널은 동종상품의 의미는 적용되는 조항에 따라 좁거나 넓을 수 있다고 제시
했다:

> '동종성(likeness)'의 개념은 아코디언 이미지를 떠올리게 할 정도로 상대적인 것이
> 다. WTO협정의 상이한 규정들이 그렇게 적용되듯이 '동종성'의 범위는 상이한 상황
> 에 따라 펼쳐졌다 오므려졌다 한다. 아코디언의 폭은 '동종'이라는 용어를 맞닥뜨리
> 게 하는 특정한 조항뿐 아니라 조항이 적용될 수 있는 문맥과 정황에 따라 정해져
> 야 한다.[84]

    배출권거래제도를 이러한 맥락에서 검토해 볼 때, 거래가능한 배출단위와 크
레딧의 범주가 넓게 존재한다는 사실은 명백하다. 예를 들어, EU ETS를 위해 발행
되는 EUAs와 같이 규제기관에 의해 직접 발행되는 배출권이 있다.[85] 또한, 교토의
정서하의 여러 메커니즘을 통해 발행되는 크레딧들과 교토의정서 외 다른 수단들
을 통해 발행되는 크레딧들도 있다. 이들 배출단위는 또 많은 하위 카테고리들을
가지고 있다. 예를 들어 언급한 여러 배출권들은 다른 분류방법에서는 배출크레딧
으로 카테고리가 설정될 수 있고 의무에 따라서 배출권의 성질이 변할 수도 있게
된다.[86]

---

82) *Report of the Working Party on Border Adjustments*, GATT BISD 18S/97 (2 December 1970)
    [18] (emphasis added).
83) Appellate Body Report, *Japan-Taxes on Alcoholic Beverages*, WT/DS8/AB/R, WT/DS10/AB/R,
    WT/DS11/AB/R (1 November 1996) DSR 1996:1, 21.
84) Ibid.
85) Australian National Registry of Emissions Units Act 2011 (Cth) s 4.

이 개념들을 더 검토하기 위해서 배출단위와 크레딧, 이 두 가지 거래수단을 비교해 보는 것을 고려해 볼 수 있다. 배출단위와 배출크레딧에는 수많은 유사점들이 있다. 배출크레딧과 배출단위의 최종 용도는 *일반적*으로 같다.[87] 궁극적으로, 이들 수단의 목적은 법적 책임이 있는 주체들이 배출책임에 대한 지불수단으로 제출하는 것이다. 배출크레딧과 배출단위는 모두 온실가스 배출에 상응하는 이산화탄소 1톤(CO_2-e)을 나타낸다.[88] 또한 배출단위는 규제기관에 의해 발행되고,[89] 각각 고유의 번호를 가지고 있으며,[90] 양도가 가능하다.[91] 이러한 특성들은 배출크레딧에도 똑같이 적용된다.[92]

수많은 유사점도 있지만, 배출크레딧과 배출단위에는 차이점도 상당하다. 규제기관이 크레딧을 발행하는 상황은 배출권을 발행하는 상황과는 다르다.[93] 크레딧의 발행은 온실가스 배출을 감소시키는 것과 관련된 프로젝트의 허가와 그 완수 여부에 따른다. 이것은 배출단위의 경우와는 다르다. 배출단위는 정부가 배출권 계정(accounting units)을 통해 발행하는 것과 관련될 수 있다.[94] 그리고 크레딧은 배출단위에 적용되지 않는 추가적인 의무를 포함한다. 크레딧의 생성체계인 호주의 산림파괴방지 등 농업 및 산림 부문에서의 탄소배출권상쇄 시스템(Carbon Farming Initiative; 이하 CFI) 법률은 "제거프로젝트들은 프로젝트가 중단되거나 탄소저장이 의도적으로 파괴되면 호주탄소크레딧단위(Australian Carbon Credit Units)를 돌려줄 요건을 포함하여 *추가적인 요건*의 대상이 될 것이다"라고 이것을 분명히 하고 있

---

86) Scott Deatherage, *Carbon Trading Law and Practice* (Oxford University Press, 2011).

87) 교토 ACCU와 비교토 ACCU의 최종 사용에는 잠재적인 차이가 있지만 이 책의 후반부에서 더 자세히 논의할 예정이다.

88) Clean Energy Act 2011 (Cth) s 4; Explanatory Memorandum, Carbon Credits (Carbon Farming Initiative) Bill 2011 (Commonwealth) 90.

89) Clean Energy Act 2011 (Cth) s 94.

90) Ibid s 95.

91) Ibid s 103.

92) Carbon Credits (Carbon Farming Initiative) Act 2011 (Cth) Part 11 Div 2.

93) Ibid Part 2.

94) Matthieu Wemaere, Charlotte Streck and Thiago Chagas, 'Legal Ownership and Nature of Kyoto Units and EU Allowances' in David Freestone and Charlotte Streck (eds), *Legal Aspects of Carbon Trading: Kyoto, Copenhagen and Beyond* (Oxford University Press, 2009) 35, 37. 이들은 온실가스 배출량의 추적 및 기록을 허용하기 때문에 계정단위라 불린다.

다.[95] 이 요건은 호주 CFI에만 있는 독특한 것이 아니다. 크레딧은 일반적으로 배출 회피나 감축의 진정성을 보장하기 위해 설계된 비슷한 요건들을 가지고 있다. 분명히, "모니터링은 모든 탄소프로젝트의 중요한 부분이다."[96] 그러나 온실가스 감축의무가 배출크레딧이 아닌 프로젝트 발주자나 배출크레딧이 발급된 자에게 부여된다는 것은 주목할 필요가 있다.[97] 이것은 크레딧의 본질적 특성이 배출단위의 그것과 선천적으로 다르다는 것을 의미한다.

Tuna—Dolphin 분쟁에서 언급되었듯이, 두 가지 상품이 동종상품이 아니라고 간주되기 위해서는 두 상품 사이의 차이점이 상품 자체의 '특징, 성질, 품질'과 연관이 있어야 한다.[98] 배출크레딧과 배출단위를 비교할 때 그 차이는 이 점에 관해서 상당히 다를 만큼 그렇게 중요한 것은 아니다. 이 차이가 배출크레딧을 발행시키는 프로젝트들에 대해 지속적인 책임을 초래할 수도 있다는 사실에도 불구하고 그러하다. 이들 의무는 배출단위 자체에 부여된 것은 아니다. 일단 배출크레딧이 매매되면 그 배출크레딧은 배출단위와 똑같은 권리와 의무들을 가진다.

이러한 결론은 모든 배출단위와 모든 배출크레딧이 반드시 '동종'일 것이라는 점을 제시하는 것이 아니다. 동종이라는 결론을 내리려면, 모든 배출크레딧이 그런 것처럼 모든 배출단위가 동종일 것을 요구하게 될 것이다. 위의 분석은 배출단위와 배출크레딧 모두를 위해 존재하는 배출권거래수단의 하위 카테고리를 고려하는 것까지는 아니다. 이 광의의 결론은 서로 다른 수단들에서 배출단위와 배출크레딧이 동종이 아니라는 것을 의미할 내재적 특성은 없다는 것만을 암시한다.

이들 거래가능한 수단과 관련해 또 다른 중요한 점은 '동종성'의 척도가 되는 시장이 국내 입법자의 정책적 산물이라는 점이다. 그러므로 주어진 시장에서 소비자들의 다른 취향과 습관 그리고 최종 사용용도를 고려할 때, 만약 소비자들에게 배출단위와 배출크레딧 간에 뚜렷한 차별이 있다면, 그것은 시장 안에서 인위적으

---

95) Explanatory Memorandum, Carbon Credits (Carbon Farming Initiative) Bill 2011 (Commonwealth) 7 (emphasis added).

96) Deatherage, above n 86, 186.

97) Carbon Credits (Carbon Farming Initiative) Act 2011 (Cth) ss 77-93; Explanatory Memorandum, Carbon Credits (Carbon Farming Initiative) Bill 2011 (Commonwealth) 65.

98) Panel Report, *United States-Restrictions on Imports of Tuna*, WTO Doc WT/DS29/R (July 1994, unadopted).

로 야기됐을 수 있다고 생각하는 것이 적절하다. 결과적으로, 이 경우에 시장을 동종성의 척도로 사용하는 것은 본질적으로 잘못 이해하고 있는 것이다.

위의 주장을 요약하자면, 두 가지 다른 종류의 배출단위를 '동종상품'이라고 결정하는 데는 약간의 이론적인 어려움이 있다는 것을 주지해야 한다. 그러나 두 가지 단위를 다르게 만드는 본질적 특성은 없다. 이러한 이유로, 적어도 이론상으로는, 단위와 크레딧이 '동종상품'이라고 말할 수도 있다. 그래서 *만약* 이들 단위가 상품으로 간주된다면 GATT의 비차별 규정의 적용을 받게 될 것이다. 그럼에도 불구하고, 두 가지 상품이 동종이 아닐 것이라는 똑같은 가능성 역시 존재한다. 결론은 비교의 대상인 두 가지 단위가 무엇인지에 따라 다를 것이다.

이 단계에서 GATT의 예외규정의 적용가능성을 생각할 수 있다. 수량제한규칙이나 비차별 규정이 위반되는 경우 이들 예외가 분쟁 해결 결정의 일부로 적용될 수 있다. GATT에 포함된 예외는 GATS를 포함한 다른 관련 WTO협정에도 부분적으로 인정되어 왔다. 이러한 이유로, 이곳에서 예외규정에 대해 구체적으로 검토해 보고자 한다.

4.3.5 GATT 관련 예외규정의 분석[99]

공통의 사회적 가치를 추구하기 위해 GATT 일반규정으로부터 예외를 허용한 규정들이 제20조와 제21조에 포함돼 있다. 제20조는 건강과 환경보호에 관한 예외를 정하고 있는 두 개의 별개의 호를 갖고 있고, 국가안보상의 예외는 제21조에 포함되어 있다.[100]

이들 예외가 적용되려면 엄격한 기준에 부합되어야 한다. 이들 규정은 GATT의 다른 주요 규정의 목적을 약화시키기 때문에 광범위하게 해석되어서는 아니 된

---

99) 이 부분에서의 조사는 Felicity Deane, 'The WTO, the National Security Exception and Climate Change' (2012) 2 *Carbon & Climate Law Review* 149에서 사용되었다.

100) 예컨대 UN 안전보장이사회의 '안전보장 성명서'에서 "기후충격이 기후변화를 일으킬 때 기후변화가 가져올 수 있는 보안상 영향에 관한 정보"를 들 수 있다. "Make No Mistake", Says Secretary-General, "Climate Change Not Only Exacerbates Threats to Peace and Security, It Is a Threat to International Peace and Security" (Press Release, SC/10332, 20 July 2011).

다. 그러므로, 이들 예외는 그 균형을 유지해야 한다. 이 균형은 회원국들이 예외와 관련된 목적을 추구하기 위해 고안된 정책들을 도입하는 것을 허용하는 동시에 GATT의 대상과 목적이 유지될 것을 요구한다.101)

4.3.5.1 제20조 예외

GATT 제20조의 두문(chapeau)은 제20조 예외조항이 존재하는 이유에 대하여 GATT하의 약속이 이 조항의 목적을 추구하여 이행된 정책목적을 방해하지 않는다는 것을 보장하기 위한 것이라고 밝히고 있다.102) 따라서 WTO 회원국이 제20조 예외조항 중 하나에 해당하는 조치를 수행할 수 있는지의 여부는 그렇지 않으면 GATT 조항들을 위반하게 될 규제의 의도에 따라 달라진다.103)

첫 번째 '환경예외'는 제20조 (b)호에 나와 있다. 이 문단은 두문에서의 요건 외에 두 가지 요건을 갖고 있다. (b)호가 적용되기 위해서 국내조치는:

- 인간과 동물 또는 식물의 생명 또는 건강을 보호하기 위한 조치여야 하고,
- 인간과 동물 또는 식물의 생명 또는 건강보호를 달성하기 위해 *필요한* 것이어야 한다.104)

패널은 '인간, 동물 또는 식물의 생명 또는 건강의 보호' 요건을 일반적으로 넓게 해석해 왔다. 분쟁해결 보고서를 살펴보면, 회원국들이 국내규제를 통해 인간, 동물이나 식물의 생명 또는 건강상 위험을 정책을 통해 감소시켰던 것으로 해석하기에 충분해 보인다.105)

---

101) Appellate Body Report, *United States-Standards for Reformulated and Conventional Gasoline*, WT/DS58/AB/R (adopted 6 November 1998) 18.

102) 두문은 이 조항을 시작하는 구절이다.

103) Appellate Body Report, *Brazil-Measures Affecting Imports of Retreaded Tyres*, WT/DS332/AB/R (17 December 2007). 상소기구는 차별이나 보호가 (b)항 또는 (g)항에 따라 잠정적으로 정당화된 전반적인 환경적 목표와 관련이 없는 경우에만 '위장된 보호' 또는 '자의적이거나 부당한 차별'을 초래할 것이라 밝혔다.

104) Appellate Body Report, *United States-Standards for Reformulated and Conventional Gasoline*, WT/DS58/AB/R (adopted 6 November 1998) 25.

105) Christopher Tran, 'Using GATT, Art XX to Justify Climate Change Measures in Claims under the WTO Agreements' (2010) 27 *Environmental and Planning Law Journal* 346, 351.

EC-Tariff Preferences 분쟁에서 패널은 조치의 목적이 예외로 인정되기 위해서는 예외의 요건을 충족해야 한다고 논증하였다.106) EC-Tariff Preferences 분쟁에서, 패널은 문제된 정책의 목적을 살폈다. 패널은 회원국이 기술된 목적을 달성하기 위해 해당 조치를 고안했는지 여부를 고려하였다.107) 동 사건에서 패널은 그 정책이 EC 내에서 인간의 생명 또는 건강의 보호와 아무것도 관련되지 않는다고 결정했다.

두 번째 쟁점은 해당 조치가 실제로 필요한지 여부다. 이 요건은 Korea-Imported Beef 사건에서 다루어졌다.108) 이 분쟁에서, 패널은 조치의 '필요성' 요건이 조치의 수행에 연속적으로 존재해야 하는 것이라고 판단하였다. 패널은 이 연속성이 '없어서는 안 될 필수적인(indispensable)' 것에서부터 '기여를 하는(making a contribution to)' 것에 이르기까지 판단의 근거가 된다고 보았으며109) '필요성'의 정의가 '없어서는 안 될 필수적인'에 가깝다고 결정했다.110)

상소기구 역시 EC-Asbestos 사건에서 이 쟁점에 대해 논의했다. 상소기구는 조치가 '필요성' 요건을 충족하려면 합리적으로 가능한 대안이 없어야 한다고 판시했다.111) 이 사건은 소비자보호 규정들과 관련이 있었다. 상소기구는 어떤 조치가 WTO 규정에는 합치하지만 분쟁이 있는 조치가 보호하는 수준과 동일한 보호수준에 도달하는 데 실패했다면 이는 합리적으로 가능한 대안이 아니라고 확인했다.112) 더 나아가, 상소기구는 주어진 상황에서 보호 필요성의 수준을 확인하는 것은 회원국의 권리라고 인정했다.113)

---

106) Panel Report, *European Communities-Conditions for the Granting of Tariff Preferences to Developing Countries*, WTO Doc WT/DS246/R (adopted 20 April 2004).
107) Ibid [7.198-7.199].
108) Appellate Body Report, *Korea-Measures Affecting Imports of Fresh, Chilled and Frozen Beef* WT/DS161/AB/R, WT/DS 169/AB/R (11 December 2000).
109) WTO *Analytical Index*, above n 59, 270.
110) Ibid.
111) Appellate Body Report, *European Communities-Measures Affecting Asbestos and Asbestos Containing Products*, WT/DS135/AB/R (2001) [175]. Thailand-Cigarettes 사건에서 태국은 건강정책목표를 달성하기 위해 태국이 합리적으로 예상할 수 있는 '대안적' 조치가 없다면 '필요한' 조치만이 있다고 제안하였다.
112) Ibid [174].
113) Ibid [168]. Panel Report, *Thailand-Restrictions on Importation of and Internal Taxes on*

제20조의 두 번째 환경예외는 (g)호에 포함되어 있다. 회원국의 조치가 제20조 (g)호에 의해 정당화되려면, 다음의 3개의 요건을 충족해야 한다:

- 조치는 보존과 '관련이 있어야' 한다.
- 그 보존은 고갈될 수 있는 천연자원에 대한 것이어야 한다. 그리고
- 조치는 국내 제한과 결부되어 유효해야 한다.114)

조치가 보존과 '관련이 있는' 것이어야 한다는 요건은, WTO 의무를 위반하는 조치와 예외의 목적 사이에 '관계'가 존재해야 함을 의미한다.115) 이것은 국내조치의 정책목적이 중요하다는 것을 시사한다.116) 상소기구는 *US-Shrimp* 사건에서 이를 명확히 하고 있다. 이 사건에서 그들은 어떤 조치가 자원의 보존과 '관련성'이 있으려면, 합리적인 '수단과 목적(means and ends)'의 '관계'가 반드시 존재해야 한다고 언급했다.117)

Canada-Unprocessed Herring and Salmon 사건은 '관련성'의 의미를 더욱 명확히 했다.118) 이 사건에서 패널은 무역조치가 천연자원의 보존에 '필수적(necessary or essential)'일 필요는 없지만 제20조 (g)호에 해당하는 보존과 '관련성'을 갖기 위해서는 천연자원의 보존에 '주된 목적이 있는(primarily aimed)' 것이어야 한다고 결론 내렸다.119) 또한 '관련이 있는'은 '주된 목적으로 하는'과 서로 그 의미가 교환 가능하다고 보았다.120)

두 번째 요건은, 해당 조치가 '천연자원(natural resources)'의 보존을 위한 조치여야 한다는 것이다. *US-Shrimp* 사건에서 상소기구의 해설은 제20조 (g)호의 '천

Cigarettes, BISD 37S/200 (7 November 1990) 참고.

114) Van Den Bossche, above n 27, 634.
115) *WTO Analytical Index*, above n 59, 277.
116) Appellate Body Report, *United States-Import Prohibition of Certain Shrimp and Shrimp Products*, WT/DS58/AB/R (1998) [141]—[142] quoted in *WTO Analytical Index*, above n 59, 279.
117) Ibid.
118) GATT Panel Report, *Canada-Measures Affecting Exports of Unprocessed Herring and Salmon*, GATT BISD 35S/98 (22 March 1988).
119) Ibid [4.6].
120) *WTO Analytical Index*, above n 59, 250 at [630].

연자원'에 관한 명확한 이해의 요점을 제공한다.[121] 이 사건에서 상소기구는 다음과 같이 언급했다:

> WTO협정의 전문에 나타난 시각에서 보면, 제20조 (g)호의 '천연자원'이라는 용어는 고정적 개념이 아니며 오히려 '그 정의에 있어서는 진화하는 개념'이라는 점에 주목해야 한다. 따라서 현대의 국제조약들과 선언들이 천연자원을 생물자원과 무생물자원 모두를 아우르는 것으로 자주 제시하고 있다는 점을 적절히 고려해야 한다.[122]

상소기구는 '고갈될 수 있는(exhaustible)'이라는 용어를 "환경보호와 천연자원의 보존에 대한 국가들의 동시대적 우려"를 고려해 해석해야 한다고 설명했다.[123] 이때 깨끗한 대기의 보존은 고갈될 수 있는 천연자원의 범주에 해당한다고 보았다. 이와 같은 정리는 *US—Gasoline* 사건에서도 나타난다.[124] 이 사건에서 상소기구는 깨끗한 공기가 제20조 (g)호에서 다루는 '고갈될 수 있는 천연자원'이라고 선언하였다.[125] 상소기구는 이 논증을 설명하기 위해 이 사건의 패널 보고서를 언급하였다:

> 패널은 '깨끗한 공기'가 고갈될 수 있는 천연자원으로 볼 수 있는지 여부에 대해서 검토하였다. 패널의 시각에서 깨끗한 공기는 가치를 지닌 자원이었고 천연의 것이었다. 그것은 고갈될 수 있다… 자원이 재생가능한 것이라는 사실에는 이의가 제기될 수 없다… 따라서 패널은 깨끗한 공기의 고갈을 줄이는 정책은 제20조 (g)호의 의미 범주 안에서 천연자원을 보존하는 정책이라고 보았다.[126]

---

121) Appellate Body Report, *United States-Import Prohibition of Certain Shrimp and Shrimp Products*, WT/DS58/AB/R (1998).

122) Ibid [130].

123) Ibid, cited in *WTO Analytical Index*, above n 59, 276.

124) Appellate Body Report, *United States-Standards for Reformulated and Conventional Gasoline*, WT/DS2/AB/R (29 April 1996).

125) 패널은 이 사건에서 사용된 '덜 유리한 기준 설정 방법'이 주로 자연자원의 보전을 목적으로 하지 않았기 때문에 범위에 해당되지 않는다고 결론 지었기 때문에 문제의 조치는 제20조 (g)호로 정당화되지 않았다. Ibid 14 [B] 참고.

126) Panel Report, *United States-Standards for Reformulated and Conventional Gasoline*, WT/DS2//R (29 January 1996) [6.37].

제20조 (g)호의 마지막 요건은 회원국들이 수입상품뿐만 아니라 국내상품에 관한 조치에서 천연자원을 보존하는 의무를 부과해야 한다는 것이다. *US—Gasoline* 사건127)에서 상소기구는 이 쟁점을 다루었는데 예외조항의 이런 요건은 수입상품과 국내상품 간의 공평성을 요구한 것으로 설명하였다.128) 그러나 상소기구는 이 요건이 국내상품과 수입상품의 대우가 동일해야 한다는 것을 의미하는 것은 아니며 수입상품에 대한 조치를 정당화하기 위해 국내상품도 얼마의 요건이 부과되어야 한다는 의미라는 것을 명확히 하였다.129)

이 예외조항에 의해 정당화되기 위해서는 이러한 기준과 함께 충족해야 할 또 다른 요건이 있다. 그 요건은 제20조 두문에 나타난다.130) 두문은 제20조상 각각의 예외들을 위한 요건 중 또 다른 단계를 제시하고 있다.131) 제20조의 두문은 예외의 적용에 있어 다음과 같은 제한을 두고 있다:

다음의 조치가 동일한 여건이 지배적인 국가 간에 자의적이거나 정당화할 수 없는 차별의 수단을 구성하거나 국제무역에 대한 위장된 제한을 구성하는 방식으로 적용되지 아니한다는 요건을 조건으로,132)

Shrimp—Turtle 사건133)에서 두문의 적용과 관련한 의문이 제기되었다. 이 사건에서 상소기구는 새우잡이 그물로부터 바다거북을 보호하는 조치는 (g)호에 의해 정당화된다고 하였다. 그러나 이 조치를 적용하는 국가들 간의 차별대우 때문에 해당조치는 유효하지 않은 것으로 간주되었다. 해당 국가의 조치는 차별을 정당화할 수 없었고 따라서 그 조치는 두문의 요건을 충족하는 데 실패했다.

---

127) Appellate Body Report, *United States-Standards for Reformulated and Conventional Gasoline*, WT/DS2/AB/R (29 April 1996).

128) *WTO Analytical Index*, above n 59, 279.

129) Ibid.

130) 이후의 패널과 상소기구는 이 접근법에 따랐다. 예를 들어 Appellate Body Report, *European Communities-Measures Affecting Asbestos and Asbestos Containing Products*, WT/DS135/AB/R (2001) 참고.

131) Ibid [6.20].

132) General Agreement on Tariffs and Trade 1994) Article XX (emphasis added).

133) Appellate Body Report, *United States-Import Prohibition of Certain Shrimp and Shrimp Products*, WT/DS58/AB/R (12 October 1998).

패널이 배출권거래제도의 한 측면이 GATT의 요건을 위반한다고 결론 내리는 경우, 당국은 GATT 제20조에 명시된 예외 중 하나가 해당조치의 요건을 정당화한 다는 것을 입증해야 할 것이다. 위에서 언급했듯이, 배출권거래의 설계적 특징을 정당화하기 위한 가장 확실한 두 가지 예외조항은 GATT 제20조 (b)호(인간, 동물 또는 식물의 생명이나 건강을 보호하기 위해 필요한) 및 제20조 (g)호(고갈가능한 천연자원 의 보존과 관련된)이다. 이들 중 제20조 (g)호가 배출권거래에 관한 조치를 정당화할 가능성이 더 크다.[134]

제20조 (g)호에 규정된 예외를 적용하려면, WTO 규칙을 위반하는 조치의 의 도가 천연자원의 보존과 관련되어 있어야 한다.[135] 이때, 차별조치를 정당화시키 는 것이 배출권거래가 의도하는 것이 아니라는 것을 인정하는 것이 중요하다. 오 히려 배출권거래제도의 시행은 GATT의 비차별 규정을 위반하는 것일 것이다.[136] 예를 들어, 배출권거래제도에 의한 조치가 만약 또 다른 GATT 규칙을 위반한다 면, 국제배출단위에 대한 제한도 예외요건을 충족시켜 GATT 일반적 예외규정에 의해 정당화될 필요가 있다.

우리는 GATT에 포함된 다른 예외규정을 고려해 볼 필요가 있다. GATT 제21 조의 안보상의 예외는 배출권거래체계를 통해 실행되는 조치들을 정당화할 수 있 는 또 다른 예외조항이다. 제21조의 예외를 여기서 언급하는 데에는 두 가지 이유 가 있다. 첫째, 더 적은 요건을 가지고 있다. 둘째, 안보상의 예외는 GATS를 포함 해 다른 WTO협정에서도 동일하게 인정된다.

4.3.5.2 국가안보상의 예외

온실가스 배출량을 줄이기 위해 고안된 조치에 대해 국가안보상의 예외를 사 용할 가능성은 무시할 수 없다. 유명한 국제적 기관들의 설명을 생각해 보면 특히 그러하다. "자원 부족, 특히 물과 음식은 평화로운 경쟁을 폭력으로 전환시키는 데 큰 역할을 한다. 에너지에 대한 제한적이거나 위협적인 접근은 이미 분쟁의 강력

---

134) 이 책 4.3.5 참고
135) The General Agreement on Tariffs and Trade 1994, Article XX(g).
136) 이 책 4.3.5 참고

한 동력으로 알려져 있다. 우리 지구의 급변하는 환경은 더욱 위험한 요소로 작용한다."[137] GATT 1994 제20조와는 달리, 제21조에는 GATT 1994에 포함된 예외의 남용을 방지할 수 있는 근거가 없다.[138] 하지만 이는 이 예외가 어떤 조치를 취해도 해명이 된다는 뜻으로 사용된다고는 말할 수 없다:

> 그것은 정말로 균형의 문제다. 우리는 예외조항을 가지고 있어야 한다. 온전히 보안상의 이유로 취해지는 한 조치를 금지할 수 없기 때문에 예외조건을 너무 엄격하게 만들 수 없다. 반면 안보의 관점에서 본다면 국가들이 상업적 목적을 가진 조치를 취할 정도로 광범위하게 만들 수는 없다.[139]

제20조의 예외처럼, 국가안보를 위한 예외를 충족하기 위해서는 회원국의 조치가 국가안보의 구체적인 목적을 추구해야 한다. 제21조에 나와 있는 관련 내용은 다음과 같이 규정하고 있다:

> (b) 자신의 필수적인 안보이익의 보호를 위하여 필요하다고 체약당사자가 간주하는 다음의 조치를 취하는 것을 방해하는 것
> (iii) 전시 또는 국제관계에 있어서의 그 밖의 비상시에 취하는 조치, 또는
> (c) 국제 평화 및 안보의 유지를 위하여 국제연합헌장하의 자신의 의무에 따라 체약당사자가 조치를 취하는 것을 방해하는 것[140]

1994년 WTO가 설립된 이래 이 예외를 분석한 패널이나 상소기구의 결정은 없었다.[141] 논평가들은 안보상 예외는 WTO가 국가안보에 관한 문제를 검토하는

---

137) UN Secretary-General, quoted in Ben Saul, 'Climate Change and Resource Scarcity' in Rosemary Lyster (ed.), *Into the Wilds of Climate Law* (Australian Academic Press, 2010) 74.
138) Van Den Bossche, above n 27, 666.
139) *Second Session of the Preparatory Committee of the United Nations Conference on Trade and Employment*, UN Doc E/PC/T/A/PV/33 (24 July 1947) 21 cited in Amelia Porges, Friedl Weiss and Petros Mavroidis, *Analytical Index: Guide to GATT Law and Practice* (GATT, 6th edition, 1994) 600.
140) General Agreement on Tariffs and Trade 1994, Article XXI(b)-(c).
141) Van Den Bossche, above n 27, 667.

것에 적극적이지 않기 때문에 이 예외조항의 남용가능성은 늘 존재한다고 지적하였다.[142] 이는 *US-Imports of Sugar from Nicaragua*의 GATT 사건에서 강화되었다.[143] 이 사건에서 패널은 제21조에 의한 정당화 이유를 검토할 권한이 없으므로 해당 조치가 반박할 근거가 있는지 여부를 판단할 수 없었다. 이는 한 회원국에 제21조 예외에 의존하는 분쟁해결에 대한 지침이 전혀 없다는 것을 보여준다.

특히, 어떤 패널이나 상소기구도 '국제관계에 있어서의 그 밖의 비상시(other emergency in international relations)'에 대한 의미를 명확히 한 예가 없다. 그러나 논평가들이 제안한 이 문구의 의미는 '심각한 국제적 긴장(serious international tension)' 정도이다.[144] 따라서 이 요건의 해석은 국가 간의 긴장과 관련된 것이어야 한다.

기후변화에 따른 국제적 긴장이 국제적 협상에서 국제적 위기로 확대될 수 있다는 것은 합리적 추론의 범주를 넘어서는 것이 아니다. 기후변화의 영향이 기후 시스템과 자원의 이용가능성에 급격한 영향을 주기 시작하게 될 때 현실이 될 수도 있다. 그러나 이 쟁점에 관한 국제협상의 현 단계에서 기후변화 완화조치는 제21조의 특정 문단에 의해 정당화될 수 없다는 입장에 머물러 있다.

기후변화 완화조치에 적용될 수도 있는 제21조 내 다른 부분은 (c)호이다. 이 문단은 국제평화와 안보를 유지하기 위한 UN헌장의 의무를 수행하기 위한 조치들을 정당화하고 있다.

국가들은 제2차 세계대전 이후 독일항복의 여파로 1945년 6월 26일 UN헌장에 서명했다.[145] UN헌장은 그 의무에 대한 예외를 UN헌장 제103조에서 재확인하고 있다. 헌장 제103조에는 "본 헌장에 따른 UN 회원국의 의무와 다른 UN협정에 따른 의무가 서로 상충되는 경우 UN헌장상의 그들의 의무가 우선한다"고 규정되어 있다.[146] 제103조의 예외는 회원국이 헌장상 부과된 의무 또는 헌장상 의무를

---

142) Richard A Westin, *Environmental Tax Initiatives and Multilateral Trade Agreements: Dangerous Collisons* (Kluwer Law, 1997) 183.

143) GATT Panel Report, *United States-Trade Measures Affecting Nicaragua*, L/6053, dated 13 October 1986 (report unadopted) [5.3].

144) *Inventory of Non-Tariff Provisions in Regional Trade Agreements*, WTO Doc WT/REG/W/26 (5 May 1998) (Note by the Secretariat) [28].

145) Charter of the United Nations and Statute of the International Court of Justice, opened for signature 26 June 1945, 1 UNTS XVI (entered into force 24 October 1945).

146) Joost Pauwelyn, *Conflict of Norms in Public International Law: How WTO Law Relates to*

이행하는 기관에 의해 부과된 의무를 수행하는 경우 WTO의 의무로부터 벗어나는 것을 허용하고 있다. 그 예로 UN 안전보장이사회는 국제 평화와 안보를 위해 '경제관계의 전체적 또는 부분적인 간섭'[147]을 명령할 수 있는 권한을 갖고 있다.

안전보장이사회는 이전의 또는 이후의 국제적 합의하에서 어느 UN 회원국의 의무라도 무효로 할 수 있는 15개 회원국으로 구성된다. 이 구조는 안전보장이사회를 강력한 의사결정기구로 만들어 준다. UN헌장 제24조는 안전보장이사회의 위임사항에 대해 규정하고 있다.[148] UN헌장은 UN 안전보장이사회가 국제 평화와 안전을 유지하는 것을 주요 목적으로 함을 선언한다.[149] 이 임무는 다양한 문제를 포함하고 있다. 안전보장이사회가 다루는 문제는 공중보건[150]에서 환경적 위협에 이르기까지 다양하다. 1992년 UN 안전보장이사회는 평화에 대한 위협[151]이 될 수 있는 것에 대한 정의를 "경제, 사회, 인도주의 및 생태 분야에서 비군사적인 불안요인"을 포함하도록 확대하였다.[152]

2007년 4월 17일 안전보장이사회는 기후변화의 위협을 직접적으로 다루었다.[153] 이 논의는 안전보장이사회가 논의해야 할 주제를 벗어난 사안을 논의한 것이라며 그 자체로 많은 정책입안자와 비평가들이 충돌하는 계기가 되었다. 안전보장이사회는 2011년 7월에 다시 기후변화문제를 다루었다. 2011년 7월 20일 안전보장이사회 의장은 기후변화에 관한 안전보장이사회의 입장을 적시하는 성명서를

---

other Rules of International Law (Cambridge University Press, 2003) 99.

147) Charter of the United Nations and Statute of the International Court of Justice, opened for signature 26 June 1945, 1 UNTS XVI (entered into force 24 October 1945) Article 41, cited in Van Den Bossche, above n 27, 668.

148) Charter of the United Nations and Statute of the International Court of Justice, opened for signature 26 June 1945, 1 UNTS XVI (entered into force 24 October 1945).

149) Ibid, Article 24(1).

150) Bradly J Condon, 'The Twin Security Challenges of AIDS and Terrorism: Implications for Flows of Trade, Capital, People and Knowledge' in Ross P Buckley (ed.), *The WTO and the Doha Round: The Changing Face of World Trade* (Kluwer Law International, 2003) 251, 272.

151) Charles Sampford et al, 'Living Up to the Promises of Global Trade' in Ross P Buckley (ed.), *The WTO and the Doha Round: The Changing Face of World Trade* (Kluwer Law International, 2003) 9, 28.

152) *Note by the President of the Security Council*, United Nations Security Council, UN Doc S/23500 (31 January 1992) cited in Sampford et al, above n 151, 28.

153) Alan Dupont, 'The Strategic Implications of Climate Change' (2008) 50(3) *Survival* 29, 29.

발표했다. 이 성명서에서 "안전보장이사회는 기후변화로 인해 발생할 수 있는 부정적 영향이, 장기적으로 봤을 때, 국제평화와 안보에 존재하는 위협을 악화시킬 수도 있다는 우려를 나타낸다"[154]며 기후변화의 위협을 분명히 설명했다. 안전보장이사회가 기후변화 문제를 긴급한 사안으로 여기게 된다면, 이것은 또 다른 의미에서는 무역제재에 문을 열어주는 것이다. 현재 상태에서는 안전보장이사회가 이러한 조치를 취할 가능성은 낮아 보인다. 따라서 제21조는 기후변화 완화를 위한 조치들을 현 시점에서는 정당화하고 있지 않다. 그림 4.1은 제21조 (c)호하의 조치를 정당화하기 위해 필요한 과정을 나타낸다.

〈그림 4.1〉 제21조 (c)호가 적용될 요건

안전보장이사회는 국제평화와 안보가 기후변화를 포함하도록 위임받는다.

⬇

안전보장이사회가 의무를 부과한다.

⬇

회원국은 안전보장이사회의 조치를 이행한다.

⬇

조치는 제21조 (c)호하에서 정당화될 수 있다.

---

154) *Statement by the President of the Security Council*, United Nations Security Council, S/PRST/
2011/15· (20 July 2011).

4.4 특혜무역협정

지역무역협정과 특혜무역협정은 WTO 체제가 시작된 후로 그 수가 상당히 증가하였다.[155] 특혜무역협정과 지역무역협정은 국가가 다른 무역 당사국에 제공하는 것보다 협정의 당사국에 무역에 있어서 더 유리한 조건을 제공하게 한다. 이 협정의 기본적인 개념은 이 장의 초반부에서 살펴보았던 최혜국대우의무와 상반되는 것처럼 보이지만, 사실 이들 특혜무역협정은 WTO 규칙의 범위 내에서 허용된다. 특별히 이들 협정은 회원국들이 특정 GATS, GATT 조항을 준수하는 한 허용된다.

WTO 규칙은 회원국들이 무역장벽을 실질적으로 축소시킬 것을 가입조건으로 정하고 있다. 이 조건은 회원국이 무역장벽을 다른 회원국에 부과하기보다는 협정 당사국 간에 무역장벽을 축소시켜야 함을 전제로 하고 있다. 이런 관점에서 볼 때, 이러한 특혜무역협정을 가능하게 하는 근거는 이들 협정이 실제로 자유무역에 있어 새로운 기준을 세울 수 있는 과정이라는 것이다. 상소기구는 *Turkey-Textile* 사건에서 "제24조는 어쩌면 다른 GATT의 규정을 위반하는 조치를 정당화할 수도 있다"고 판시하였다. 이는 이 협정의 목적이 회원국 간의 '무역을 촉진하는 것'이지 제3국과의 무역에 있어서 회원국들이 그 무역장벽을 강화시키는 것을 가능하게 하려는 것이 아님을 다시 한 번 확인해 주었다.[156] 상소기구는 경제성 테스트가 GATT 제24조의 준수여부를 평가하는 데 적절하다는 것을 명확히 밝혔다.[157]

앞서 배출권거래제도에서 확인했던 무역장벽은 이들 제도를 국내적으로 그리고 지역적으로 성립시키는 법적 체계의 본질적인 일부이다. 그러므로 국가들 간 무역장벽의 축소는, 심지어 양자조약에 의해서라도, 정말로 무역장벽을 감소시키는 것이어야 하고, 어쩌면 초국가적인 배출권거래를 위한 새로운 기준을 설정하는 것일 수 있다. 그것은 어쩌면, 지역적 또는 국내적 제도를 연결하는 양자조약의 형

---

155) Peter Van den Bossche and Wemer Zdouc, *The Law and Policy of the World Trade Organization* (Cambridge University Press, 2013) 650.

156) Panel Report, *Turkey-Restrictions on Imports of Textile and Clothing Products*, WTO Doc WT/DS34/R (31 May 1999).

157) *WTO Analytical Index*, above n 59, 357 at [1012].

식이 될 지도 모른다. 이 양자조약은 전 세계적으로 배출권거래시장을 점진적으로 키워나가는 데에 일조할 것이다. 만약 양자조약으로 연결하려는 부분이 특혜무역협정의 형식을 취하고 있다면, 해당 조약은 GATT 제24조의 요건을 충족해야 하며, 동시에 WTO 규칙의 엄격한 준수로부터 자유로워질 수 있다.

양자조약 또는 지역협정으로 인한 최혜국대우의무의 위반조치와 같은 것은 특혜 및 지역무역협정이 허용하는 것을 근거로 WTO 규칙의 범위 내에서 정당화 될 수 있을 것이다.

4.5 TBT협정의 영향

4.5.1 배출권거래와 기술표준

적격의 배출권(eligible emissions unit)이 상품이 된다고 판단하는 것이 주는 영향은 GATT 규정에만 국한되지 않는다. GATT와 함께 TBT협정이 특정한 상황에서 고려될 수 있을 것이다.[158] TBT협정은 '정부 및 민간 규제체계'에 대한 규칙을 상세히 기술하고 있다.[159] 이에 관해 TBT협정은 무역에 대한 비관세장벽, 특히 기술규정, 표준 및 적합성 평가절차에 대해 규율한다.[160]

TBT협정 부속서 1.1은 기술규정을 "상품의 성질이나 관련 공정 및 준수가 의무화된 생산 방법을 규정하는" 문서로 정의한다.[161] 이 정의는 *EC-Asbestos* 사건과 *EC-Sardines* 사건에서 검토되었는데, 해당 조치가 기술규정인지 아닌지 여부는 아주 첨예한 경계점에 있다고 결론 지었다.[162] 달리 말하면, TBT협정에서 기술

---

158) Marrakesh Agreement Establishing the World Trade Organization, opened for signature 15 April 1994, 1867 UNTS 3 (entered into force 1 January 1995) Annex 1A ('Agreement on Technical Barriers to Trade').

159) Steve Charnovitz, 'An Introduction to the Trade and Environment Debate' in Kevin Gallagher (ed.), *Handbook on Trade and the Environment* (Edward Elgar, 2008) 237, 242.

160) Van Den Bossche, above n 27, 806.

161) Agreement on Technical Barriers to Trade, Annex 1.1.

162) Appellate Body Report, *European Communities-Trade Description of Sardines*, WTO Doc WT/DS231/AB/R, AB-2002-3 (26 September 2002) [175].

규정이나 표준으로 분류되지 않을 경우 해당조치는 TBT협정의 적용범위에 속하지 않는다. *EC−Asbestos* 사건에서는 문서가 기술규정으로 다루어지는 세 가지 요건을 확인하였다.163) 첫째, 기술규정은 식별가능한 상품 또는 상품군에 적용되어야 한다. 둘째, 기술규정은 최소한 상품의 하나 이상의 특징을 구체화하여야 한다. 마지막으로 기술규정을 준수하는 것은 의무적이어야 한다.164)

먼저 기술규정은 식별가능한 상품에 적용되어야 한다. 상소기구는 이 요건이 기술규정에서 특정 상품의 명시적인 명명을 필요로 하지 않는다고 언급하였다. 오히려 상품 또는 상품군이 규정에 의해 식별될 수 있는 것으로 충분하였다.165) 상품이 기술규정에 의해 식별된 경우에는 식별가능한 상품일 것에 대한 요건은 충족될 것이다.

두 번째 요건은 상품의 특징이 확인되어야 하는 것인데, "객관적으로 정의할 수 있는 어떤 '성질', '품질', '속성' 또는 상품의 기타 '구별되는 표시'"가 조치 내에서 확인될 것을 요구한다.166) 상품의 특징에는 "상품의 구성, 크기, 모양, 색상, 질감, 강도, 인장강도, 가연성, 전도성, 밀도 또는 점성" 등이 포함되어 있다.167) 특징은 상품 고유의 특성 및 품질뿐만 아니라 라벨링과 같은 상품 관련 특질까지도 포함한다.168)

TBT협정은 특히 '공정 및 생산 방법(process and production methods; 이하 PPMs)'에 적용된다.169) PPMs은 어떤 형태로든 상품에 구현될 수도 있고, 그렇지 않을 수도 있다. PPMs이 구현되지 않은 상품을 언급할 때는 비상품관련 PPMs(non−product related PPMs; 이하 NPR PPMs)라고 칭한다. TBT협정의 범위가 상품의 NPR PPMs까지

---

163) Matsushita and Mavroidis, above n 72, 484.

164) Appellate Body Report, *European Communities-Trade Description of Sardines*, WTO Doc WT/DS231/AB/R, AB-2002-3 (26 September 2002) [176].

165) *WTO Analytical Index*, above n 59, 141 at [156], citing Appellate Body Report, *European Communities-Measures Affecting Asbestos and Asbestos Containing Products*, WT/DS135/AB/R (2001).

166) Appellate Body Report, *European Communities-Measures Affecting Asbestos and Asbestos Containing Products*, WT/DS135/AB/R (2001) [67].

167) Ibid.

168) Ibid.

169) Agreement on Technical Barriers to Trade, Annex 1.1.

확장되는지에 대해서는 의문의 여지가 있다.[170] 또한 상품의 생산과정에서 환경친화적이지 않은 에너지원을 금지하는 조치가 '상품의 특징'으로서의 요건을 충족할 수 있는지도 의심의 여지가 있다.[171]

만약 패널이 NPR PPMs에 대한 사양이 '상품의 특징'이 아니라고 결정한다면 TBT협정은 이러한 상품의 특성을 규제하지 않을 것이다. 이것은 여기서 관련이 있다. 현존하는 배출권거래제도의 배출권 중에서 유일하게 잠재적으로 상품의 특성을 가지고 있는 것은 CERs과 ERUs 유형의 배출권에 대한 제한규정이다.[172] 예를 들어, 호주 청정에너지패키지의 제한사항에는 만일 CERs 및 ERUs가 다음에서 발생하는 경우 이들의 제출을 배제하고 있다:

- 원자력 사업
- 트리플루오로메탄(trifluoromethane)의 파괴
- 아디핀산 공장의 아산화질소의 파괴 그리고
- EU가 채택한 기준에 맞지 않는 대규모 수력발전사업[173]

이러한 특징은 특정 배출권의 NPR PPMs와 관련되어 있다.[174]

누군가는 위의 PPMs은 실제로 배출권의 최종 상품에 영향을 줄 *것이라고* 합리적으로 주장할 수 있다. 이 경우 이들 PPMs는 객관적으로 명확한 특징을 가지고 있다. 위 유형의 배출권은 전 세계적으로도 배출권거래제도에서 배제하고 있기 때문에 위의 주장은 더 설득력이 있다. EU ETS는 CERs 및 ERUs가 EU 배출감축 목표를 달성하기 위해 제출될 수 있다는 것을 인정하지만 원자력 관련 활동을 통해 창출된 크레딧의 사용에는 제한을 두고 있다.[175] NZ ETS도 마찬가지로 원자력 프

---

170) Van Den Bossche, above n 27, 808.

171) Ibid.

172) Clean Energy Act 2011 (Cth) s 123. This is if we accept that CERs and ERUs can be products.

173) Revised Explanatory Memorandum, Clean Energy Bill 2011 (Commonwealth of Australia) 129.

174) 설명서는 긍정적인 형식 또는 부정적인 형식으로 쓰일 수 있다. See Van Den Bossche, above n 27, 810.

175) Directive 2003/87/EC of the European Parliament and of the Council of 13 October 2003 establishing a scheme for greenhouse gas emission allowance trading within the Community and

로젝트에서 발생한 교토단위를 제외시킨다.[176] 이러한 이유로 NPR PPMs로도 보일 수 있는 이 규제를 '객관적으로 정의가능한 특징'이라고 보는 주장은 강력한 설득력을 가진다. 그렇다면, 이들 기술규정은 TBT협정의 범위에 속하게 된다. 실제로 이러한 PPMs는 최종 용도가 다르기 때문에 상품 간의 차이를 가져오게 한다. 다른 최종 용도는 국내 배출권거래시장에서 이 배출권을 거래할 수 없다는 것과 관련이 있다. 이것이 허용되면 기준통과 심사를 충족한 것이 된다.

4.5.2 기술규정 - 실체규정

TBT협정 내에서 기술규정과 관련하여 가장 중요한 규정은 제2조이다. 특히 제2조 제2항은 다음과 같다:

> 회원국들은 국제무역에 대해 불필요한 장벽을 만들지 않도록 기술규정이 준비, 채택, 적용되도록 해야 한다. 이러한 목적을 위해 기술규정은 입법목적을 충족하는 필요 이상으로 무역을 제한하지 않아야 하며 … 이러한 입법목적은 그중에서도 국가안보, 기만적인 관행, 인간의 건강과 안전, 동물과 식물의 생명과 건강 또는 환경에 대한 보호 등이다.

기술규정은 위와 같은 목적 중 하나를 완전히 충족시킬 필요는 없다.[177] 오히려 제소국에 제2조 제2항과 관련한 일응의 사건(prima facie case)이 존재함을 입증할 책임이 있다.[178]

호주 청정에너지패키지에서 제공된 예에서 상술된 방법론을 통해 형성되는 CERs 및 ERUs의 거래에 대한 제한은 환경적 목적을 위해 부과된 것처럼 보인다.

amending Council Directive 96/61/EC [2003] OJ L275/46, 32, paragraph 8, restriction on nuclear credits.

176) Karen Price, Lisa Daniell and Laura Cooper, 'New Zealand Climate Change Laws' in Wayne Gumley and Trevor Daya-Winterbottom (eds), *Climate Change Law: Comparative, Contractual and Regulatory Considerations* (Lawbook Co., 2009) 89, 93.

177) Lucasz Gruszczynski, 'The TBT Agreement and Tobacco Control Regulations' (Paper presented at the Third Biennial Global Conference, National University of Singapore, 12-14 July 2012) 10.

178) Ibid.

따라서 회원국이 제2조 제2항을 적용하려는 경우, "관계당국에게 상세하게 기술된 타당한 이유에 관한 가능한 한 완벽한 근거서류"를 반드시 제출해야 한다.[179)

환경보호 또는 인간, 동·식물의 생명보호를 위한 조치가 배출권거래의 기술 규정을 정당화하기 위해 사용된다면, 제2조 제3항은 규제가 필요한 여건이 지속적으로 감시되어야 하고, 기술규정은 그 여건에 생기는 변화의 맥락 속에서 평가 받도록 규정하고 있다.[180)

이와 함께 TBT협정 제2조 제1항은 최혜국대우 또는 내국민대우규정을 위반하지 않는 방식으로 기술규정을 적용하도록 회원국에게 요구하고 있다. 이러한 이유로 모든 '기술규정'은 이들 기본적인 비차별원칙을 준수하는 방식으로 도입될 필요가 있다.

내국민대우의무는 *US−Clove Cigarettes* 사건을 통해 보다 자세히 설명될 수 있다.[181) 이 분쟁에서 상소기구는 내국민대우규정을 다음과 같이 설명했다:

> 제2조 제1항의 내국민대우의무는 모든 동종의 국내상품과 비교하여 각 수입상품에 대해 불리하지 않은 대우를 부여할 것을 회원국에게 요구하고 있다. 제2조 제1항은 수입상품군에 부여된 대우가 국내의 동종상품군에 부여된 대우보다 불리하지 않는 한 동종상품으로 판명된 상품 간의 규제적 차별을 배제하지 않는다.[182)

집합적으로 문제의 '동종'상품인 모든 상품이 불리하지 않게 취급되는 한 각각의 상품이 동일하거나 유사한 대우를 받는 것이 반드시 필요한 것은 아니라는 것을 의미한다.[183) 따라서 기술규정이 존재하는 것으로 간주되는 경우, 이들은 비슷한 방식으로 상품군에 적용되어야 한다.

---

179) Appellate Body Report, *European Communities-Measures Affecting Asbestos and Asbestos Containing Products*, WT/DS135/AB/R (2001) [73].
180) Agreement on Technical Barriers to Trade, Article 2.3.
181) Appellate Body Report, *United States-Measures Affecting the Production and Sale of Clove Cigarettes*, WTO Doc WT/DS406/AB/R, AB-2012-1 (4 April 2012).
182) Ibid [193].
183) Ibid [194].

4.5.3 국제표준

TBT협정은 "회원국들이 … 그들의 기술규정의 근거로 국제표준을 사용하도록 요구"한다.[184] 제2조 제4항은 WTO 회원국에 대한 국제표준의 사용과 관련하여서는 강제적인 표현으로 의무를 부여하였다:

> 기술규정이 요구되고 관련 국제표준이 존재하거나 그 국제표준의 완성이 임박한 경우, 회원국은 예를 들어 근본적인 기후적 또는 지리적 요소나 근본적인 기술문제 때문에 그러한 국제표준 또는 국제표준의 관련 부분이 추구된 정당한 목적을 달성하는 데 비효과적이거나 부적절한 수단일 경우를 제외하고는 이러한 국제표준 또는 관련 부분을 자기 나라의 기술규정의 근거로 사용한다.

위 조항에서 강제적인 표현으로 의무를 상정하였음에도 불구하고 *EC-Sardines* 사건에서는 국제표준이 합법적인 목적을 달성하는 데 효과적이고 적절한 수단이라는 것을 증명해야 하는 입증책임이 제소국에게 있다고 확인했다.[185] 중요한 것은 국제표준과 문제의 조치 사이에 모순이 없을 경우 회원국은 국제표준에 근거한 조치라고 주장할 수 있다는 것이다.[186] 또한 제2조 제5항에 따라 어떤 조치가 관련 국제표준에 부합하는 경우, 국제무역에 불필요한 장애를 일으키는 조치가 아닌 것으로 추정된다.[187] 이는 국제표준을 적용하는 회원국에게 인센티브를 제공하는 효과를 낳는다.

US-Tuna II 사건에서 상소기구는 TBT협정에서 인정하는 국제표준에 필요한 기준을 다루었다.[188] 이 사건에서 표준을 위한 기준은 표준을 다루는 인증기관에

---

184) Gabrielle Marceau and Joel Trachtman, 'The Technical Barriers to Trade Agreement, the Sanitary and Phytosanitary Measures Agreement, and the General Agreement on Tariffs and Trade' (2002) 36 *Journal of World Trade* 811, 841.

185) Appellate Body Report, *European Communities-Trade Description of Sardines*, WTO Doc WT/DS231/AB/R, AB-2002-3 (26 September 2002) [214]; Van Den Bossche, above n 27, 822.

186) Van Den Bossche, above n 27, 822.

187) Agreement on Technical Barriers to Trade, Article 2.5.

188) Appellate Body Report, *United States-Measures Concerning the Importation, Marketing and Sale of Tuna and Tuna Products*, WTO Doc WT/DS381/AB/R, AB-2012-2 (16 May 2012).

서 기준을 채택했어야 하고 그 기관에 대한 회원국자격이 모든 WTO 회원국에게 공개되어야 한다고 하였다.[189]

비록 다른 배출권거래제도에 대한 제한은 흥미로운 비교의 쟁점이 되지만, 이들 제한은 TBT협정에서 국제표준으로 고려될 수 없다. 이것은 국제표준이 위 기준을 충족하는 것이기 때문이다. 특히 표준은 국제표준화기구(International Organization for Standardization; 이하 ISO)와 같은 표준기관에 의해 인증되어야 한다.[190]

현재 ISO는 지속가능한 발전 중 특히 온실가스 감축프로젝트를 위한 일련의 표준을 제공하고 있다.[191] 이러한 표준에는 프로젝트의 요건 및 조직의 온실가스 인벤토리 보고 역량에 관한 요건이 포함된다.[192] 이러한 표준은 프로젝트와 관련이 있지만 프로젝트에서 발행된 크레딧에 영향을 주지는 않는다. 현재 배출크레딧 또는 단위에 대해서는 특정한 기준이 없다.[193] 또한 일반적으로 배출권거래제도에 대한 국제표준이 존재하지 않는다. 특히 배출권거래제도에 대한 표준이 있어도 TBT협정의 요건으로 인해 이를 시행할 수는 없다. 이는 이 협정이 상품무역을 위한 시장을 확립하는 법적 틀이 아니라 상품 및 관련 PPMs에만 적용되기 때문이다.[194]

4.6 결 론

이 장에서는 배출권거래, 배출권 및 WTO협정과 관련한 몇 가지 근본적인 문제를 탐구했다. 이 장의 첫 번째 부분에서는 배출권이 WTO법의 맥락에서 상품으

---

189) 이 목록은, L. Gruszczynski, 'The WHO Framework Convention on Tobacco Control as an International Standard under the TBT Agreement?' (2012) 9(5) *Transnational Dispute Management* 5에서 인용.

190) Agreement on Technical Barriers to Trade, Article 1.2.

191) International Organization for Standardization, *Sustainable Development: ISO Standards and Sustainable Development* (2012) www.iso.org/iso/home/news_index/iso-in-action/sustainable_development. htm.

192) 이들 표준에는 14064:2006와 14066:2011이 포함된다. See Ibid.

193) 흥미롭게도 TBT협정은 배출감축을 위한 국제표준이 존재함에도 불구하고 TBT협정이 서비스에는 적용되지 않는다. Agreement on Technical Barriers to Trade, Annex 1 참고.

194) Ibid, Annex 1.1.

로 분류될 수 있는지를 검토했다. 이 부분에서 저자는 배출권이 대상에 대한 권리가 아니라 재산권의 대상이라고 결론을 내렸다. 또한, 배출권은 유통가능하기 때문에 재산의 대상이 된다고 판단했다. 그러나 배출권은 무형적이며, 결과적으로 현재의 인식하에서는 WTO협정 내에서 상품으로 분류되지 않을 것이라고 본다. 이것은 물론 회원국 및 분쟁해결기구의 해석에 따른 것이지만, 현 단계에서는 배출단위와 크레딧이 상품으로 분류될 것 같지는 않다.

배출권이 현재 WTO협정에서 상품으로 분류될 근거가 없음을 확인했지만, 이것이 거래가능한 상품으로 분류되는 경우 어떤 영향을 미칠지에 대해 고려했다. 이와 관련하여 GATT 규정을 분석하였고 이 분석에서 수량제한에 대한 금지가 가장 적절함을 확인하였다. 이것은 두 가지 유형의 온실가스 거래수단을 '동종상품'으로 보는 것에 분명한 문제가 있기 때문이다. 이러한 이유로 최혜국대우원칙과 내국민대우원칙은 위반될 가능성이 적다.

이 분석은 배출권이 상품으로 간주되는 경우 수량제한 조치를 위반할 것이라고 보지만, GATT 예외조항으로 정당화될 수 있다고 보았다. 배출권거래의 제한을 정당화하기 위한 목적으로 일반적 예외 중 가장 관련성이 높은 것은 제20조 (g)호이다.

이 장의 마지막 부분에서는 TBT협정을 고찰하였다. 배출권이 상품이라고 가정하면 배출권에 대한 제한은 기술규정에 해당할 수 있다. 이는 NPR PPM을 고려하게 한다. 배출권에 대한 제한이 기술규정인 것으로 판명되면, 제한조치의 목적이 환경보호라는 이유로 정당화될 수 있다.

일부 문제를 확인했음에도 불구하고 이 장에서는 배출권이 상품인 경우 모든 배출권거래제도의 관련 규정이 WTO법을 위반할 것이라는 강력한 주장을 제시하지는 않는다. 이 장에서는 상품에 적용할 수 있는 WTO법의 관련 규정만을 살펴보았다. 이어지는 다음 장에서는 배출권거래제도에 대한 GATS와 그 적용에 대해 고찰한다.

배출권거래와 서비스무역협정

5.1 서 론

서비스무역협정(General Agreement on Trade in Service; 이하 GATS)은 국제무역에 관한 우루과이라운드에서 협상되었고, 1995년 1월에 발효되었다.[1] GATS 이전의 모든 서비스무역의 자유화는 양자협상을 바탕으로 이루어졌다.[2] 이 협정을 위한 협상이 진행되는 동안 서비스 무역을 자유화하는 것에 상당한 어려움이 있다는 것을 인정하게 되었다. 이런 어려움은 상품무역만을 다루었던 관세 및 무역에 관한 일반협정(General Agreement on Tariffs and Trade; 이하 GATT)[3]을 협상하는 동안에는 경험하지 못한 것이었다. 서비스협정에 대해 협상가들이 GATT하에서 이미 존재하고 있는 것보다 더 유연한 협정을 만들게 된 것은 바로 이런 어려움 때문이었다. 이러한 상대적 유연성에도 불구하고, GATS 협정을 WTO의 의무에서 '선택배제'(opt out; GATS의 의무에 참여하지 않는 것)할 수 있는 권한은 없으며, 모든 회원국은 여기에 구속되는데, 구체적 약속에 대해서는 조건부로 구속된다.[4]

GATS는 수많은 상이한 요소들로 구성되어 있다.[5] GATS에 대한 법적 틀과

---

1) Marrakesh Agreement Establishing the World Trade Organization, opened for signature 15 April 1994, 1867 UNTS 3 (entered into force 1 January 1995) Annex 1B ('General Agreement on Trade in Services').
2) Mitsuo Matsushita, Thomas J Schoenbaum and Petros C Mavroidis, *The World Trade Organization: Law, Practice and Policy* (Oxford University Press, 2nd edition, 2006) 604.
3) Marrakesh Agreement Establishing the World Trade Organization, opened for signature 15 April 1994, 1867 UNTS 3 (entered into force 1 January 1995) Annex 1A ('General Agreement on Tariffs and Trade 1994').
4) Wendy Dobson and Pierre Jacquet, *Financial Services Liberalization in the WTO* (Institute for International Economics, 1998) 72.
5) J Bradley Bigos, 'Contemplating GATS Article XVIII on Additional Commitments' (2008) 42(4) *Journal of World Trade* 723, 725. Bigos는 부속서 및 의정서를 포함하여 의무에 대한 세 개의 장소를 목록으로 열거하고 있다.

부속서는 일반적 의무 및 구체적 약속을 포함하고 있으며, 여기서 협정의 범위가 정의된다.[6] GATS는 또한 많은 의정서와 연결되어 있다. 이들 의정서는 의정서상의 의무를 채택하기로 선택한 회원국에게만 구속력이 있다. 마지막으로, 각 회원국의 구체적 약속표(Schedule of Commitments)는 그 회원국이 구체적인 약속에 의해 부담하는 의무의 고유한 한계를 설정하고 있다. 최혜국대우규정을 포함하여 일반적 의무는 모든 WTO 회원국을 구속한다.

시장접근 및 내국민대우규정을 포함한 구체적 약속은 특정한 서비스 부문에 대해 회원국 약속표에 기술한 약속의 범위 내에서만 구속력이 있다. 그러므로 구체적 약속은 회원국의 자유의사에 따라 채택된다. 이들 약속은 각 회원국에게 고유한 것이다. 이것은 모든 회원국을 동일하게 구속하는 일반적 의무와는 다르다.

GATS의 목적은 서비스에 대한 국제무역의 자유와 공정성을 촉진하고 장려하는 법적 틀을 제공하는 것이다. 이 협정은 WTO에 부합하는 배출권거래제도를 분석할 때 특별히 중요하다. 이 장의 목적은 이러한 중요성을 설명하는 것이다. 이 목적을 추구하는 데 있어 배출권거래제도와 관련하여 요건충족에 관한 중요한 두 개의 질문이 제기된다. 첫째, 저자는 배출권거래제도와 결부된 서비스의 성격에 대한 문제를 고찰하고자 한다. 서비스의 공급은 배출단위 및 크레딧과 연결될 수 있기 때문에 이러한 서비스 규제가 GATS 요건에 반하는지가 검토된다. 둘째로 제기되는 문제는 배출권이 금융상품인지의 여부이다. 여기서 저자는 배출단위와 크레딧은 확실히 일종의 금융상품이라고 결론 지었는데, 이러한 결론은 GATS가 배출권거래를 규율하는 조치와 관련이 있다는 것을 의미한다.

GATS는 어려운 실체적 문제를 다루는 복잡한 협정이기 때문에 이 협정을 이해하는 것은 간단한 일이 아니다.[7] 이런 어려움을 악화시키는 것은 GATS가 WTO의 다른 협정과 동일한 수준으로 사법적 판단의 대상이 된 적이 없다는 사실이다. 이것은 지금까지 이 협정과 관련된 분쟁이 25개가 채 안 된다는 사실에 의해 나타

---

6) 구조적 협정(framework agreement)에서 구체적 공약 의무는 회원국의 약속표(Schedule)에 있는 구체적 약속과는 다르다. 이것은 이 장에 걸쳐 더 논의된다.

7) Lode Van Den Hende and Herbert Smith, 'GATS Article XVI and National Regulatory Sovereignty: What Lessons to Draw from *US-Gambling?*' in Kern Alexander and Mads Andenas (eds), *The World Trade Organization and Trade in Services* (Martinus Nijhoff, 2008) 461, 478.

난다.[8] 그럼에도 불구하고, GATS는 WTO법의 핵심체계 중의 하나로서 작용하고 있으므로, 여기에서 적절한 고찰이 이루어져야 한다.

5.2 배출권거래와 GATS의 관련성

5.2.1 GATS의 적용범위

GATS 제1조 제1항은 동 협정의 적용범위를 정의하고 있다. 제1조 제1항은 "이 협정은 *서비스 무역에 영향을 주는* 회원국의 *조치*에 적용한다"라고 기술하고 있다.[9] GATS의 규정들을 분석하는 분쟁사례는 거의 없었다. 그러나 동 협정 자체가 그 적용여부에 의문이 있는 경우 이를 해결하기 위한 검토방법은 확립되어 있다. 이에 대해, *Canada-Autos* 사건에서 상소기구는 다음과 같이 제시했다:

해당조치가 '서비스 무역에 영향을 주는' 것인지 여부를 결정하기 위해서 적어도 두 개의 핵심적인 법적 쟁점이 검토되어야 한다: 첫째, 제1조 제2항의 의미에서 '서비스 무역'이 있는지, 그리고 둘째, 쟁점이 된 조치가 제1조 제1항의 의미 내에서 그러한 서비스 무역에 '영향을 주는지'.[10]

위 사건에서 상소기구는 해당조치가 서비스 또는 서비스 공급자의 공급에 *영향을 주는 방법*에 의해 GATS의 적용범위가 정의된다는 것을 분명히 했다.[11] 이 사건에서, 이 쟁점은 3단계로 고려된다: "제소국은 문제가 된 서비스가 해당 시장에서 공급되는 *방법*, 그 서비스를 공급하는 *주체* 그리고 문제가 된 조치가 동일 시

---

8) World Trade Organization, *Dispute Settlement: Disputes by Agreement* (2012) www.wto.org/english/tratop_e/dispu_e/dispu_agreements_index_e.htm7id=A8#selected_agreement.

9) General Agreement on Trade in Services Article 1.1 (emphasis added).

10) Appellate Body Report, *Canada-Certain Measures Affecting the Automotive Industry*, WTO Doc WT/DS139/AB/R, WT/DS142/AB/R (adopted 19 June 2000) 51 [155] quoted in Matsushita, Schoenbaum and Mavroidis, above n 2, 614.

11) Appellate Body Report, *Canada-Certain Measures Affecting the Automotive Industry*, WTO Doc WT/DS139/AB/R, WT/DS142/AB/R (adopted 19 June 2000) [160].

장에서 그 서비스의 공급에 영향을 주는 *방법*을 입증할 필요가 있다."[12] 이것이
의미하는 것은 공급자 및 서비스를 공급하는 수단은 물론이고 서비스가 GATS 위
반에 대해 소를 제기하려는 제소국에 의해 특정되어야 한다는 것이다.

　비록 흔히 이해되는 여러 가지의 정의가 존재한다고 하더라도 '서비스'라는
용어는 GATS에서 정확히 정의되어 있지 않다. 예를 들면, Poretti는 서비스를 "*손
에 잡을 수 없고, 눈에 보이지 않고, 상하기 쉽거나 저장할 수 없는 또는 …* "당신
의 발에 떨어뜨릴 수 없는 무역으로 판매된 어떤 것""이라고 묘사한다.[13] '서비스'
에 대한 대안적인 정의는 Morrison이 제공하고 있는데, 그는 "서비스의 결과가 사
람, 물건 또는 데이터에 체화될 수 있을지라도 서비스는 본질적으로 행위이다. 다
른 한편으로 상품은 그것을 생산하는 행위로부터 나온 것일지라도 명백히 물건이
다"라고 한다.[14] GATS 제28조 (b)호는 "*서비스의 공급*은 서비스의 생산, 유통, 영
업, 판매 그리고 배달을 포함한다"(강조 첨가됨)라고 명확히 하고 있다. 비록 서비스
가 GATS 내에서 정의되어 있지 않을 지라도 동 협정은 협정 내에 포함되는 서비
스의 유형(modes)을 기술하고 있다. 이들 유형은 동 협정의 제1조 제2항에서 기술
된다. 서비스의 유형은 다음의 서비스의 공급을 포함한다:

(a) 한 회원국의 영토로부터 그 밖의 회원국의 영토 내로의 서비스 공급(유형 1)
(b) 한 회원국의 영토 내에서 그 밖의 회원국의 서비스 소비자에 대한 서비스 공급
(유형 2)
(c) 한 회원국의 서비스 공급자에 의한 그 밖의 회원국의 영토 내에서의 상업적 주
재를 통한 서비스 공급(유형 3)
(d) 한 회원국의 서비스 공급자에 의한 그 밖의 회원국 영토 내에서의 자연인 주재
를 통한 서비스 공급(유형 4)[15]

---

12) Matsushita, Schoenbaum and Mavroidis, above n 2, 616.
13) Pietro Poretti, *The Regulation of Subsidies within the General Agreement on Trade in Services of the WTO* (Kluwer Law International, 2009) 9.
14) Peter K Morrison, 'The General Agreement on Trade in Services: Procedural and Substantive Aspects' in Emst-Ulrich Petersmann (ed), *International Trade Law and the GATT/WTO Dispute Settlement System* (Kluwer International, 1997) 375 quoted in Poretti, above n 13, 9.
15) *General Agreement on Trade in Services* Article 1:2.

유형 1은 상품의 국제무역과 유사한 국경 간 이동을 대상으로 한다. 서비스 공급자는 이 경우에 관련 WTO 회원국의 영토 내에 현존하지 않는다. 그러나 서비스는 그 영토 내로 전달된다.[16] 이것을 종종 '국경 간 공급(cross-border supply)'이라고 표현한다.[17] 그래서 제1조 제2항은 이것을 유형 1 공급으로 분류하고, 보통 한 회원국의 영토에서 제공하는 서비스가 다른 회원국의 영토 내로 공급될 것을 요구한다.[18]

유형 2는 서비스 공급자와 그 서비스의 수혜자가 회원국의 영토 밖에 위치해 있다.[19] 유형 2의 예는 일반적으로 다른 WTO 회원국의 거주자인 관광객에게 제공되는 서비스를 들 수 있다. 이것은 흔히 '해외소비(consumption abroad)'라고 알려져 있다.[20]

유형 3과 4는 둘 다 서비스 공급자가 회원국의 영토 내에 위치해 있는 상황을 기술한다. 유형 3은 '상업적 주재(commercial presence)'라고 기술되고, 유형 4는 개방 이민정책을 장려하는 것으로 종종 오해하기도 하는데,[21] '자연인의 주재(presence of natural person)'라고 불린다.[22]

---

16) Rudolf Adlung and Martin Roy, 'Turning Hills into Mountains? Current Commitments Under the General Agreement on Trade in Services and Prospects for Change' (2005) 39(6) *Journal of World Trade* 1161, 1191-92.

17) *2001 Scheduling Guidelines*, WTO Doc S/L/92 cited in Matsushita, Schoenbaum and Mavroidis, above n 2, 616.

18) Andrew W Shoyer, 'Lessons Learned from Litigating GATS Disputes: *Mexico-Telecoms'* in Marion Panizzon, Nicole Pohl and Pierre Sauve (eds), *GATS and the Regulation of International Trade in Services* (Cambridge University Press, 2008) 225, 230. 그러나 *Mexico-Telecoms* 사건은 정보통신에 의한 서비스가 유형 1 서비스 공급의 예라고 결정하였다.

19) Adlung and Roy, above n 16, 1191-92.

20) *2001 Scheduling Guidelines*, WTO Doc S/L/92 cited in Matsushita, Schoenbaum and Mavroidis, above n 2, 616.

21) Rafael Leal-Areas, 'The GATS in the Doha Round: A European Perspective' in Kem Alexander and Mads Andenas (eds), *The World Trade Organization and Trade in Services* (Martinus Nijhoff, 2008) 9, 43.

22) *2001 Scheduling Guidelines*, WTO Doc S/L/92 cited in Matsushita, Schoenbaum and Mavroidis, above n 2, 616.

5.2.2 배출권과 서비스의 정의

서비스의 정의는 배출권과 같은 거래수단을 표면적으로는 포함하고 있지 않다. 규제자가 배출권을 발행하는 행위를 하는 것 외에 배출권과 결합되어 있는 개인에 의한 행위는 없다.[23] 그러나 서비스를 정의하는 목적상 배출단위의 발행과 배출크레딧의 발행 사이의 차이를 논하는 것은 관련이 있다.

배출단위의 발행은 제도의 입법자가 설정한 입법요건의 범위 내에서 입법자의 재량에 달려 있다.[24] 그러나 배출크레딧의 발행에 대해서는 온실가스 감축 또는 회피를 초래한 행위가 있어야 한다.[25] Deatherage가 기술한 것처럼, "탄소 크레딧(carbon credits)의 생성 또는 발급은 실질적으로 이행된 프로젝트로부터 발생"한다.[26] 이와 관련하여, 배출크레딧 발행과 연결된 프로젝트는 온실가스 배출의 감축 또는 회피를 달성하기에 필요한 서비스 또는 행위를 구현하는 사업들이다. 그러므로 서비스에 대한 명확한 전제조건은, 행위 또는 일련의 행위가 특정될 수 있다는 것인데, 이는 배출크레딧의 근거가 되는 프로젝트와 결부된 서비스에 의해 설명된다.[27] 이런 이유로, 배출크레딧의 판매를 제한하는 행위를 포함하여 이들 서비스에 대한 모든 규제는 GATS 요건의 대상이 될 수 있다.

그러므로 '서비스'라는 용어에 대해 WTO가 정의하는 요건은 GATS의 맥락에서 논쟁의 여지가 있는데, 생각건대 배출크레딧 프로젝트와 연관된 행위가 포함될 수 있다. 이는 크레딧의 대상과 '프로젝트와 연관된 행위 또는 프로젝트에 속한 행위'를 분리시키는 문제를 해결하지는 못한다. 달리 말하면, 배출크레딧 그 자체는 서비스라고 인정될 수 없다. 그러나, 배출크레딧이라는 수단이 이와 결부된 서비스의 거래에 필요하므로, 이들의 거래에 대하여 적용되는 이에 상응하는 규제는

---

23) 이것이 서비스로 간주됨에도 불구하고, GATS 제1조 제3항에 의해 배제될 것이다.

24) Clean Energy Act 2011 (Cth) Pt 4, Div 2.

25) Carbon Credits (Carbon Farming Initiative) Act 2011 (Cth) Pt 2, Div 2.

26) Scott Deatherage, *Carbon Trading Law and Practice* (Oxford University Press, 2011) 176.

27) Howse와 Eliason은 배출감축의 이전에 대한 배출크레딧의 거래를 비교할 수 있으므로 크레딧은 배출을 감축하는 서비스와 결부된다고 말하고 있다. See Robert Howse and Antonia Eliason, 'Carbon Trading and the CDM in WTO Law' in Richard Stewart, Benedict Kingsbury and Bryce Rudyk (eds), *Climate Finance: Regulatory and Funding Strategies for Climate Change and Global Development* (New York University Press, 2009) 254, 257.

GATS 규칙의 적용범위 내에 속하게 될 것이다.

이런 주장을 지지하는 것으로, GATS 제28조 (b)호는 "*서비스의 공급은 서비스의 생산, 유통, 영업, 판매 그리고 배달을 포함한다*"라고 명확히 하고 있다(강조 첨가). 그래서, 배출크레딧(배출 감축 또는 배출 회피와 연관된 서비스에 대한 수단적 표현으로)은 그 서비스의 유통, 영업, 판매 그리고 배달에 필수적인 것이다. 그 이유는 배출크레딧의 발행 자체가 프로젝트 신청자가 승인된 프로젝트에서 제공해 준 서비스를 시장에 내놓은 것을 허용하는 것이기 때문이다. 그러므로 이들 수단의 거래는 '서비스의 공급'이라는 GATS의 범위 내에 속하게 될 수 있다.

온실가스 배출감축과 결부된 서비스는, 만약 인정된다면, 유형 1 공급으로 분류될 수 있다. 유형 1은 서비스가 국경을 넘어서는 상황을 다룬다. 이 유형에서 서비스 공급자는 관련 WTO 회원국의 영토 내에 존재하지 않지만, 서비스는 그 영토 내로 들어온다.[28] 논쟁의 여지가 있으나, 만일 서비스 자체가 하나의 영토 내에서 발생하지만 이 서비스로 발행된 크레딧이 다른 곳에 위치해 있는 실체(entity)에 의해서 구매된다면 배출 감축 서비스는 유형 1상의 공급에 해당될 것이다.

그러므로 배출크레딧을 규제하는 조치는 배출감축과 결부된 서비스의 구매를 규제하는 조치로 평가될 수 있다. 이것은 GATS 제1조 제1항이 "회원국에 의해 *서비스 무역에 영향을 주는 조치에 적용한다*"고 명시하고 있으므로 이들 조치가 동 협정의 적용범위 내에 있다는 것을 의미한다(강조 첨가). 배출크레딧의 거래에 영향을 주는 조치는 배출크레딧과 결부된 서비스의 거래에 직접적으로 영향을 줄 것이기 때문에, 그러한 조치는 GATS 규정을 준수해야 한다. 더 정확히 말하면, 만일 배출크레딧과 결부된 서비스 부문과 공급유형이 GATS의 적용범위 내에 속하는 것으로 간주된다면 해당 조치는 GATS를 준수해야 한다. 그런데, 현재 선진국에서는 서비스의 오직 47퍼센트 그리고 개발도상국에서는 16퍼센트만이 이 협정에 의해 포섭된다는 점에 주목하는 것이 중요하다.[29] 이것은 동 협정의 유연성(flexibility) 때문이다. 이를 다음에서 더 자세히 설명하도록 한다.

---

28) Adlung and Roy, above n 16, 1191-92.
29) Panagiotis Delimatsis, *International Trade in Services and Domestic Regulations: Necessity, Transparency and Regulatory Diversity* (Oxford University Press, 2007) 35.

5.3 배출권거래제도에 대한 GATS 최혜국대우규정의 영향

GATS는 일반적 의무와 구체적 약속이라는 두 가지 형태를 모두 가지고 있다. 일반적 의무는 WTO의 모든 회원국을 구속한다.[30] 그러므로 이들 규정에 포함되어 있는 제한 및 의무는 거의 모든 상황에서 충실히 이행되어야 한다. 일반적 의무는 GATS의 제2부에 포함되어 있다. 일반적 의무는 기본협정(framework agreement)의 대부분을 구성하는데, 이것은 GATS 제2조에서 제15조까지 규정되어 있다. 이 장의 분석에 있어 가장 관련 있는 것은 제2조의 최혜국대우규정이다.

5.3.1 최혜국대우규정

GATS에서 첫째로 그리고 논쟁의 여지가 있지만 가장 중요한 일반적 규정은 제2조에 포함되어 있는 최혜국대우규정이다. GATS의 최혜국대우규정은 어떤 한 국가에게 주어진 어떤 유리한 대우가 모든 다른 WTO 회원국에게도 확대될 것을 요구하고 있다. 제2조 제1항은 다음과 같이 기술하고 있다:

이 협정의 대상이 되는 모든 조치에 관하여, 각 회원국은 그 밖의 회원국의 서비스와 서비스 공급자에게 그 밖의 국가의 *동종서비스와 서비스 공급자*에 대하여 부여하는 대우보다 불리하지 아니한 대우를 즉시 그리고 무조건적으로 부여한다.(강조 첨가)

이 규정은 GATT 제1조에 포함되어 있는 최혜국대우규정과 다르지 않다.[31] GATT의 규정과 유사하게, 어떤 조치가 이 규칙에 의해 규율되기 위해서는 세 가지 요건이 확인되어야 한다. 첫째, 비교는 *동종서비스* 간에 이뤄져야 한다. 둘째, *대우는 불리하지 않아야* 한다. 셋째, '대우'는 모든 다른 회원국에게 *즉시 그리고 무조건적으로* 확대되어야 한다.[32]

---

30) Ibid 27.
31) 이 책 4.3.2 참고.
32) 즉시 그리고 무조건적으로는 GATT 최혜국대우규정과 동일한 의미를 가진다. 이 책 4.3.2 참고.

*불리하지 않은 대우*가 동종서비스 및 공급자에게 부여된다는 것은 최혜국대
우규정에 한정되지 않는다. 이것은 GATS 제16조의 시장접근 규정 그리고 GATS
제17조 내국민대우규정에도 포함되어 있다. 이들 규정은 이 장의 다음 절에서 논
의될 것이다. GATS 제17조는 다음 요건의 의미에 관한 지침을 포함하고 있다: "만
약 그것이 어떤 다른 회원국의 동종서비스 또는 서비스 공급자와 비교하여 그 회
원국의 서비스 또는 서비스 공급자에게 이익이 되도록 *경쟁조건*을 변경한다면, 형
식적으로 동일하거나 형식적으로 서로 다른 대우는 불리한 것으로 여겨진다."[33]

최혜국대우규정의 분석에 덧붙일 중요사항은 다른 회원국에게 확대되어야 하
는 차별적 *대우*는 '사실상' 또는 '법률상' 차별로 존재할 수 있다는 것이다. 이것은
EC-Bananas III 사건에서 패널이 GATS 제2조의 의무는 *사실상(de facto)* 차별을
포함한다고 결론 내렸을 때 설명되었다.[34] 중요한 것은, 이것은 차별대우가 명시
적으로 존재하지는 않을 수 있지만 제한조치를 둘러싼 상황을 통해서 수입서비스
에 대한 차별이 발생할 수 있다는 것을 의미한다.

GATS에 최혜국대우규정이 있음에도 불구하고 배출권거래제도는 일반적으로
특정 범주의 배출크레딧의 제출에 관해 제한을 두고 있다. EU ETS와 호주 청정에
너지패키지는 모두 특정 청정개발체제(Clean Development Mechanism; 이하 CDM)와
공동이행제도(Joint Implementation; 이하 JI)에 대하여 유사한 제외규정을 둔다. 이들
은 만약 배출크레딧이 다음의 것들로부터 발생한다면 CERs과 ERUs를 배제한다는
내용을 포함하고 있다:

- 원자력 프로젝트
- CHF3의 파괴
- 아디핀산 식물로부터 나오는 아산화질소의 파괴 그리고
- EU가 채택한 기준과 합치하지 않는 대규모 수력발전 프로젝트[35]

---

33) General Agreement on Trade in Services, Article XVII:3 (emphasis added).
34) Panel Report, *European Communities-Regime for the Importation, Sale and Distribution of Bananas-Recourse to Article 21.5 by Ecuador*, WTO Doc WT/DS27/RW/ECU (12 April 1999) [6.133]. 상소기구는 이런 해석을 GATS 제17조 내국민대우의무의 제한된 적용을 넘어서 사실상 차별을 포함하는 것으로 확대했다; *WTO Analytical Index: Guide to WTO Law and Practice* (Cambridge University Press, 2nd edition, 2007) 972.

이들의 배제가 다른 WTO 회원국에게 영향을 줄지라도, GATS 제2조에 포함되어 있는 최혜국대우규정을 통해서 구제할 수 있는 방법은 없다. 그 첫 번째 이유는 특정 회원국에게 배출권거래에서 배제되는 배출크레딧에 대한 책임이 없기 때문이다. 좀 더 정확히 말하면, 이들 배출크레딧을 배제하는 기준은 크레딧 소유자의 국적에 근거한 것이 아니라 그 크레딧에 의해 대변되는 프로젝트의 유형에 근거하고 있다. 그럼에도 불구하고, 위반하고 있는 법률이 한 영토에서 어떤 다른 영토로 혜택을 명확히 확대하지 않을 때와 같은 상황에서 회원국은 최혜국대우규정을 위반할 수 있다는 것을 WTO 법리는 보여주고 있다. 이것은 만약 한 회원국이 배제요건 중 하나에 해당하는 크레딧이 어떤 방법으로든 그들에게 특정되어 있다는 점이 명확하다고 입증할 수 있다면, 최혜국대우규정의 *사실상(de facto)* 차별을 근거로 그 배제에 대하여 이의를 제기할 수 있다는 것을 의미한다.

이 주장이 받아들여질 수 있다고 하더라도, 배출권거래제도에서 배제요건이 최혜국대우규정을 위반하지 않을 수 있는 두 번째 이유는 배제된 크레딧에 의해 대변되는 서비스는 인정되는 크레딧에 의한 것과 '동종'의 서비스가 아닐 수 있다는 점이다.

5.3.2 동종서비스의 쟁점

GATS의 최혜국대우규정은 '동종성(likeness)' 요건을 포함하고 있다. *EC-Bananas III* 사건에서 패널은 이 쟁점을 다루었다: "우리의 견해로, 실체들이 동종서비스를 제공하는 한, 그들은 동종서비스 공급자이다."[36] 따라서 이 사건에서 강

---

35) Revised Explanatory Memorandum, Clean Energy Bill 2011 (Commonwealth of Australia) 129; European Commission, *International Carbon Market* (26 June 2014) http://ec.europa.eu/clima/policies/ets/linking/faq_en.htm. See also Directive 2009/29/EC of the European Parliament and of the Council of 23 April 2009 amending Directive 2003/87/EC so as to improve and extend the greenhouse gas emission allowance trading scheme of the Community [2009] OJ L140/52, 63 [29].

36) Panel Report, *European Communities-Regime for the Importation, Sale and Distribution of Bananas*, Report of the Appellate Body, WTO Doc WT/DS27/R (22 May 1997) [7.322] quoted in *WTO Analytical Index*, above n 34, 972-3.

조하려 했던 것은, 상품에 부수적으로 따라오는 서비스라기보다는 서비스의 '동종성' 그 자체였다. 이런 이유로 상품은 완전히 같지 않을 수 있지만, 상품과 결부되어 있는 서비스는 모든 다른 측면에서 같을 수 있다. 이와 유사한 접근방식이 *Canada—Autos* 분쟁에서 패널에 의해 채택되었는데, 동 패널은 "우리는 해당 서비스 공급자가 동일한 서비스를 제공하는 한 그들은 이 사건의 목적상 "동종"으로 여겨져야 한다는 데 동의한다"고 기술하였다.37)

비록 이들 사건이 서비스 공급자의 '동종성' 문제를 명확히 한 것처럼 보여도, Zdouc은 이들 사건에서의 논증은 이 쟁점에 관한 법리에 아무것도 더한 것이 없다고 언급하고 있다.38) 이런 주장은 GATT하에서 '동종성'과 관련하여 '동종성'의 개념을 위한 기준을 제시했던 것처럼 그 기준을 명확히 밝히는 것을 이들 분쟁해결기관이 명백히 꺼렸다는 점에서 지지를 받고 있다. *EC—Bananas III* 사건을 논할 때 논평가가 언급한 것처럼, "패널은 어떤 요소와 요인들이 일반적으로 "서비스 공급자"의 "동종성"에 대한 개념정의와 관련 있어야 하는지에 대한 질문에 대해 명확하고 지대한 영향을 미칠 수도 있는 답변을 하는 것을 회피하였다."39)

GATT의 '동종성' 원칙은 이 책의 앞 장에서 검토되었다. 거기에서 언급한 것처럼, '동종상품'에 대한 GATT 기준은 국경조정에 관한 작업반(Working Party for Border Adjustments)의 논증에서 도출되었다. 그 작업반의 기준은 서비스 공급자의 '동종성'에도 적용될 수 있을 것이다. 이를 고려하여, Van Den Bossche는 서비스 공급자의 '동종성'에 대한 개념은 다음을 포함하여 여러 가지 많은 요소들에 근거해야 한다고 이론화하고 있다:

- 서비스 또는 서비스 공급자의 특성
- UN 상품분류체계(United Nations Central Product Classification; CPC)에서 서비스의 분류 및 기술40) 그리고

---

37) Panel Report, *Canada-Certain Measures Affecting the Automotive Industry*, WTO Doc WT/DS139/R, WT/DS142/R (adopted 19 June 2000) [10.248].

38) Werner Zdouc, 'WTO Dispute Settlement Practice Relating to the GATS' (1999) 2 *Journal of International Economic Law* 295, 332.

39) Ibid.

40) CPC는 상품의 분류를 위해 세계관세기구(World Customs Organization)에 의해 개발된 HS코드

• 서비스 또는 서비스 공급자에 관한 소비자의 습관 및 선호[41]

기타 구별되는 특징들 또한 서비스의 특성으로 제시되어 왔다. 이 특성에는 서비스 공급자의 규모, 서비스 공급자의 자산, 그런 공급자에 의해 이용되는 기술 및 서비스 공급자의 전문지식이 포함된다.[42]

논평가들은 서비스 및 서비스 공급자를 구별하는 위 검토방법의 어려움을 강조해 왔다.[43] 서비스의 특성은 무형으로 그 종류가 다양하기 때문이다. 분쟁해결의 법리는 패널이 '동종서비스'의 문제를 거의 다루지 않았기 때문에 아무런 지침도 제공하지 못하고 있다. 두 개의 비교 가능한 서비스를 둘러싸고 있는 상황을 강조하면서 '동종성'이 사실 사안별(case-by-case basis)로 결정된다는 것을 제외하면 이 쟁점에 관해 더 말할 수 있는 것이 거의 없다.

우리가 배출크레딧과 동종성의 문제를 생각할 때, 배출크레딧과 결부된 서비스가 매우 다양하다는 것은 명백하다. 따라서 배출크레딧을 발행하기 전에 '프로젝트 유형에 대한 승인된 방법론'이 있어야 한다.[44] 배출크레딧을 위한 방법론은 다양한데,[45] 이것이 법안에 따라 다양한 유형의 프로젝트를 가능하게 할 수 있다. 예를 들면, 한 논평가는 다음을 포함하여 일곱 개의 서로 다른 탄소 크레딧 종류를 제안하고 있다:

• 재생 에너지
• 에너지 효율
• 매립, 석유 및 가스 그리고 기타 메탄 프로젝트
• 천연가스 생산 및 유통 프로젝트

에 근거한 유엔 생산물 분류표(United Nations Central Product Classification)이고 5000여 개가 넘는 범주 제목을 포함하고 있다. 서비스 부문 분류 목록은 12 제목과 160 하부 범주를 포함하고 있다. See discussion Poretti, above n 13, 131.

41) Peter Van Den Bossche, *The Law and Policy of the World Trade Organization* (Cambridge University Press, 2nd edition, 2008) 340.

42) Ibid.

43) Poretti, above n 13, 130-35.

44) Explanatory Memorandum, Carbon Credits (Carbon Farming Initiative) Bill 2011 (Commonwealth) 5.

45) Ibid, Chapter 5.

- 연료 전환
- 농업, 산림 및 토지이용[46] 그리고
- 탄소 포집 및 저장[47]

그러므로 온실가스 배출감축을 달성하는 많은 종류의 프로젝트가 있다. 그리고 확실히, 규제자가 배출크레딧을 발행할 수 있는 광범위한 프로젝트도 있다.

비록 프로젝트의 범위가 전 세계에 걸쳐 서로 다른 배출크레딧의 체계로 존재할지라도, 두 개의 프로젝트가 '동종'으로 고려될 수 있는 충분히 유사하게 될 상황이 있을 것이다. 이런 이유로, 여기에서는 회원국이 WTO 규칙을 준수하기를 바란다면 이들 프로젝트에는 WTO의 법체계 안에서 유사한 대우가 부여되어야 한다고 제안한다. 이것은 '동종서비스' 요건이 GATS 내에서 내국민대우규정의 요건이기 때문에 더욱 중요하다. 두 개의 서로 다른 배출크레딧이 '동종서비스'를 대변하게 될 것이라고 판단될 가능성 또한 내국민대우규정에 적용된다.

5.4 배출권거래제도에 대한 구체적 약속의 영향

GATS의 두 번째 중요한 부분은 구체적 약속이다. 구체적 약속은 회원국이 정한 구체적인 약속표 내에서 서비스부문을 규정하기 위해 선택한 제한을 명시하고 있다. 회원국이 시장접근,[48] 내국민대우,[49] 그리고 부가적 약속[50] 요건에 구속되는 정도는 각 회원국이 협상의 대상으로 대내적으로 결정할 문제이다. 회원국은 의무의 정도나 부문 자체를 제한할 수 있다. 이것은 구체적 약속에 관한 약속표에 기재되어 있고, 이것은 개별 회원국에게 고유하다. 따라서 각 회원국의 정확한 약속을 알기 위해서는 그들의 개별적인 약속표가 검토되어야 한다.

---

46) 모든 ACCU 프로젝트는 농업, 산림 및 토지이용 프로젝트로 분류될 것이다.
47) Deatherage, above n 26, 177-91.
48) General Agreement on Trade in Services, Article XVI.
49) Ibid Article XVII.
50) Ibid Article XVIII.

5.4.1 GATS의 구체적 약속표

회원국의 약속표는 GATS의 불가분의 일부이다.[51] 이들 약속표는 GATS 본문에 포함되어 있는 의무와 동일한 방식으로 해석되어야 한다. 서비스 약속표는 조약원문 자체로 고려되므로 다른 대상협정과 동일하게 조약해석원칙의 적용대상이 된다.[52]

약속표는 두 개로 구분된다. 첫 번째 부분은 수평적 약속을 목록으로 기재하고 있다. 수평적 약속의 예시로, 외국인의 토지소유금지 그리고 제한적인 노동허가 요건을 들 수 있다.[53] 이들 약속은 모든 약속표 내의 서비스와 서비스 공급자에게 적용된다.[54] 두 번째 부분은 구체적 부문의 약속을 담고 있다. 이들 약속 내에 각 부문에는 모든 부가적인 약속과 시장접근 및 내국민대우에 관한 제한이 명시된다.[55] 각 하부부문의 경우, 약속과 제한이 서로 다른 공급유형으로 나누어져 있는데, 이것은 GATS 제1조 제2항에 기술되어 있다.[56]

국가의 약속표는 GATS의 불가분의 일부이다.[57] 그러나 WTO의 회원인 것만으로는 이 협정상의 내국민대우 그리고 시장접근규정을 만족시키는 조건을 제공할 의무가 없다. 이들 조항에 구속되기 위해서는 회원국이 이들 규정에 의해 규율받기를 희망하는 서비스 부문을 목록을 통해 자발적으로 정해야 한다.[58] 그러므로 철저한 분석을 위해서는 회원국의 약속표에 대한 분석이 필수적이다. 각 회원국의 약속표에 대한 분석은 이 장의 범위를 넘어선다. 그럼에도 불구하고 구체적 약속과 관련하여 이들 약속표의 중요성을 언급한다.

---

51) Ibid Article XX:3.
52) Shoyer, above n 18, 227.
53) Adlung and Roy, above n 16, 1192.
54) Thomas Cottier and Matthias Oesch, International Trade Regulation: Law and Policy in the WTO, the European Union and Switzerland (Cameron May Ltd, 2005) 833.
55) Ibid.
56) Ibid.
57) General Agreement on Trade in Services, Article XX:3.
58) Marchetti and Mavroidis, above n 7, 514.

5.4.2 내국민대우

구체적 약속 중 첫 번째는 내국민대우규정이다. 이 규칙은 GATS 제17조에 포함되어 있다. 언급한 바와 같이, 내국민대우규정은 회원국의 약속표에 목록으로 기재되어 있는 서비스 부문에만 적용된다. 그뿐만 아니라, 목록에 기재된 특정 서비스 부문에 대한 내국민대우의 적용은 회원국의 약속표에 따라 제한될 수도 있다.

EC-Bananas III 사건에서 패널은 회원국이 GATS에서 내국민대우의무의 위반이 있는지를 결정하기 위한 다음 4단계 과정을 기술했다:

- *첫째*, EC가 관련 부문 및 공급유형에서 *구체적 약속*을 정하였을 것
- *둘째*, EC가 관련 부문에 있는 서비스 공급과 해당 공급유형에 영향을 주는 조치를 채택하였을 것
- *셋째*, 문제가 된 *조치*가 외국 및 국내 동종서비스 및 서비스 공급자에게 적용될 것 그리고
- *넷째*, 조치가 외국 서비스/서비스 공급자에게 그들의 국내 서비스/서비스 공급자들에 비하여 *불리한 대우*로 부여되었을 것[59]

GATS하에서 내국민대우 및 최혜국대우의무 간의 유사성은 차별의 상태가 '법에서' 또는 '사실에서' 존재할 수 있다는 것이다. GATS 제17조 제2항은 *법률상(de jure)*뿐만 아니라 *사실상(de facto)* 차별도 내국민대우의무에 의해 규율된다고 명시하고 있다.

회원국이 내국민대우의무에 있어 책임이 있다는 것은 자신의 약속표 목록에 관련 서비스 부문을 기재하고 있음을 의미한다.[60] 그러므로 여기서 생기는 의문은 어느 서비스 부문에 '배출감축'과 결부된 서비스가 속하는가이다.

이 질문에 답하기 위해서 이 장의 '동종서비스' 절에서 제공된 내용을 가져올 수 있을 것이다. 이 절에서 저자는 배출크레딧이 많은 다양한 유형의 프로젝트를

---

59) This four-part test was quoted in Matsushita, Schoenbaum and Mavroidis, above n 2, 662.
60) 이 책 5.4 참고.

통해서 생성된다는 데에 주목했다. 언급했던 것처럼, 탄소 크레딧 프로젝트에 대한 일곱 개의 서로 다른 종류는 다음을 포함한다:

- 재생에너지
- 에너지 효율
- 매립, 석유 및 가스 그리고 기타 메탄 프로젝트
- 천연가스 생산 및 유통 프로젝트
- 연료전환
- 농업, 산림 및 토지 이용[61] 그리고
- 탄소 포집 및 저장[62]

위 목록에 있는 프로젝트 중 하나로부터 배출을 감축하는 서비스는 나머지 다른 프로젝트 유형 중의 하나와 동일한 서비스 부문으로 여겨지지 않을 것이다. 그러므로 특정한 서비스가 회원국의 약속표에 기재되어 있는지 여부는 배출감축 프로젝트의 유형에 달려 있을 것이다. 더욱이, 각각의 서로 다른 프로젝트 유형에 연관된 많은 서비스가 있을 수 있다. 예를 들면, 배출감축 또는 회피 농업프로젝트는 재생에너지를 위한 것과는 상당히 다른 활동을 포함할 것이고, 그 과정에 포함되어 있는 많은 다른 서비스 부문이 있을 것이다. 그러므로 배출크레딧에 관한 제한은 회원국의 약속표 내에서 자유화될 수 있거나 자유화될 수 없는 많은 서비스 부문에 대해 깊은 영향을 줄 수 있다. 내국민대우위반을 결정하기 위해서는 사건별로 고려할 필요가 있을 것이다. 간단히 말하면, 내국민대우의무의 위반이 가능하고, 배출권거래제도에 의해 부과된 제한과 관련하여 위반의 원인에 대한 가능성에는 끝이 없다. 이것은 아래에서 다룰 시장접근과 같은 다른 구체적 약속에서도 마찬가지이다.

---

61) 모든 ACCU 프로젝트는 농업, 임업 그리고 토지사용 프로젝트로 분류될 것이다.
62) Deatherage, above n 26, 177-91.

5.4.3 시장접근

GATS의 핵심적인 목적은 국내 서비스 공급자와 '동등한 관계'로 시장에 대한 자유로운 접근을 제공하는 것이다.[63] 시장접근 규정은 GATS의 제16조에 포함되어 있다. 이들 제한은 다음을 포함한다:

- 서비스 공급자의 수에 대한 제한
- 서비스거래 또는 자산의 총 가치에 대한 제한
- 서비스 운영의 총 수 또는 서비스 산출량의 총량에 대한 제한
- 특정 서비스 부문에 고용될 수 있거나 서비스 공급자가 고용할 수 있는 자연인의 총 수에 대한 제한
- 서비스 공급자가 서비스를 법인 또는 합작회사를 통해서 할 수 있도록 할 때, 이들의 구체적 종류에 제한을 하거나 특정한 유형을 요구하는 조치 그리고
- 외국 자본의 참여에 대한 제한[64]

이들 규정은 일반적으로 GATT의 수량제한금지규정과 비교되는 부분이 많다고 평가된다.[65] 달리 말하면, GATS 시장접근 규정은 회원국이 회원국의 약속표에 목록으로 기재되어 있는 서비스 부문에서 특정 수량제한을 부과하는 것을 금지한다.

내국민대우규정과 유사하게, 회원국은 자신의 약속표에 시장접근의 대상이 되는 서비스를 목록으로 기재해야 한다. 위에서 언급한 것처럼, 배출감축 또는 회피 프로젝트가 속할 수 있는 많은 다양한 서비스 부문이 있다. 그러나 시장접근과 위에서 논의한 내국민대우규정 사이에는 한 가지 근본적인 차이가 있음을 인정하는 것이 중요하다. 제16조에 있는 시장접근 규정은 '동종성'을 요구하지 않는다.

---

63) Cottier and Oesch, above n 54, 830.
64) General Agreement on Trade in Services Article, XVI:2; Van Den Bossche는 이것들을 법적 실체의 형식에 관한 다섯 개의 서로 다른 수량제한 및 한정으로 요약하고 있다. See Van Den Bossche, above n 41, 478.
65) Michael J Trebilcock and Robert Howse, *The Regulation of International Trade* (Routledge, 3rd edition, 2005) 365; Delimatsis, above n 29, 76.

이런 이유로, 어떤 회원국이 관련 서비스 부문에 대한 구체적 약속에 동의한 경우, 그 회원국은 시장접근 규정에 열거되어 있는 유형에 대한 수량제한을 철폐하도록 요구받을 것이다. 시장접근에 관한 분석에서는, *서비스거래의 총액*66) 그리고 *서비스 산출의 총량*67)을 제한하는 것을 금지하는 것도 관련이 있다. 이들 제한은 배출권거래제도 내에 존재하는 유형에 대한 제한을 포괄할 정도로 아주 광범위하게 해석될 수 있다. 그러나 배출권거래제도에 의해 부과된 제한과 관련하여 이의를 제기하는 회원국은 관련제도의 기능으로 인해 피해를 입었음을 입증해야 할 필요가 있다. 그 회원국은 인과관계도 입증해야 하는데, 여기에 특히 어려움이 있을 수 있다. 이는 모든 피해가 배출권거래제도의 제한과 관련이 있어야 함을 의미한다.

5.5 배출권거래와 GATS 내의 금융서비스

GATS는 모든 서비스의 국제무역을 규율한다. 자유무역의 일반원칙과 함께 금융서비스의 국제무역을 위한 구체적 규정도 있다. 금융서비스 규정은 배출단위와 크레딧이 금융상품으로 분류될 수도 있는 특성을 가졌기 때문에 배출권거래제도와 확실히 관련이 있다.68)

GATS가 도입된 이래 글로벌 금융부문에는 상당한 변화가 있었다. 이러한 변화는 효율성 향상과 경쟁심화에서 비롯된 것이다.69) 일반적으로, 금융서비스 부문 하의 약속은 금융서비스약속에 관한 양해(Understanding on Commitments in Financial Services; 이하 금융서비스양해)를 바탕으로 하고 있다.70) 비록 일부 제한이 보험 및 은행서비스71)에 남아 있지만, 이 부문에서 차별을 피해야 할 분명한 의무가 있

---

66) General Agreement on Trade in Services, Article XVI:2(b).
67) Ibid Article XVI:2(c).
68) Clean Energy (Consequential Amendments) Act 2011 (Cth) ss 259-60.
69) Department of Foreign Affairs and Trade, 'Joint Study into the Costs and Benefits of Trade and Investment Liberalisation between Australia and Japan' (Joint Study Report, 2005) 71.
70) Uruguay Round Agreement, *Understanding on Commitments in Financial Services*.
71) Department of Foreign Affairs and Trade, 'Joint Study into the Costs and Benefits of Trade and Investment Liberalisation between Australia and Japan' (Joint Study Report, 2005) 71.

다.[72] 이 부문에 대한 GATS의 약속을 완전히 이해하기 위해서 이 부문의 약속을 뒷받침하는 여러 가지 합의사항을 평가할 필요가 있다.

5.5.1 금융서비스양해

금융서비스의 자유화는 과거의 복잡한 협상의 결과이다. 이들 협상에서 선진국의 목표는 개발도상국 경제에 대한 시장접근성을 확보하고 개발도상국의 금융시장이 약속한 이윤으로부터 혜택을 얻는 것이었다.[73] 그러나 개발도상국은 자유화에 따른 혼합적 결과에 직면했다. 이는 비록 자유로운 금융부문이 외국의 자본시장에 대한 접근성을 높이고 차입비용을 낮추지만, 경쟁이 치열해짐에 따라 국내은행의 잠재적 수익성이 감소될 것이라는 우려를 가져왔다. 이런 우려는 개발도상국이 회원국의 약속표에 대해 기존과 다른 접근방식을 취하게 하였다.[74]

금융서비스의 자유화와 관련한 복잡성은 이와 관련된 문서 및 해석문서 그리고 GATS에 반영되어 있다. 원래 GATS의 일부로 도입되었던 금융서비스양해[75]도 적용가능한 문서에 포함되어 있었다. 금융서비스양해는 GATS 내에서 독특한 지위를 가진다.[76] 그 자체로, 금융서비스양해는 법적 지위를 갖지는 않지만 이의 규정이 회원국의 약속표에 포함되면 그 회원국에 대해 구속력을 갖게 된다. 일단 이런 삽입이 이뤄지면, GATS의 불가분의 일부가 되고 분쟁해결 방식을 통해 시행될 수 있다.[77]

금융서비스양해는 회원국이 이 금융서비스 부문을 위해 약속의 더 높은 기준을 선택하는 것을 허용한다.[78] 또한 모든 외국 금융서비스 공급자에게 비차별적

---

72) 제한에 대한 대상은 수평적 약속에 포함되었다.

73) Erland Herfindahl and Richard W Brown, 'WTO Negotiations in Financial Services: Standing Offers Disappoint' (2007) 41(6) *Journal of World Trade* 1259, 1259.

74) Marchetti and Mavroidis, above n 7, 513.

75) Uruguay Round Agreement, Understanding on Commitments in Financial Services.

76) Armin Von Bogdandy and Joseph Windsor, 'Understanding on Commitments in Financial Services' in Rudiger Wolfrim, Peter-Tobias Stoll and Clemens Feinaugle (eds), *WTO-Trade in Services* (Martinus Nijhoff, 2008) 647, 651.

77) Ibid.

78) Kern Alexander; 'The GATS and Financial Services: Liberalisation and Regulation in Global

접근을 규정하고 있다.[79] 이 약속은 가능한 한 합리적으로 금융서비스 시장을 개방하는 것으로 기술되어 왔다.[80] 유보 없이 양해를 수락한 회원국은 자국의 거주자에게 금융서비스에 관한 부속서(Annex on Financial Services)에 목록으로 기재되어 있는 서비스를 다른 회원국의 영토에도 적용할 의무가 있다. 이것은 paragraph 5(v)에서 (xvi)까지 목록으로 기재되어 있는 특정한 상품을 거래하는 것과 연결된 서비스를 포함한다. 이들 상품은 유통가능한 상품, 금융자산, 그리고 증권을 포함한다. 이는 회원국이 이들 상품의 구매를 제한할 수 없다는 것을 의미하지는 않는다.[81] 오히려 GATS는 이들 상품을 *거래하는 서비스*는 금융서비스양해의 조건을 수락한 회원국 누구에 의해서도 제한될 수 없도록 요구하고 있다. 이와 이 부문을 다루는 기타 합의의 결과로,[82] 금융서비스 부문은 WTO 규칙들을 고려해 볼 때, 전 세계적으로 가장 자유화된 부문 중 하나이다.

5.5.2 금융서비스에 대한 정의

호주의 청정에너지법(Australian Clean Energy legislation)은 배출단위와 크레딧을 2001년 기업법(Corporationa Act(Cth)) 및 2001년 호주 증권 및 투자위원회 법(Australian Securities and Investment Commission Act(Cth))에 규정된 호주의 금융서비스 체제의 목적상 금융상품이라고 선언하고 있다.[83] 더욱이, EU는 최근의 지침에서 EUAs를 금융증서라고 개정한 바 있다.[84] 이 개정의 근거는 시장의 통합을 강화하고 금융시

Financial Markets' in Kern Alexander and Mads Andenas (eds), *The World Trade Organization and Trade in Services* (Martinus Nijhoff, 2008) 561, 570.

79) Ibid.

80) Von Bogdandy and Windsor, above n 76, 646.

81) Erich Vranes, 'Climate Change and the WTO: EU Emission Trading and the WTO Disciplines on Trade in Goods, Services and Investment Protection' (2009) 43(4) *Journal of World Trade* 707, 723.

82) Alexander, above n 78, 569.

83) Australian Securities and Investments Commission, 'Carbon Markets: Training and Financial Requirements' (Consultation Paper No 175, ASIC, March 2012) 7; Corporations Act 2001 (Cth) s 764A.

84) Directive 2014/65/EU of the European Parliament and of the Council of 15 May 2014 on markets in financial instruments and amending Directive 2002/92/EC and Directive 2011/61/EU

장의 효율적인 기능을 보호하는 것이었다. 그 결과로 이들 허용량(allowances)과 크
레딧이 금융증서로 전 세계적으로 인정되고 있다는 주장이 있다. 배출단위와 크레
딧이 WTO의 맥락에서 금융증서라는 것을 확인하기 위해서는 WTO에서의 개념정
의가 필요하다. GATS의 부속서에 들어 있는 금융서비스의 개념정의는 다음 사항
에 대한 '자기계정 또는 고객계정을 위한' 거래를 포함하고 있다:

(A) 금전시장 증서(수표, 어음, 양도성 정기예금증서를 포함)
(B) 외환
(C) 선물 및 옵션 거래 등을 포함하나 이에 한정되지 않는 파생상품
(D) 스와프, 선도금리계약 등과 같은 상품을 포함하는 환율 및 이자율 증서
(E) 양도성 증권
(F) 금괴를 포함하여 기타 유통가능한 증서 및 금융자산[85]

　　최근까지 이들의 개념을 명확히 하는 WTO 분쟁은 없었다. 2012년 8월 회원
국들은 *China−Electronic Payment Services*[86]의 결정을 채택했다. 이 사건에서,
패널은 '금융자산'은 이것의 '보통의 통상적인 의미'에 따라 해석되어야 하다고 선
언했다.[87] 확실히, 통상적으로 받아들여지는 개념정의가 이들 각각의 용어에 적용
된다면, 배출단위와 크레딧은 양도성증권, 유통가능한 증서 또는 금융자산의 범주
중의 하나에 포함될 수 있다.

5.5.2.1 유통가능한 증서

　　Crouch v Credit Fonder of England Ltd[88]라는 영국의 사건에서, Blackburn
J는 유통가능한 증서(negotiable instrument)의 전통적인 정의를 분명하게 표현했다:
"어떤 증서가 현금처럼 인도에 의해 양도가능한 거래관습에 의하는 경우, 그것은

Text with EEA relevance [2014] OJ L173.
85) General Agreement on Trade in Services, Annex on Financial Services [5] (emphasis added).
86) Panel Report, *China-Certain Measures Affecting Electronic Payment Services*, WTO Doc WT/DS413/R (16 July 2012).
87) Ibid [7.141].
88) *Crouch v Credit Fonder of England Ltd* (1873) LR 8 QB 374.

유통가능한 것으로 고려될 자격이 있다."[89] 그러므로 "유통가능한 증서는 단순한 인도에 의해 현금처럼 양도될 수 있고 가치에 대한 선의의 소지인(bona fide holder)은 통지 없이 이전의 주식과 무관하게 법적으로 하자 없는 권원을 가진다."[90] 이것은 "무형의 문서의 본질은 상업적 표현으로 권리는 문서와 함께 다닌다"[91]는 것을 의미한다.

유통가능성이라는 개념은 증서의 권원과 소유자들 사이에서 이 권원의 이전 가능성의 성질에 달려 있다. 증서가 유통가능하기 위해서, 권원은 증서가 인도되자마자 이전되어야 한다. 이 개념정의를 전혀 형태가 없는 증서에 적용하는 것에는 어려움이 있다. 유통가능성을 논의할 때 Ma가 제안하고 있는 것처럼 "대부분의 법체제가 "현장에서 즉시 시각적으로 확인할 수 있는 유형의 원본 종이문서"를 요구하기 때문에 많은 사람들이 이 기능을 전자적으로 대체하기가 가장 어렵다고 생각한다."[92]

법원은 다음의 증서는 유통가능한 증서의 성질을 갖고 있지 않다고 결론 내렸다:

- 주권
- 소액환
- 우편환
- 은행가의 예금통지
- 상업신용장
- 차용증서 그리고
- 선하증권[93]

---

89) Ibid 38-82 cited in Alan Tyree and Prudence Weaver, *Weerasooria's Banking Law and the Financial System in Australia* (LexisNexis Butterworths, 6th edition, 2006) 93.

90) Lawbook, The Laws of Australia (at 1 October 2010) 18 *Finance, Banking and Securities*, 'Negotiable Instruments' [18.5.10].

91) Ewan McKendrick, Goode on Commercial Law (LexisNexis, 4th edition, 2009) 53.

92) Winnie Ma, 'Lading Without Bills-How Good is the Bolero Bill of Lading in Australia?' (2000) 12(2) *Bond Law Review* 204, 207.

93) Tyree and Weaver, above n 89, 94.

이러한 견해를 근거로 패널 또는 상소기구는 배출권을 유통가능한 증서로 생각하지 않을 것이다. 이것은 단순히 소유권이 등록기관과 연계되어 있으므로 보유자가 어떤 종류의 배출권을 인도로 양도할 수 없기 때문이다.[94]

5.5.2.2 양도성 유가증권

배출권이 유통가능한 증서가 아니겠지만, 이들은 '유가증권(securities)'의 범위 내에 들 것이다.[95] 유가증권에 대한 사전적 정의 중 하나는 유가증권이 네 개의 요건을 가지고 있다고 여긴다:

- 발행인 또는 어음발행인이 그 증서에 서명한다.
- 그 증서는 명시된 금액의 금전을 지불할 무조건적인 약속 또는 명령을 포함한다.
- 그 증서는 요구로 또는 정한 시일에 지불가능하다. 그리고
- 그 증서는 주문자 또는 소지자에게 지불가능하다.[96]

분쟁이 발생하는 경우 패널 또는 상소기구가 일반적 정의를 채택하겠지만, GATS에서 '유가증권'이라는 용어는 이 의미에 대한 사법적 판단이 아직 없었기 때문에 불명확하다. 그러므로 유가증권의 의미를 명확하게 하기 위해서는 종합적으로 좀 더 자세한 내용을 다룰 필요가 있다.

*Encyclopaedic Legal Dictionary*는 유가증권을 다음과 같이 정의하고 있다:

구매자에 의해 명시된 목적을 위해 투자된 자금을 대신하여 정부에 의해 발행된 *문서*, 그러한 증권은 *시장성*이 있다. 여기에는 관리된 투자계획에서 채권, 채무증서, 주식, 단위 그리고 경과이자가 포함된다. 구매자와 차용자 간의 관계는 각 경우마다 다르며 일부 유가증권은 고정 이자율과 만기일을 가진다. 주식의 경우 소득, 가격의 등귀, 또는 청산의 경우에 궁극적으로 회수의 확실성 없이 자금이 투자된다.[97]

---

94) Keyzer et al, 'Carbon Market Integrity: A Review of the Australian Carbon Pricing Mechanism' (Report, The Carbon Market Institute, March 2012) 17.

95) Sikina Jinnah, 'Emissions Trading Under the Kyoto Protocol: NAFTA and WTO Concerns' (2003) 15(4) *Georgetown International Environmental Law Review* 709, 741.

96) Ibid.

'유가증권'은 다음과 같이도 정의되어 왔다: "증권이라는 용어는 채권, 무담보 채권, 주식, 수표 그리고 유통가능한 증서와 같이 발행인에게 투자한 자금에 대한 대가로 기업이 발행한 문서의 맥락에서 사용된다."[98]

이들 정의는 세 개의 중요하고, 공통된 요소를 가지고 있다. 우선, 증권은 자격권원이다. 즉, 그 정의는 모두 자격부여에 대한 대가로 금전의 투자를 요구한다. 자격의 성질은 증권의 종류에 따라 달라질 수 있다. 주식의 경우, 기업의 지명된 부분에 대한 권한이다. 증권 개념정의에 있어, 이러한 측면은 배출권에서도 발견된다. 배출권이 반드시 지정된 금액의 돈을 받을 권리를 나타내는 것은 아니지만, 그럼에도 불구하고 배출권은 가치에 대한 자격이다.

유가증권의 개념에서 명백한 두 번째 특징은 양도가능해야 한다는 것이다. 금융서비스에 관한 부속서(Annex on Financial Services)는 *양도성 유가증권(transferable securities)*에 관해 언급함으로써 이를 좀 더 명확하게 만들고 있다. 배출권은 기업 간에 당연히 양도될 수 있으므로 개념정의에 있어 이 측면이 충족된다.[99] 위의 유가증권에 대한 개념정의에서 명시된 마지막 요건은 증권이 문서의 형태라는 것이다. 누군가는 문서가 유형을 요구한다고 생각할 수 있지만, '문서'에 대한 전통적인 개념정의에서는 전자적 데이터도 문서가 될 수 있음을 언급하고 있다.[100] 그러므로 배출권의 무형성에도 불구하고, 전자적 등록은 이 요건을 충족시킨다.[101] 결과적으로 배출권은 GATS의 목적상 양도성 유가증권으로 분류될 수 있다.

---

97) LexisNexis Australia, *Encyclopaedic Australian Legal Dictionary* (at 9 February 2012) (emphasis added).

98) Murray Lord and Jonathon Oldham, 'Security Techniques' in Corina Brooks (ed.), *Australian Finance Law* (Lawbook Co., 2008) 482, 483 (emphasis added).

99) Clean Energy Act 2011 (Cth) s 104.

100) Catherine Soanes, Sara Hawker and Julia Elliot (eds), *Oxford English Dictionary* (Oxford University Press, 6th edition, 2010) 219.

101) See Electronic Transactions Act 1999 (Cth) s 4. 이 법률은 문서를 생산할 요건으로 전자적 형태가 충족될 수 있다는 것을 보장하고 있다. 이것이 전자문서에 대한 국제적 입장이기도 하다. Lawbook, *The Laws of Australia* (at 15 October 2009) 8 *Contracts*, 'Electronic Contracts' [8.9.640].

5.5.2.3 금융자산

국제회계기준은 금융자산을 다음과 같이 정의한다:

(a) 현금
(b) 타 실체로부터 현금 또는 다른 금융자산을 수령할 수 있는 계약상 권리
(c) 잠재적으로 우호적인 조건하에서 또 다른 실체와 금융증서를 교환할 계약상 권리, 또는
(d) 또 다른 실체의 주식증서[102]

금융자산의 종류에는 일반적으로 주식 및 채권[103]과 같은 항목과 부동산이 창출하는 소득에 대한 채권이 포함된다.[104] 금융자산은 보통 투자증서와 결합되어 있다.[105] 또한, 금융자산은 일반적으로 공개시장에서 구매 및 판매될 수 있다.[106] 저자는 모든 유가증권은 금융자산으로 볼 수 있다고 제안한다. 그러나 금융자산은 유가증권이 아닌 증서도 포함할 수 있다.

대부분의 유형의 배출권은 양도성 유가증권으로 분류될 것으로 예상된다. 이는 배출권도 금융자산으로 분류되어야 한다는 것을 의미한다. 흥미롭게도, 패널은 특별히 유가증권 및 기타 유형의 금융증서를 보조금 및 상계조치에 관한 협정 (Agreement on Subsidies and Countervailing Measures; 이하 SCM협정) 내에서 '상품'으로 분류하는 것을 배제하였다.[107] 이러한 배제는 배출권이 GATT가 생각하는 '상품'

---

102) Accounting Standard AASB 1030: Application of Accounting Standards to Financial Year Accounts and Consolidated Accounts of Disclosing Entities other than Companies; Barry J Epstein and Abbas Ali Mirza, *Wiley IAS 2002: Interpretation and Application of International Accounting Standards* (John Wiley & Sons, 2002) chapter 5.

103) Shayne McGuire, *Hard Money: Taking Gold to a Higher Investment Level* (John Wiley & Sons, 2010) 80.

104) Cheng Few Lee and Alice C Lee, 'Terminology and Essays' in Cheng Few Lee and Alice C Lee (eds), *Encyclopedia of Finance* (Springer, 2006) 1, 119.

105) Lexis Nexis, *Personal Property Securities in Australia* (at 23 April 2012) 'Proceeds' [4.10.250].

106) Ibid.

107) Panel Report, *United States-Preliminary Determinations with Respect to Certain Softwood Lumber from Canada*, WTO Doc WT/DS236/R (27 September 2002) [7.22].

이 될 수 있는지 여부에 대한 검토와 관련이 있다. 이런 관련성이 인정될지라도, WTO법에서는 어떤 대상에 하나 이상의 정체성이 부여될 수 있음을 염두에 두는 것이 중요하다.[108]

5.5.3 금융상품으로 배출권을 취급할 경우 초래되는 결과

5.5.3.1 서 론

배출권이 GATS의 목적상 금융상품이라면, 이 협정에 따라 이들 증서의 *거래*에 대해 의무가 부과된다. GATS가 규율하는 것은 배출권 자체라기보다 배출권에 대한 *거래행위*이다.[109]

배출권이 금융증서라는 사실이 함축하는 의미는 약속표를 고려해야만 완전히 이해할 수 있다. 다수의 WTO 회원국은 경제협력개발기구(Organisation for Economic Cooperation and Development)의 일부를 구성한다. 이 기구의 회원국은 금융서비스양해 및 GATS에 대한 제5차 의정서(the Fifth Protocol to the General Agreement on Trade in Services)를 통해서 금융서비스무역을 완전히 자유화했다.[110] 결과적으로, 관련 관할 내에서 금융서비스 부문의 규제는 GATS의 일반적 및 구체적 약속에서 나오는 의무를 따라야 한다.[111] 이에 더하여, 유보 없이 양해를 수락한 회원국은 자국의 거주민이 어느 다른 회원국의 영토에서 GATS의 paragraph 5(v)에서 (xvi)까지 있는 '금융서비스에 관한 부속서'에 열거되어 있는 *금융서비스*를 구매하는 것을 허용할 의무가 있다.[112] 이들 금융서비스는 금융자산 및 유가증권의 거래를 포함

---

108) GATT Panel Report, *Canada-Measures Affecting the Sale of Gold Coins*, GATT Doc L/5863 (17 September 1985 (unadopted) [23].

109) Gary Clyde Hufbauer, Steve Charnovitz and Jisun Kim, *Global Warming and the World Trading System* (Peterson Institute for International Economics, 2009) 62, footnote 109. 이 저서의 논평가들은 비록 배출허용량(emissions allowances)의 거래가 GATS의 금융서비스라고 할지라도, 배출허용량이 그 자체로 금융서비스라는 것을 암시할 것이 전혀 없다고 제시하고 있다.

110) Fifth Protocol to the General Agreement on Trade in Services, WTO Doc S/L/45 (3 December 1997); Jinnah, above n 95, 742. 이 코멘터리에서, Jinnah는 캐나다가 GATS 구체적 약속을 통해서 금융서비스를 자유화했다고 제시하고 있다. 캐나다는 호주가 그런 것처럼 금융서비스 약속에 관한 양해를 수용하고 있다.

111) General Agreement on Trade in Services, Article XVII.

한다.113)

이런 점에서 배출권은 그것 자체는 '금융서비스'가 아니다.114) 그보다 서비스인 것은 이들 배출권의 거래이고 그러므로 거래에 대한 규제는 GATS 의무를 준수해야 한다. 이것은 중개업, 상담 또는 달리 금융상품115)을 다루는 것과 같은 거래와 연관된 외국서비스가 관련 관할권 내에서 허용되어야 한다는 것을 의미한다. 이것은 모든 유형의 금융상품이 이용가능해야 함을 의미하는 것은 아니다. 또한 모든 금융상품이 국내관할 내에서 동일한 규제를 받아야 한다는 것을 의미하는 것도 아니다.

외국서비스 공급자가 이들 상품을 판매하는 데 참여할 수 있도록 하려면 서비스 공급자는 그 상품을 소유할 자격이 있어야 한다. 배출권의 소유권은 각 배출권 제도의 범위 내에서 규제된다. 예를 들면, EU ETS 지침은 누구든지 배출권 허용량을 보유할 수 있다고 기술하고 있다.116) 이와 유사하게 호주의 제도에서 소유권은 2011년 호주 배출권 국가등록법(Australian National Registry of Emissions Units Act 2011 (Cth))에 의해 규제된다. 누구든지 배출권을 보유할 수 있지만,117) 등록계정을 개설하기 위한 절차는 2011년 호주 배출권 국가등록규정(Australian National Registry of Emissions Units Regulations 2011 (Cth))에 공표된다. 외국인은 등록계정을 개설하는 것에서 배제되지 않는다. 그러나 그들은 다른 식별절차의 대상이 된다.118)

---

112) Understanding on Commitments in Financial Services, Article B4(c) cited in Vranes, above n 81, 723.

113) 금융서비스 약속에 관한 양해 B4(c)는 다음과 같이 기술하고 있다: "각 회원국은 어느 다른 회원국의 영토에서 자국의 거주민이 부속서의 (c) subparagraphs 5(a)(v)에서 (xvi)에 표시된 금융서비스를 구매하는 것을 허용한다." 부속서 5(a)(x)는 다음을 포함하고 있다: (x) 자신의 계좌 또는 고객의 계좌를 위해 장외시장에서 또는 그와 반대로/다른 것이든 교환으로 다음: (E)양도성 증권; (F)금괴를 포함하여 기타 유통증권 및 금융자산의 거래.

114) Hufbauer, Charnovitz and Kim, above n 109, 62 footnote 109.

115) Australian Securities and Investment Commission, 'Doing Financial Services Business In Australia' (Regulatory Guide No. 121, ASIC, April 2011) 9.

116) Directive 2003/87/EC of the European Parliament and of the Council of 13 October 2003 establishing a scheme for greenhouse gas emission allowance trading within the Community and amending Council Directive 96/61/EC [2003] OJ L275/46, 32 Article 19.2.

117) Australian National Registry of Emissions Units Act 2011 (Cth) s 4, 누구든지(any person)는 개인, 법인, 신탁, 단독법인, 정치적 통일체 그리고 지방정부기관을 포함하는 것으로 광범위하게 정의된다.

118) Australian National Registry of Emissions Units Regulations 2011 (Cth) Schedule 2.

배출권을 금융증서에 포함하는 것은 이들 배출권을 소유하고 거래할 자격이 외국서비스공급자에게 개방되어야 한다는 것을 의미한다. 금융서비스무역을 자유화한 회원국에게는 그 이상의 부담이 주어지지 않는다. 따라서 배출권 시장에서 거래할 요건이 다른 유형의 시장보다 더 제한적이지 않는 한, 이러한 의무를 준수하는 데 어떠한 어려움도 없을 것이다. 그러나 배출권거래제도 및 금융서비스 자유화의 준수와 관련하여 제기될 수 있는 한 가지 쟁점이 있다. 바로 시장접근 요건이다.

5.5.3.2 시장접근과 금융서비스

배출권의 거래가 금융서비스이기 때문에 시장접근 규정은 GATS의 준수와 관련이 있다. GATS 시장접근 규정은 서비스의 여러 행위 중에서 다음을 금지한다:

- 서비스 공급자의 수에 관한 제한
- 서비스거래 또는 자산의 총액에 관한 제한[119]

이런 이유로, 배출권을 거래할 수 있는 실체에 대한 제한이 있는 경우, 이 규정에 대한 위반이 성립될 수 있다. 이런 유형의 제한은 배출권거래제도에 의해서는 일반적으로 부과된 적이 없다.

서비스거래 총액제한에 관한 두 번째 금지는 EU ETS 및 다른 제도에서의 제한에 의해서 위반된 적이 있음이 좀 더 쉽게 입증될 수 있다. 특정한 국제배출권에 대한 수량제한 또는 배제는 실제로 배출권거래시장에서 서비스거래의 총액을 제한할 수 있다. 이 제한이 시장접근 요건을 위반하기 위해서, 명시적으로 그 제한을 언급할 필요는 없다는 것을 제시하는 몇 가지 증거가 있다. *Mexico–Telecomes* 사건에서 패널은 다음과 같이 기술했다:

이 요소는 시작부분에 대한 임차능력의 국경 간 공급을 명시적으로 금지하지 않지만, 종료부분에 대한 임차능력의 공급은 금지된다는 것을 의미한다. 그러므로, 이

---

119) General Agreement on Trade in Services, Article XVI.

요소는 임차능력에 대한 서비스의 국경 간 공급 가능성을 효과적으로 없앤다. 이런 의미에서 … 전송 제한은 제16조 제2항 (a)호, (b)호 그리고 (c)호의 범위 내에 속한다.[120]

이런 이유로, 국제배출권의 제출에 관한 배출권거래제도 내에서 제한은 시장 접근 규정을 침해할 가능성이 있다. 금융서비스 부문이 많은 회원국에 의해 완전히 자유화되었기 때문에, 예외조항 중의 하나를 사용하여 이들 제한을 정당화할 필요가 있을 것이다. 금융서비스 부문에는 특유의 '신중한 별도취급(prudential carve-out)' 규정으로 알려진 예외가 있다.

5.5.3.3 '신중한 별도취급'[121]

양해 및 금융서비스 협정(Understanding and the Financial Services Agreement)을 통한 금융서비스의 자유화는 금융체계의 안정성을 추구하는 조치에 의해 균형이 이뤄져야 한다.[122] GATS는 이러한 이유로 회원국에게 예외를 규정하고 있다.

금융서비스에 관한 부속서(Annex on Financial Services)의 두 번째 단락은 '신중한 별도취급'으로 알려져 있는데, 기본적으로 금융서비스를 위한 광범위한 예외를 규정하고 있다. 이는 국내입법자에게 금융서비스 공급을 규제할 일정한 수준의 자율성을 부여한다. 그 부속서의 관련 단락은 다음과 같이 기술하고 있다:

> 이 협정의 그 밖의 규정에도 불구하고, 회원국은 투자자, 예탁자, 보험계약자 또는 *금융서비스 공급자*가 신용상의 의무를 지고 있는 자의 보호를 위한 조치 또는 *금융제도*의 보전과 안정성을 확보하기 위한 조치등과 같은 합리적인 이유를 위한 조치를 취하는 것을 방해받지 아니한다.[123]

이는, 예를 들어 설명하면, 탄소시장이 금융체계의 통합과 안정성에 필수적이

---

120) Panel Report, *Mexico-Measures Affecting Telecommunications Services*, WTO Doc WT/DS204/R (2 April 2004) [7.86] (emphasis added).

121) Von Bogdandy and Windsor, above n 76.

122) Alexander, above n 78, 584.

123) General Agreement on Trade in Services, Annex on Financial Services (emphasis added).

라면, 정부는 그 시장의 기능을 보호하기 위해서 '신중한 조치'를 취할 상당한 여지를 가질 것이라는 것을 의미한다.[124]

'금융체계'라는 용어는 예금자에서 대출자로의 자금의 흐름을 나타낸다. 이것은 금융시장과 금융기관으로 구성된다.[125] 금융시장은 금융자산이 거래되는 거래소와 '장외시장'이다.[126] 이 체계의 완전성과 안정성은 의외로 많은 방법으로 타격을 입을 수 있다. 금융체계와 불가분의 일부를 형성하는 거래소 또는 시장 중 하나의 불안정성은 체계 전체에서 동일한 불안정성을 초래할 수 있다. 이것이 받아들여진다면, 배출권거래시장의 완전성은 배출권거래시장을 운영하는 금융체계의 안정성에 결정적 요건이라고 주장할 수 있다.

GATS 규정에 대한 일반예외는 이 장의 다음 절에서 보다 자세하게 논의된다. 이러한 예외를 위해서 필요성 테스트가 요구되는데, 이것은 높은 수준의 입증 책임을 부과한다.[127] 필요성 테스트는 회원국에게 어떠한 합리적인 대안도 이용할 수 없었다는 것을 입증하도록 강제한다. '신중한 별도취급'에 있어서는 그러한 필요성 테스트가 요구되지 않는 것으로 보인다. 그 결과 신중한 예외는 다른 예외규정들과 비교할 때 '유연하고 어느 정도 주관적'이라고 평가할 수 있다.[128]

그럼에도 불구하고, '신중한 예외'의 두 번째 문장은 그 규정의 의미에 상당히 혼동을 준다. 두 번째 문장에는 다음과 같이 기술되어 있다: "이러한 조치는 협정의 규정과 합치하지 아니하는 경우 협정에 따른 회원국의 약속이나 의무를 회피하는 수단으로 사용되지 아니한다."[129] 이 문장은 동 규정의 적용범위를 다소 불명확하게 만든다.[130] 따라서, 달리 명확한 범위가 다루어지지 않는 한, 필요성 테스

---

124) Robert Howse and Antonia Eliason, 'Domestic and International Strategies to Address Climate Change: An Overview of the WTO Legal Issues' in Thomas Cottier, Olga Nartova and Sadeq Z Bigdeli (eds), *International Trade Regulation and the Mitigation of Climate Change* (Cambridge University Press, 2009) 48.

125) Tyree and Weaver, above n 89, 3.

126) Ibid.

127) 이 책 5.6 참고.

128) Wei Wang, The Prudential Carve-out' in Kern Alexander and Mads Andenas (eds), *The World Trade Organization and Trade in Services* (Martinus Nijhoff, 2008) 601, 604.

129) General Agreement on Trade in Services, Annex on Financial Services (emphasis added).

130) Wang, above n 128, 605.

트131)는 무엇이 모호한 예외인지에 대한 절충안 정도를 제공한다고 볼 수 있을 것이다.132)

5.6 GATS 일반예외

GATS의 일반예외는 GATS 제14조 및 제14조의2에 규정되어 있다. 이들 예외는 구체적 약속을 포함하여 모든 GATS 의무에 적용된다.133) GATS 제14조는 GATT 제20조 (b)호와 매우 유사한 예외를 포함하고 있다.

5.6.1 제14조와 생명 또는 건강의 보호

제14조 내에는 다섯 가지 범주의 예외가 있다. 이들 중 하나가 배출권거래제도에 대한 분석에 적용가능하다. 이 예외는 "인간, 동물 또는 식물의 생명 또는 건강을 보호하기 위하여 필요한" 조치를 허용한다.134)

GATS 제14조는 다음과 같이 기술하고 있다:

아래의 조치가 유사한 상황에 있는 국가 간에 자의적 또는 정당화될 수 없는 차별의 수단이 되거나 혹은 서비스 무역에 대한 위장된 제한을 구성하는 방식으로 적용되지 아니한다는 요건을 조건으로, 이 협정의 어떠한 규정도 이러한 조치를 채택하거나 시행하는 것을 방해하는 것으로 해석되지 아니한다. … 인간, 동물 또는 식물

---

131) 다시 말해 금융체계의 통합과 안정을 위해 조치가 필요하다는 것.

132) Wang, above n 128, 606은 완전히 신중한 자치권을 전혀 가지지 않는 네 가지 가능한 해석이 있다는 것을 제안한다. 별도취급 규정의 포함은 의도적인 것이 아니므로 후자는 있을 것 같지 않다. 같은 맥락에서 두 번째 문장도 목적을 위해 포함된 것이므로 그 둘 사이의 타협이 필요한 것처럼 보인다.

133) Panel Report, *United States-Measures Affecting the Cross-Border Supply of Gambling and Betting Services*, WTO Doc WT/DS285/R (10 November 2004); Appellate Body Report, *United States-Measures Affecting the Cross-Border Supply of Gambling and Betting Services*, WTO Doc WT/DS285/AB/R (7 April 2005).

134) The General Agreement on Trade in Services, Article XIV(b).

의 생명 또는 건강을 보호하기 위하여 필요한 조치.

GATT와 GATS의 유사성은 *EC—Bananas III* 사건의 결정에 반영되었다. 이 분쟁에서 GATS 제14조의 적용을 이해하기 위해서 GATT 제20조에 관한 법리가 검토되었다. 이러한 방식은 *US—Gambling* 사건에서도 채택되었다.135) 이 사건에서 상소기구는 GATS 제14조가 충족되기 위해서 2단계 테스트를 요구한다고 결론 내렸다:

패널은 우선 문제가 된 조치가 제14조의 *하부조항 중의 하나의 범위 내에 속하는지를* 결정해야 한다. 이것은 문제가 된 그 조치가 그 하부조항에서 구체화된 특정한 이익을 다루고 있고 그 조치와 보호되는 이익 사이에 충분한 연관성(sufficient nexus)이 있을 것을 요구한다. 그 조치와 보호되는 이익 사이에서 요구되는 연관성 또는 '연관의 정도'는 '관련된(relating to)' 그리고 '필요한(necessary to)'과 같은 용어의 사용을 통해서 그 하부조항 자체의 표현에 구체화되어 있다.136) 문제가 된 조치가 제14조의 하부조항 중의 하나에 포함된다고 결정되면, 패널은 다음으로 *그 조치가 제14조의 두문의 요건을 충족하는지를 고려해야 한다고* 보았다.137)

상소기구의 이런 논증은 다음과 같이 요약될 수 있다. 첫째, 예외에서 식별되는 이익은 문제가 된 조치의 목적과 함께 검토되고 비교되어야 한다. 이 경우에 그 이익은 인간, 동물 또는 식물의 생명 또는 건강의 보호이다.

두 번째 요소는 그 조치와 그 이익 사이에 연관성이 있고 충분해야 한다는 것을 요구한다. 이 연관성은 보호를 위해 '필요한' 것으로 고려되기에 충분히 밀접한 것이어야 한다. 마지막으로 GATT 제20조 예외에서 요구되듯이 두문의 요건이 충족되어야 한다.

---

135) Appellate Body Report, *United States-Measures Affecting the Cross-Border Supply of Gambling and Betting Services*, WTO Doc WT/DS285/AB/R (7 April 2005) [292].

136) Appellate Body Report, *United States-Standards for Reformulated and Conventional Gasoline*, WT/DS58/AB/R, (adopted 6 November 1998).

137) Appellate Body Report, *United States-Measures Affecting the Cross-Border Supply of Gambling and Betting Services*, WTO Doc WT/DS285/AB/R (7 April 2005) [292] (emphasis added) quoted in Van Den Bossche, above n 41, 653.

5.6.1.1 인간, 동물 또는 식물의 생명 또는 건강을 보호하기 위하여 '필요한'

GATS 제14조 (b)호의 예외에 대해 검토한 분쟁은 지금까지 없었다. 그럼에도 불구하고 이 하부조항은 GATT 제20조 (b)호와 동일하다. GATT하의 두문에 대한 판례법(case law)이 GATS 예외를 위해 검토될 수 있는 것처럼, 하부조항 요건에 관한 분쟁에서도 그럴 수 있다.

이 예외에 근거하여 확립되어야 하는 첫 번째 기준은 인간, 동물 또는 식물의 생명 또는 건강이 보호되는 것이다. 분쟁해결기구는 그 확인된 이익을 광범위하게 해석해왔다. 이것은 어떤 조치에 의해 인간, 동물 또는 식물의 생명 또는 건강에 대한 위협이라는 위험이 감소되는 것을 식별하기에 충분하다는 것을 의미한다.[138] 그러므로 회원국이 이 예외를 적용하길 원하는 경우, 이해관계가 있음을 확인하는 것은 비교적 간단하다.

이 예외의 적용가능성을 나타내는 두 번째 기준은 정책수단이 보호를 달성하기 위해 '필요'해야 한다는 것이다. *Korea−Imported Beef* 사건에서 '필요한'의 의미가 검토되었다.[139] 이 사건에서 패널은, '필요'의 정도에 대한 의미를 모두 포괄하는 수평선이 있고, 그 수평선의 시작을 '필수적인'으로, 끝을 '기여하는'의 수준으로 상정하였다.[140] 여기에서 패널은 '필요한'의 의미는 이 수평선에서의 '필수적인'에 더 가깝다고 결론 내렸다.[141]

제14조 예외의 다른 하부조항을 참고한 것이었지만 GATS 예외의 이 기준이 분쟁에서 검토된 적이 있다. 이에도 불구하고 그 논증은 여기에서 적용가능하다. *US−Gambling* 사건에서 상소기구는 '필요성'을 식별하기 위해서 패널이 다음을 평가해야 했다고 결론 내렸다:

---

138) Christopher Tran, 'Using GATT, Art XX to Justify Climate Change Measures in Claims under the WTO Agreements' (2010) 27 *Environmental and Planning Law Journal* 346, 351.

139) Appellate Body Report, *Korea-Measures Affecting Imports of Fresh, Chilled and Frozen Beef* WT/DS161/AB/R, WT/DS 169/AB/R (11 December 2000).

140) Ibid.

141) *WTO Analytical Index*, above n 34, 270.

- 추구하는 규제목적의 상대적 중요성
- 추구하는 목적의 실현에 이용되는 수단의 기여 그리고
- 국제무역에서 이용되는 수단의 제한적 효과. 이 임무를 수행할 때, 패널은 추구하는 목적을 실현하는 데 덜 제한적이면서 합리적으로 이용가능한 다른 대안이 없음을 확실히 해야 한다.[142]

이 검토방법은 매우 엄격한 기준이다. 그래서 회원국은 '필요성'을 기반으로 한 어떤 예외를 이용하는 수단을 정당화하려고 시도할 때에 어려움에 직면하게 된다.

5.6.1.2 두 문

GATS 예외의 두문은 GATT 제20조에 포함되어 있는 두문과 거의 동일하다.[143] 따라서, GATT 제20조 두문에 부여된 의미와 동일한 의미가 GATS 예외의 두문으로 확대될 수 있다. 이런 제안을 뒷받침하는 증거는 *US−Gambling* 사건에서 볼 수 있다. 이 사건의 패널은 GATT 제20조하에서 적용되는 것과 같은 동일한 요건이 제14조 규정에 적용될 수 있다고 제안했다.[144] 패널은 *US−Gasoline*[145] 및 *US−Shrimp*[146]와 같은 GATT 사건을 고려했고 두문이 충족되기 위해서 적용의 일관성이 요구된다고 결론 내렸다.[147] 상소기구는 패널의 결정을 인정했지만, 두문의 적용에 대한 일관성이 차별취급에 대한 개별적인 예시들이 아니라 집행의 양상을 통해서만 입증될 수 있다고 강조했다.[148]

---

142) Matsushita, Schoenbaum and Mavroidis, above n 2, 636.

143) 이 책 4.3.5 참고.

144) Panel Report, *United States-Measures Affecting the Cross-Border Supply of Gambling and Betting Services*, WTO Doc WT/DS285/R (10 November 2004) [6.581] cited in Van Den Bossche, above n 41, 663.

145) Appellate Body Report, *United States-Standards for Reformulated and Conventional Gasoline*, WT/DS58/AB/R (adopted 6 November 1998).

146) Appellate Body Report, *United States-Import Prohibition of Certain Shrimp and Shrimp Products*, WT/DS58/AB/R (1998).

147) Panel Report, *United States-Measures Affecting the Cross-Border Supply of Gambling and Betting Services*, WTO Doc WT/DS285/R (10 November 2004) [6.584].

148) Appellate Body Report, *United States-Measures Affecting the Cross-Border Supply of Gambling*

5.6.2 배출권거래제도에 GATS의 '생명보호' 예외의 적용

피해를 입은 당사국은 특정 종류의 배출크레딧의 제외 또는 제한에 근거하여 배출권거래제도상의 차별을 주장할 수 있다. 예를 들어, 회원국은 다른 유형의 배출크레딧에 그에 상응하는 제한이 없는 경우에 국제적으로 발행된 크레딧의 제한을 통해 차별이 발생했다고 주장할 수 있다. 일부 논평가들은 이러한 제한은 단지 배출권의 합법성을 감소시키는 보호주의적 조치라고 조언한다.[149]

GATT 제20조 예외와 관련하여 제4장에서 논의된 바와 같이, 제14조 예외는 '동종성' 기준을 입증할 필요가 없는 경우에 어떠한 위반이라도 정당화한다는 점에서 유용할 수 있다. 예를 들어, 제16조에 있는 시장접근 규정의 위반은 시장을 제한없이 개방하는 것이 배출권거래의 환경적 신뢰성을 약화시킨다는 것을 근거로 정당화될 수 있다.

GATS 예외규정은 고갈가능한 천연자원의 보존과 관련이 있는 조치에 적용되는 GATT 제20조 (g)호에 상응하는 조항을 포함하고 있지 않다. GATT 제20조 (g)호는 해당 조치가 천연자원의 보존과 관련하여서만 필요하다는 것을 근거로 하여 좀 더 쉽게 충족될 수 있다. 이것은 GATT 제20조 (b)호와 GATS 제14조 (b)호하에서 요구하는 '필요성'의 입증책임을 제거해 준다. 이런 이유로 GATS의 의무위반이 입증되는 경우, 그 정당화는 GATT하에서 보다 더 어려울 것이다.

5.6.3 제14조의2와 국가안보

GATS 예외인 제14조의2에서 사용된 표현은 GATT 제21조 예외의 표현과 매우 유사하다.[150] GATT에 포함되어 있는 제21조 예외와는 달리, GATS의 국가안보

---

and Betting Services, WTO Doc WT/DS285/AB/R (7 April 2005) [356] cited in Matsushita, Schoenbaum and Mavroidis, above n 2, 640.

149) Annabel Hepworth, 'BP Joins Battle Against Cap on Foreign Carbon Permits', *The Australian* (online), 29 February 2012, www.theaustralian.com.au/national-affairs/climate.

150) 그 두 규정 간의 상당한 차이는 GATT 1994 예외는 통지요건이 없는 반면 GATS 예외는 통지요건을 갖고 있다는 것이다.

규정은 분쟁해결절차에서 제기된 적이 없다.[151]

　　GATT하에서 국가안보규정은 이 책의 제4장에서 자세히 논의했다. 배출권거래제도와 관련한 조치에 대해 이 예외를 이용하는 데 있어 제기될 수 있는 어려움은 GATS의 예외에도 동등하게 적용된다. 그래서 반복을 피하기 위해 제4장의 주장을 여기서 반복하지 않도록 한다.

5.7 결　론

　　이 장은 WTO의 규칙과 함께 배출권거래제도의 이행을 결정하는 데 필수적인 분석을 제시하고 있다. 구체적으로 이 장의 첫 번째 부분에서는 GATS의 적용범위를 검토했다. 제1조에서 명확하게 기술된 적용범위는 '서비스 무역에 영향을 주는 조치'를 포함하고 있다. 이 장에서 저자는 배출크레딧이 '서비스'로 분류될 수 있는 프로젝트를 대변한다고 결론 내렸다. 만약 이 주장이 분쟁해결기구에 의해 확인된다면 배출크레딧의 거래에 관한 어떤 제한은 서비스무역에 관한 제한이 될 것이고 따라서 GATS 규정에 의해 규율될 것이다.

　　GATS 규정은 여기서 두 개의 구별되는 범주로 분석되었다. 일반적 의무와 구체적 약속이 그것이다. 일반적 의무의 첫 번째 범주는 회원국 자격만으로 모든 WTO 회원국을 구속한다. 가장 관련이 있는 것은 제2조의 최혜국대우규정이다. 제2조는 *사실상(de facto)* 또는 *법률상(de jure)* 근거로 위반될 수 있을지라도 배출권거래제도가 이 의무를 위반할 것 같지 않다고 결론 지었다. 이는 배출크레딧이 발생하는 과정에서의 '서비스'로 해당 배출권을 제한할 근거가 없음에 기인한다. 또한, 배출크레딧이 '동종서비스'를 대변하는 것이라고 결정하는 데에 어려움이 있다는 것이 인정되었다.

　　두 번째 범주는 구체적 약속으로, 회원국들이 자발적으로 약속하는 규정을 준수할 의무만 있다는 점에서 일반적 의무와 분명히 구별된다. 배출감축과 관련하여 배출크레딧과 결부된 프로젝트는 매우 다양할 것이라는 점에 대해 기술했다. 이런

---

151) Van Den Bossche, above n 41, 669.

이유로 적용할 수 있는 다양한 서비스 부문이 있고 각 제한은 사안별로 검토될 필요가 있다.

저자는 GATS의 금융서비스 규정에 대해 특히 자세히 다루었다. 이 장에서 저자는 금융서비스의 정의에 대한 자세한 논의를 포함시켰다. 또한 이 서비스 부문의 자유화에 대해 영향을 끼쳤던 문서에 대한 역사적 개관도 포함시켰다. 이들 문서는 선진국이 금융서비스 부문에 대한 GATS의 구체적 약속에 대하여 본질적으로 제한없는 약속을 하도록 유도했다.

또한 분석의 결과 배출권이 WTO법의 목적상 양도성 유가증권 또는 금융자산으로 분류될 것이라고 설명했다. 이것은 GATS 규정이 배출권의 거래를 규율할 것이라는 것을 의미한다. 특히 이들 배출권거래와 결부된 서비스는 모든 다른 WTO 회원국에게 개방되어야 한다. 많은 WTO 회원국이 금융서비스양해에 대한 약속으로 금융서비스 부문을 자유화하는 데 합의했기 때문이다.

대부분의 선진국에서 서비스 제공자가 금융서비스 시장에 접근하는 것에 대한 명백한 제한이 없다는 것은 GATS의 약속 때문일 수 있다. EU ETS와 호주 청정에너지패키지에서는 배출권의 소유권 요건은 외국인 참가자를 차별했다는 증거를 제시하지 못한다. 그러나 그 제한은 국제배출권을 제출하는 데 있어 '서비스거래의 총액'에 관한 제한을 금지하는 시장접근 규정에 대한 위반의 증거가 될 수 있다.152)

마지막으로, 이 장에서는 GATS상 일반적 의무와 구체적 약속에 대한 예외가 평가되었다. 배출권거래와 관련해서는 GATS 예외인 제14조 (b)호가 가장 관련이 있다. 이 조항은 GATS 규정을 위반하는 조치가 정당화되려면 인간, 동물 또는 식물의 생명 또는 건강의 보호를 위해 필요한 조치일 것을 요구한다. 이 예외를 통해 특정조치를 정당화할 수 있게 된다. 또한 여기에서 '필요성' 요건은 쉽게 충족되지 않는 기준이라는 것이 확인되었다.

이 장에서는 배출권거래제도의 WTO법 준수와 관련하여 많은 의문이 제기되었다. 입법자가 WTO의 규정 및 요건과 합치되도록 보장하기 위해서 준수와 관련된 이러한 쟁점들에 대해 고려하는 것이 중요하다. 특히 EU가 최근에 배출 허용량

---

152) The General Agreement on Trade in Services, Article XVI:2.

(emissions allowances)을 금융상품의 범주로 포함하였기 때문에 금융서비스에 관한 규정을 준수하는 것이 특별히 중요하다. 이 책의 다음 장에서는 보조금과 관련된 WTO 규칙과 배출권거래제도를 평가한다.

제**6**장

배출권거래제도에서의 보조금

6.1 서 론

WTO법은 회원국의 보조금 사용과 관련된 요건들을 부과하고 있다. 역사적으로 보조금은 국가가 경쟁에서 국내기업을 보호하고 수출 수준을 유지하기 위해서 이용되어 왔다. 경우에 따라 보조금은 환경목적과 같은 정당한 정책목적을 위해 지급될 수 있다. 보조금이 여러 잠재적인 혜택을 가지고 있음에도 보조금의 존재는 자유무역을 방해할 수 있는데,[1] 이것이 WTO 회원국이 특정 보조금의 도입을 제한하는 규정의 근거가 된다.

배출권거래제도 도입에 수반되는 지원조치(assistance measures)는 배출권거래제도가 초래하는 경제적 스트레스를 완화하기 위해 고안되었다. 탄소배출과 관련하여 책임이 있는 실체들의 경제적 어려움과 더불어 규제자는 탄소누출(carbon leakage)의 위험에 관한 우려도 가지고 있다.[2] 지원조치는 일반적으로 특정기업을 위해 무상으로 배출권을 제공함으로써 배출권거래와 밀접한 관계를 갖게 된다. 이 장에서 무상배출권은 '무상할당(free allocation)'이라고 한다. 현재 배출권거래제도를 도입한 국가에서는 무상할당을 통한 지원규정이 관행으로 나타나지만, 이 장에서는 이런 지원이 WTO 규칙에 위반될 수 있는 경우에 관하여 연구하도록 한다. 특히 특정기업에게 무상으로 배출권을 할당하는 것은 수혜자의 범위를 좁히기 위해 정량화한 수출비율과 연결된다. 이런 경우, 지원조치가 수출보조금의 한 종류로 간주될 가능성이 있어 WTO 규칙에 의해 금지되는 보조금으로 여겨질 개연성이 있다.

무상으로 배출단위를 할당받는 수혜 산업은 경매를 통해 배출권을 구매하는

---

1) See discussion, Joseph Stiglitz, *Globalization and Its Discontents* (Penguin Books Ltd, 2002) 244-5.
2) 탄소누출은 이 책의 6.2에서 좀 더 상세히 설명된다.

것과는 반대로 다른 형태의 정부보조금을 통해 추가적인 지원도 제공받는 것이 보통이다. 이런 지원조치가 배출권거래제도와 함께 도입되지 않는다고 하더라도, 지원조치가 WTO 규칙을 위반하는지를 충분히 평가하기 위해서 지원조치의 효과는 배출단위의 무상분배계획상의 혜택과 함께 고려되어야 한다. 이러한 조치가 악화되면 WTO 규칙에서 이들이 조치가능 보조금(actionable subsidies)으로 분류될 가능성이 더 커진다.

이 장의 목적은 관련 지원조치의 분석을 통해 WTO 규칙과 지원조치의 준수 요건을 살펴보는 것이다. 이 점에서 조치가 보조금협정(Subsidies and Countervailing Measures Agreement; 이하 SCM협정)의 요건을 위반하는지를 결정하기 위한 분석의 틀로서 일부 배출권거래의 지원조치가 WTO 규칙을 이용하는 것으로 간주한다.[3] SCM협정은 보조금에 대한 WTO법의 요건을 주로 적시하고 있으므로 이 장에서 이에 대해 주의 깊게 살펴본다. 보조금에 관한 규정은 SCM협정과 더불어 농업협정,[4] GATT,[5] 그리고 GATS에서도 찾아볼 수 있다.[6] 그러나 이 장에서의 초점은 SCM협정에 포함된 규칙들에만 한정하도록 한다.

배출권거래에 대한 지원조치를 분석하기 위해서는 사례연구를 통해 구체적인 조치를 생각해 보는 것이 중요하다. 그래서 이 장에서는 이 책의 전반에 걸쳐서 비교된 EU ETS와 호주의 청정에너지패키지(Clean Energy Package)의 지원조치를 구체적으로 검토한다. 이들 제도는 WTO 규칙을 고려할 때 비교하기 좋은 모델을 제공하고 있다. 배출권거래제도의 다른 측면과 달리 무상 배출권의 할당을 위한 틀은 동일하지는 않지만 매우 유사하다.

---

3) Marrakesh Agreement Establishing the World Trade Organization, opened for signature 15 April 1994, 1867 UNTS 3 (entered into force 1 January 1995) Annex 1A (Agreement on Subsidies and Countervailing Measures').

4) Marrakesh Agreement Establishing the World Trade Organization, opened for signature 15 April 1994, 1867 UNTS 3 (entered into force 1 January 1995) Annex 1A ('Agreement on Agriculture').

5) Marrakesh Agreement Establishing the World Trade Organization, opened for signature 15 April 1994, 1867 UNTS 3 (entered into force 1 January 1995) Annex 1A ('General Agreement on Tariffs and Trade 1994').

6) Marrakesh Agreement Establishing the World Trade Organization, opened for signature 15 April 1994, 1867 UNTS 3 (entered into force 1 January 1995) Annex 1B ('General Agreement on Trade in Services').

이 장에서 다루려는 도전적인 쟁점 중의 하나는 SCM협정의 보조금 규칙이 특별히 수출보조금을 금지한다는 것이다. 그러나 수출보조금에 노출된 산업은 경쟁력을 상실했다고 보면 되기 때문에, 탄소가격책정(carbon pricing)에 있어서는 이들 산업에 지원을 확대하는 것이 현실성이 있을 것이다. 하지만 지원조치와 국제경쟁을 연결하는 것이 보조금과 관련한 WTO 규칙의 위반을 의미할 것이라는 위험성이 존재한다는 것이 저자의 주장이다.

6.2 경쟁력과 탄소누출

배출권거래제도의 도입은 온실가스 배출에 책임 있는 산업의 국제경쟁력과 관련된 논쟁을 촉발시켰다. 이 점에서 EU ETS는 온실가스 배출량을 경제적 방식으로 규제하려는 첫 번째 제도였기 때문에 특히 문제가 되었다.

배출권거래제도의 경제적 영향을 둘러싼 논쟁은 탄소누출의 문제를 야기했다. 탄소누출은 한 지역의 온실가스 배출량이 감소되어 지구온실가스 배출량이 감소했으나, 사실은 온실가스 배출량이 다른 관할에서 방출되었거나 다른 지역의 온실가스 인벤토리에 포함되는 경우를 의미한다.[7] 탄소누출 개념 뒤에는 배출량의 이동이 전체적으로 배출증가를 초래할 수 있다는 전제가 깔려 있다. 이는 생산이 에너지 사용이 감소된 곳 또는 배출 효율이 있는 관할지역으로 이동하는 경우 특히 문제가 된다.[8]

국제적 경쟁에 노출된 산업은 탄소누출에 특히 취약하다. 또한 수입상품이 국내상품으로 대체될 수 있는 경우에도 온실가스 누출율(leakage-to-reduction ratio)은 증가할 것이다.[9] 이 경우, 기후정책의 전반적인 목표를 고려할 때 필요하다고 판단된다는 이유로, 지원조치의 도입이 정당화된다. 즉, 배출권거래제도를 채택한

---

7) A Denny Ellerman, Frank J Convery and Christian De Perthuis, *Pricing Carbon: The European Union Emissions Trading Scheme* (Cambridge University Press, 2010) 193-4.

8) Ibid.

9) Stephanie Monjon and Philippe Quirion, 'Addressing Leakage in the EU ETS: Border Adjustment or Output-based Allocation?' (2011) 70 *Ecological Economics* 1957, 1958.

국가의 산업에 있어서는 저탄소경제에서 경쟁력을 유지하는 것이 필수적이다.[10) 규제기관은 기술이 단기간에 적용될 수 있도록 해야 할 때 이것이 더욱 필수적이라고 주장한다.

6.3 무상할당과 산업지원

6.3.1 단위의 무상할당

언급했듯이 배출권거래제도의 도입은 지금까지 이 제도하에서 배출책임이 있는 실체들의 경쟁력에 대한 우려를 수반해 왔다. 이러한 우려에 따라 탄소가격책정이 전 세계적으로 인정되지 않는 한, 이러한 제도는 일정 형태의 지원을 필요로 할 것이다. 그러므로 이러한 지원제도가 도입되면 온실가스 배출에 책임 있는 실체들이 과도한 어려움 없이 온실가스가 적은 경제로 전환할 수 있다는 것이 일반적으로 인정된다. 산업경쟁력을 유지하기 위해 관련된 여러 조항을 포함시키는 것은 EU ETS 및 호주 청정에너지패키지의 목표였다. 이 장의 분석과 특히 관련이 있는 것은 두 체제 모두에서 볼 수 있는 배출단위의 무상할당이다.

EU에서의 배출권 무상할당은 저배출생산에서의 우수사례를 보상하는 벤치마크에 기반을 두고 있다. 이것은 ETS의 제3단계에 도입된 무상배출 할당량 계산방법에 변화를 가져왔다.[11) 이러한 변화는 이전에는 국가에게 무상배출권에 대한 재량이 인정되었었기 때문에, 결과적으로 EU 전역에 걸쳐 조화가 이루어지지 않은 부분도 있었다.[12)

총 무상배출량에 대한 계산은 2007－08년을 기준으로 EU ETS에서 가장 효율적인 설비에서의 평균 배출강도의 10퍼센트를 기준으로 벤치마크에 따라 곱해진

---

10) Ellerman, Convery and De Perthuis, above n 7, 233-4.

11) Directive 2009/29/EC of the European Parliament and of the Council of 23 April 2009 amending Directive 2003/87/EC so as to improve and extend the greenhouse gas emission allowance trading scheme of the Community [2009] OJ L140/52, 63 Articles 10a-12.

12) O Sartor, C Palliere and S Lecourt, 'Benchmark-based Allocations in EU ETS Phase 3: An Early Assessment' (2014) *Climate Policy* 1, 2.

다.[13] 그러나 기본적 문제는 탄소누출의 위험에서 부문의 자격이다. 더욱이 EC지침 2009/29(Directive 2009/29/EC)는, EU 외부에 있는 산업과 경쟁에 직면한 부문과 그 하위부문에 대해 더 많은 무상 허용량을 받을 수 있도록 보장하였다.[14]

탄소누출은 그 정의상 수입상품과 수출상품의 비율을 고려하도록 요구한다. EU내에서 탄소누출을 결정하기 위한 요건은 다음을 포함하고 있다:

- EU ETS와 관련된 직접 및 간접비용을 전달할 수 있는 능력에 대한 평가
- EU ETS에 기인하는 직접 및 간접비용의 결과로 적어도 5퍼센트 이상의 생산비용 증가
- 10퍼센트 이상의 무역점유율. 이 비율은 온실가스 배출에 책임 있는 실체가 EU 내의 총 시장점유율과 비교하여 수입가치와 수출가치를 고려할 것을 요구한다.

언급한 바와 같이, 이것은 탄소누출과 무상 허용량을 받을 자격을 결정하기 위한 기본검사이다.

EU ETS 내에서 무상 허용량을 받을 요건은 호주의 청정에너지패키지에 수반되는 일자리 및 경쟁력 프로그램(Job and Competitiveness Program; 이하 JCP)과 비교될 수 있다. 두 가지 지원방식 간에는 많은 유사점이 있는데, 특히 무상할당에 대한 기본검사에 있어서 그렇다. JCP는 그 후 호주 정부에 의해 폐지되었지만 이 장의 맥락에서 보조금에 대한 흥미로운 연구주제로 남아 있다.

JCP는 기본적으로 무상으로 배출권을 제공함으로써 배출집약적 무역노출(emissions—intensive trade—exposed; 이하 EITE) 산업을 지원하기 위해 도입되었다.[15] JCP의 목적은 이들 산업의 국제경쟁력을 유지하고 그렇게 함으로써 호주 산업이 해외로 이전되는 것을 방지하는 것이다.[16] JCP는 EU의 탄소누출 지원제도와는 반대로 새로운 EITE 산업과 기존의 EITE 산업의 생산수준에 대한 재정적 지원을 서로 연결한다.[17] JCP에서는 생산수준이 JCP의 무상 허용량을 계산하는 주된 요인인

---

13) Ibid 4.
14) Monjon and Quirion, above n 9, 1957.
15) Clean Energy Act 2011 (Cth) ss 143-44.
16) Revised Explanatory Memorandum, Clean Energy Bill 2011 (Commonwealth of Australia) 151.

반면, EU ETS 계산에서 생산수준은 단지 무상할당의 한 측면일 뿐이다.

청정에너지패키지법안은 배출집중도와 무역노출평가 모두를 JCP 지원을 위한 자격요건으로 두고 있다.[18] 배출집중도의 한계점은 '백만 달러 수익 당 평균배출량 또는 백만 달러 부가가치세 당 배출량'으로 계산되었다.[19] 무역노출평가는 정량평가와 정성평가 모두를 고려했다. 정량평가는 '수입의 가치와 국내생산의 가치에 대한 수출액의 비율'이 적격연도의 10퍼센트를 초과할 것을 요구했다.[20] 정량평가가 만족스럽지 않은 경우 정성평가를 사용할 수 있었다. 이 평가는 온실가스 배출책임이 있는 실체가 국제경쟁력 때문에 비용부담을 감당할 수 있는 역량이 부족함을 증명할 것을 요구했다.[21]

이상의 내용을 개괄적으로 보더라도, JCP가 보호주의적 정책으로 평가될 수 있었음은 분명하다.[22] 사실, 이 JCP 조치가 탄소가격결정 메커니즘(carbon pricing mechanism; 이하 CPM)에 있어 가장 큰 책임이 있는 주체가 해당 조치에 의해 거의 완벽하게 보호받도록 했다고 보아도 될 것이다. 물론, JCP의 도입을 뒷받침하는 기록은 JCP의 기조가 SCM협정의 요건과는 양립할 수 없을 것이라는 증거들을 제공했다.[23] 예를 들어, '2011년 청정에너지 법안에 대한 설명각서(Explanatory Memorandum to the Clean Energy Bill 2011 (Cth))'는 JCP가 "무역에 노출된 활동을 수행하고 탄소가격에 가장 많이 노출된 산업을 겨냥한 것"이라고 명시했다.[24] 그러

---

17) '생산수준'에 기반한 '활동'을 위한 '산업'에 조력을 제공함에도 불구하고, 보조금의 영향은 이들 활동을 통해 제조된 상품에 있을 수 있다. 그러므로 보조금 및 상계조치에 관한 협정이 상품에 대한 보조금을 규제하기 위한 상품으로서 적용된다.

18) Department of the Prime Minister and Cabinet, Parliament of the Commonwealth of Australia, *Securing Australia's Energy Future* (2004) 115, Table 15.

19) Ibid.

20) Ibid. Eligible years are 2004-05, 2005-06, 2006-07 or 2007-08.

21) Department of Climate Change and Energy Efficiency, 'Assessment of Activities for the Purposes of the Jobs and Competitiveness Program' (Guidance Paper, Australian Government, September 2011) 28.

22) Harry Clarke and Robert Waschik, 'Designing a Carbon Price Policy: Is the Australian Climate Plan Fair to Australia's Energy-Intensive, Trade-Exposed Industries?' (2012) 45(1) *Australian Economic Review* 105, 105.

23) Gary Clyde Hufbauer, Steve Charnovitz and Jisun Kim, *Global Warming and the World Trading System* (Peterson Institute for International Economics, 2009) 92; Revised Explanatory Memorandum, Clean Energy Bill 2011 (Commonwealth of Australia) 35.

24) Revised Explanatory Memorandum, Clean Energy Bill 2011 (Commonwealth of Australia) 151.

므로 허용량의 무상할당은 분명히 WTO법의 준수와 관련하여 쟁점을 수반하는데, 이 내용에 대해서는 이 장에서 더 자세히 살펴볼 것이다.

6.3.2 추가지원

위의 논의는 무상할당 규정이 주는 뉘앙스에 대해 설명해 준다. 그러나 EU 내에서 탄소누출의 위험에 처해 있는 것으로 간주되거나 호주에서 JCP에 적격인 산업이 어떤 것이든, 어떤 형태로든 추가지원을 받는다면, SCM협정의 의무를 위반할 가능성이 더해진다는 점에 유의해야 한다. 추가지원과 허용량의 무상할당 사이에 아무런 연관이 없는 경우에도 마찬가지이다. 이를 더 잘 이해하기 위해 호주 관할권에서의 사례를 보기로 한다.

호주에서 철강산업 참가자는 철강산업개편계획패키지(Steel Transformation Plan Package; 이하 STPP)에 따른 지원을 받을 자격이 있었다.[25] STPP 설정법안은 청정에너지패키지와는 별도로 도입되었지만,[26] STPP의 운영은 청정에너지법 및 더 광범위한 패키지법안과 불가분의 관계가 있었다. 이것은 STPP 법안은 청정에너지법이 여왕의 재가(Royal Assent)를 받은 후 운영을 시작하도록 고안되었다는 사실에서 알 수 있다.[27] STPP는 그 이후 호주의 청정에너지패키지와 함께 폐지되었지만, STPP 를 고려하는 것은 추가지원에 관한 중요한 사례연구방법이 된다.

STPP는 호주 철강산업에 특정된 자격프로그램이었다. 철강산업개편계획법(Steel Transformation Plan Act 2011(Cth))에 명시된 방법 중의 하나를 통해 최소 50만 톤의 원유탄소강(crude carbon steel)을 생산하는 기업이 배출책임이 있는 경우 해당기업은 STPP에 따라 추가지원을 신청할 자격이 있었다.[28] STPP의 목적은 호주 철강산업의 환경적 성과를 향상시키고 산업에서 인력기술개발을 촉진하는 것이었다.[29] 구체적으로, 규제당국은 적격의 기업이 '저탄소경제'에서 호주 철강제조산업의 경

---

25) Steel Transformation Plan Act 2011 (Cth) s 4.
26) Steel Transformation Plan Act 2011 (Cth).
27) Ibid s 2.
28) Ibid s 4.
29) Ibid s 3(2).

쟁력과 경제적 지속가능성을 향상시킬 수 있도록 이 프로그램을 관리했다.[30] 이 장의 분석에서 중요한 점은 JCP하에서 배출권을 무상으로 할당하는 것에 추가하여 상당수의 기업이 STPP 지원을 별도로 요구할 수 있었다는 것이다.[31]

이 장의 뒷부분에서는 SCM협정 내에서 조치가능 보조금의 기준과 비교하여 이러한 추가 지원조치를 분석한다.

6.4 보조금의 개념

보조금에 대해 이해하기 위해서는 보조금에 대한 개념정의가 필요하다. 보조금의 개념정의는 WTO협정에 명확하게 제시되어 있다. SCM협정은 GATT 체제가 시작된 후 처음으로 보조금에 대해 중요한 개념정의를 담았다.[32] 논평가들은 이 개념정의가 보조금을 규제하는 각 협정들에 모두 적용된다고 암시하고 있다.[33] 회원국들이 SCM협정의 적용범위를 확인하는 것은 이 개념정의를 통해서이다. *US-Softwood Lumber III* 사건에서, "보조금은 SCM협정의 제1조에서 한정적으로 (exhaustively) 정의되어 있다"라고 언급한 바 있다.[34]

위 결정은 보조금의 개념정의가 SCM협정의 제1조 제1항에 포함되어 있다는 것에 기인하고 있다. 어떤 보조금이 SCM협정의 적용을 받는 보조금이라는 것을 확인하기 위해서 필요한 세 개의 기준은 다음과 같다:

• 재정적 기여가 있을 것

---

30) Ibid s 5.

31) Tony Wood and Tristan Edis, 'New Protectionism Under Carbon Pricing: Case Studies of LNG, Coal Mining and Steel Sectors' (Report No 2011-X, Grattan Institute, September 2011) 30.

32) Sadeq Z Bigdeli, 'Incentive Schemes to Promote Renewables and WTO law of Subsidies' in Thomas Cottier, Olga Nartova and Sadeq Z Bigdeli (eds), *International Trade Regulation and the Mitigation of Climate Change* (Cambridge University Press, 2009) 155, 157.

33) Pietro Poretti, *The Regulation of Subsidies within the General Agreement on Trade in Services of the WTO* (Kluwer Law International, 2009) 111.

34) Panel Report, *United States-Preliminary Determinations with Respect to Certain Softwood Lumber from Canada*, WTO Doc WT/DS236/R (27 September 2002) 7 [4.26].

- 기여가 정부에 의해 이루어졌을 것[35] 그리고
- 재정적 기여의 결과로 혜택이 부여됐을 것[36]

이들 각각의 기준은 다음 절에서 설명한다.

6.4.1 재정적 기여의 기준

탄소누출에 따른 조치에 제공하는 지원이 재정적 기여에 해당하는지를 결정하기 위해서는, 그 지원이 SCM협정하에서 세 개의 범주 중의 하나를 충족하면 된다. 구체적으로 SCM협정은 재정적 기여를 다음과 같이 정의한다:

- 자금의 직접 또는 잠재적인 직접 이전[37]
- 정부가 받아야 할 세입을 포기하거나 징수하지 아니하는 경우,[38] 또는
- 상품 또는 서비스의 직접 제공[39]

보조금 개념정의에 대한 이 요건을 충족하는 것은 비교적 간단하다.

6.4.1.1 자금의 직접 또는 잠재적인 직접 이전

패널과 상소기구는 '자금의 직접 또는 잠재적인 직접 이전'을 상대적으로 광범위하게 해석해 왔고 이 분류 내에서 다양한 금융상품 범주를 수용했다.[40] 예를 들

---

35) Carol Ni Ghiollamath, *Renewable Energy Tax Incentives and WTO Law: Irreconcilably Incompatible?* (Wolf Legal Publishers, 2011) 150. See also Peter Van Den Bossche, *The Law and Policy of the World Trade Organization* (Cambridge University Press, 2nd edition, 2008) 564: an entity will constitute a public body if it is controlled by the government. *Korea-Measures Affecting Trade in Commercial Vessels*, WTO Doc WT/DS273/R (7 March 2005) [7.29].

36) Appellate Body Report, *Brazil-Export Financing Programme For Aircraft*, WTO Doc WT/DS46/AB/R, AB-1999-1 (20 August 1999) [157].

37) Marrakesh Agreement Establishing the World Trade Organization, opened for signature 15 April 1994, 1867 UNTS 3 (entered into force 1 January 1995) Annex 1A ('Agreement on Subsidies and Countervailing Measures') Article 1.1(a)(1)(i).

38) Ibid Article 1.1(a)(1)(ii).

39) Ibid Article 1.1(a)(1)(iii).

어, 자금의 직접 또는 잠재적인 직접 이전은 정부채권 및 대출보증을 포함한다.[41)]

자금의 직접이전이 있었음을 판단하는 기준은 첫째, 가격에 대한 확실성이 있고,[42)] 둘째, 지불에 대한 법적 권원(legal entitlement)이 있어야 한다[43)]는 것이다. 무상 배출권의 이전은 패널 또는 상소기구의 눈에는 확실히 자금의 직접 이전 또는 잠재적인 자금의 직접 이전에 해당할 수 있다. 단, 가격의 불확실성 문제 때문에 이 주장이 낮은 설득력만을 가질 수는 있다. 배출권의 가격에는 아무런 보장이 없다. 그러므로 두 번째 범주가 좀 더 만족스러울 수 있다.

6.4.1.2 받아야 할 세입을 포기한 정부세입

무엇이 과세되어야 하고 무엇이 과세되어서는 안 되는 것인지에 대한 전 세계적인 규범이 없으므로, '그렇지 않으면(otherwise due)' 받아야 할 세입을 위한 기준을 확립하기 위해서는 구체적인 관할권에서의 요구사항을 고려해야 한다. 저자는 이를 확대하여 배출권거래제도에서 무상 배출권 규정이 진정 '포기한 세입(revenue foregone)'의 형태일 것인지에 관한 근거를 설명할 것이다.

'포기한 세입'이라는 개념은 *US-FSC* 사건에서 패널에 의해 부분적으로나마 상세하게 고찰되었다.[44)] 이 분쟁에서 회원국은 외국 판매기업을 위한 특별세금대

---

40) *WTO Analytical Index: Guide to WTO Law and Practice* (Cambridge University Press, 2nd edition, 2007) 753; Panel Report, *Canada-Export Credits and Loan Guarantees for Regional Aircraft*, WTO Doc WT/DS222/R (28 January 2002) 2 [2.2], 퀘벡 주가 운영한 프로그램은 다양한 종류의 대출보증을 포함하고 있는데 제1.1조(a)(i)하의 보조금으로 고려되었다; Appellate Body Report, Brazil-*Export Financing Programme For Aircraft*, WTO Doc WT/DS46/AB/R, AB-1999-1 (20 August 1999) 상소기구는 정부채권이 '잠재적인 자금 또는 채무부담의 직접이전'이 된다고 생각했다.

41) Lauren Henschke, *Going it Alone on Climate Change-A New Challenge to WTO Subsidies Disciplines: Are Subsidies in Support of Emissions Reductions Schemes Permissible under the WTO?* Society of International Economic Law, www.sielnet.org 9.

42) Ibid 9.

43) Appellate Body Report, *Brazil-Export Financing Programme For Aircraft*, WTO Doc WT/DS46/AB/R, AB-1999-1 (20 August 1999) [158].

44) Appellate Body Report, *United States-Tax Treatment for Foreign Sales Corporations-Recourse to Article 21.5 of the DSU by the European Communities*, WTO Doc WT/DS108/AB/RW, AB-2001-8 (14 January 2002). 이 분쟁은 미국이 DSB의 권고와 결정을 준수해 오지 않았다고 EC가 제시함에 따라 패널이 사용한 것을 포함한다. See Panel Report, *United States-Tax Treatment for 'Foreign Sales Corporations'-Recourse to Article 21.5 of the DSU by the European Communities*,

우를 정한 미국 내국세법(United States Internal Revenue Code)의 규정에 이의를 제기했다. 이 이의는 이 세금처리가 SCM협정의 의무와 불일치한다는 것에 근거하여 제기되었다.[45]

이 분쟁의 패널은 'otherwise due'라는 구절이 규범적인 기준을 암시했는지를 고려했다.[46] 패널은 이 기준은 '형식주의적' 접근방식에 국한되지 않고 현존하는 실체적 현실 속에 자리하고 있어야 한다고 인정했다.[47] 이와 같이, 특히 문제가 된 관할권 밖의 규범은 '그렇지 않으면 징수되어야 하는' 세입을 위한 기준을 알려주어야 한다.

이 분쟁의 패널은 첫 번째 경우에 정부세입이 '그렇지 않으면' 징수되었을 것인지를 결정하기 위해 '~이 없었다면(but for)' 테스트를 제안했다. 이것은 후에 상소기구에 의해 고려되었는데,[48] 상소기구는 모든 상황에서 이 테스트를 사용하는 것에 대해 주의를 환기시켰다. 상소기구는 회원국이 그런 의무를 위반하지 않도록 입법하는 것이 비교적 간단할 것이라고 제안했다.[49] 이처럼 이 분쟁에서 상소기구는 과세할 것과 과세하지 않을 것을 선택하는 것은 회원국 자신의 권리라고 선언했다.[50] 이는 회원국 자신이 이 기준을 설정한다는 것을 의미한다. 특정한 상품 또는 소득의 종류에 대한 과세는 전 세계적인 규범으로 정의되어 있지 않다. 오히려 '비교'는 '합법적으로 비교가능한 소득'[51] 또는 비교가능한 의무에 대한 국내재정

WTO Doc WT/DS108/RW (20 August 2001) [1.6].

45) Appellate Body Report, *United States-Tax Treatment for Foreign Sales Corporations-Recourse to Article 21.5 of the DSU by the European Communities*, WTO Doc WT/DS108/AB/RW, AB-2001-8 (14 January 2002) [2].

46) Ibid.

47) Panel Report, *United States-Tax Treatment for 'Foreign Sales Corporations'-Recourse to Article 21.5 of the DSU by the European Communities*, WTO Doc WT/DS108/RW (20 August 2001) [8.37].

48) *WTO Analytical Index*, above n 40, 756.

49) Appellate Body Report, *United States-Tax Treatment for Foreign Sales Corporations*, WTO Doc WT/DS108/AB/RW, AB-2001-8 (20 February 2000) [91] cited in *WTO Analytical Index*, above n 40, 757.

50) Ibid.

51) Appellate Body Report, *United States-Tax Treatment for Foreign Sales Corporations-Recourse to Article 21.5 of the DSU by the European Communities*, WTO Doc WT/DS108/AB/RW, AB-2001-8 (14 January 2002) cited in *WTO Analytical Index*, above n 40, 755.

처리에 관한 것이다. 달리 말하면, '그렇지 않았으면 받았을(otherwise due)'이 무엇인지는 회원국이 자신을 위해 제정한 과세규칙에 달려 있다.

따라서, 세입이 포기되었는지를 결정하기 위해 요구되는 '비교'는 다른 WTO 회원국이 과세하기로 선택한 것이라기보다 관할권 자체와 관련이 있다. 이와 관련하여, EU와 호주 내에서의 무상 배출권에 대한 규정은 국가 자신의 과세요건이 필요한 기준이었기 때문에 '포기된 세입'이 된다고 추측된다.

6.4.1.3 상품 또는 서비스의 직접제공

위의 절에서 무상 배출권이 받아야 할 세입일 것이라는 점이 명백할지라도, SCM협정하의 '상품'에 대한 개념정의를 생각해 보는 것은 흥미로운 일이다. 이것은 배출단위와 크레딧을 거래가능한 상품으로 분류하는 제4장의 논의와 관련이 있다.

SCM협정 및 보조금과 관련된 '상품'을 이해하는 매개변수는 일반적으로 목재 면허와 관련된 일련의 분쟁을 고려하여 결정될 수 있다. *US-Softwood Lumber III* 사건은 2001년 5월에 개시되었다. 이 분쟁에서, 미국 주장의 근거는 캐나다 목재(timber)가 캐나다 왕가(Crown)의 땅에 적용된 '입목'프로그램(stumpage programme)을 근거로 보조금을 받았다는 것이었다. 이 프로그램은 두 개의 서로 다른 종류의 권리로 구성되어 있었다:

> 지역권(servitude)은 입목을 수확할 *채취권(profit a prendre)* 및 면허(licence)와 관련되어 있다. 두 권리는 특정 지방의 왕실소유지와 관련 있는 권리이다. 채취권은 토지에 대한 비점유이익(non-possessory interest)을 수령인에게 부여하는 재산권의 한 형태이다. 이와 유사하게, 면허는 '무언가를 행했는데, 그 일이 남에게 해를 끼치는 것이고, 그 일을 다른 땅에서 한다면 허용될 수 없는 무엇인가를 할' 회수될 수 있는 권리를 의미하며, 이 사건에서는 입목을 수확할 권리로 표현된다.[52]

캐나다는 입목프로그램이 SCM협정 제1조 제1항의 의미 내에 있는 보조금에

---

52) Panel Report, *United States-Preliminary Determinations with Respect to Certain Softwood Lumber from Canada*, WTO Doc WT/DS236/R (27 September 2002) [4.9].

해당하지 않는다는 것을 근거로 그 프로그램에 대해 항변했다. 캐나다의 주장은 입목프로그램이 수확하는 권리로 알려진 수십 개의 권리를 수반하고 있다는 근거에 기초한 것이다. 이들 수확권은 획득된 목재와는 별개의 것이어서 SCM협정하에서 어떠한 재정기여의 개념정의도 충족하지 않는다고 주장하였다. 이런 주장은 SCM협정 제1조 제1항에 규정된 '상품(good)'의 의미에 대한 분석을 요한다.[53] 패널은 '상품'의 의미는 그의 통상의 의미여야 한다고 했다. 이것은 비엔나협약의 제31조하의 조약해석원칙에 따른 것이다.[54] 패널은 다음과 같이 주장했다:

> 사전적 의미의 '상품'은 '본질적 가치를 가진 사적재산이지만 보통 금전, 유가증권, 그리고 유통가능한 증서를 배제한 것'이라고 정의하고 있다. '상품'이라는 단어의 통상적 의미는 그래서 매우 광범위하고 그것 자체가 '상품'으로 간주될 수 있는 '금전이 아닌 유형의 또는 유동의 사적재산'의 종류에 대한 어떤 제한도 두지 않는 것 같다.[55]

패널은 SCM협정에서의 상품이 유형재산이거나 동산일 수 있다고 분석했다. 패널은 입목프로그램은 면허가 있는 자에게 상품을 제공한 것이라고 결론 내렸다. 이것은 그 프로그램이 사실상 입목을 이용가능하게 만들었고, 그 자체로 SCM협정의 제1조 제1항상의 상품을 '제공'한 것임을 근거로 주장되었다.[56] 따라서, 패널은 입목이 SCM협정의 의미 내에 있는 '상품'이라고 결론 내렸다: "우리는 SCM협정의 문언이 천연자원을 이용할 권리를 위한 예외를 어떠한 방식으로든 제공하고 있지 않다는 점에 주목한다. SCM협정 제1조 제1항 (a)호 (1)(iii)에 규정된 "상품 또는 서비스"라는 용어로부터 도출되는 유일한 예외는 일반적인 사회기반시설이지 천연자원이 아니다."[57] 패널은 또한 '면허합의(licence agreements)'가 상품의 '제공'이

---

53) 이것이 상품이지만 오로지 수확권이 목재 자체를 제공하는 것과 동등한 것으로 간주되기 때문이라는 것에 근거하여 방어는 기본적으로 실패했다.

54) Vienna Convention on the Law of Treaties, opened for signature 23 May 1969, 1155 UNTS 331 (entered into force 27 January 1980) 제31조는 다음과 같이 서술하고 있다: '조약은 조약문의 문맥 및 조약의 대상과 목적으로 보아, 그 조약의 문면에 부여되는 통상적 의미에 따라 성실하게 해석되어야 한다'.

55) Panel Report, *United States-Preliminary Determinations with Respect to Certain Softwood Lumber from Canada*, WTO Doc WT/DS236/R (27 September 2002) [7.22].

56) Ibid [7.17].

라는 요건을 충족한다고 결론 내렸다. 패널은 면허가 수확자에게 목재를 수확할 권리를 확장시켰고 그래서 이 권리로부터의 합리적인 결론으로, 만약 권리를 행사한다면 그것은 상품의 취득이라고 결정하였다.[58]

US−Softwood Lumber IV 사건에서 패널과 상소기구 모두 유사한 논증을 따랐다.[59] 이들 분쟁해결기구는 SCM협정 내에 있는 '상품'의 의미가 물리적으로 소유될 수 있는 유형의 객체를 포함한다고 결론 내렸다.[60]

'상품의 제공'으로 분류되는 것으로 논의한 지원조치(assistance measures)의 경우, 배출단위는 상품 그 자체로 분류되는 것이 필연적으로 필요할 것이다. 제4장에서, 저자는 배출권의 분류와 관련하여 생산물 또는 상품이라는 분석을 포함했다. 배출권을 상품으로 분류하지 않을 근거는 유형성요건 이외에는 거의 없지만, 저자는 제4장에서 상품에 대한 현재의 이해가 배출권과 같은 수단까지로 확대될 것 같지는 않다는 것을 인정했다. 그 장에서 제시된 주장은 여기서 다시 반복하지는 않을 것이다. 그보다, 저자는 무상 배출권의 제공이 '받았어야 할 세입'일 것이라고 주장한다. 그러나 배출권을 상품으로 분류하는 것에는 의문의 여지가 있고, 패널이 만족할 만한 제3의 범주를 찾을 것 같지도 않다. 재정적 기여의 세 가지 범주 중 단지 하나가 SCM협정의 보조금 개념정의에 근거하여 설명될 필요가 있었기 때문에 여기서는 어떤 결론도 내릴 수 없다.

6.4.2 혜택의 부여

SCM협정에서 보조금 개념정의상 마지막 기준은 "혜택이 부여된다"는 것을 요구하고 있다. '정부의 기여'가 있는지를 다루는 것은 여기서는 중요하지 않다. 배출권의 무상할당 문제를 분석할 때는 정부의 기여에 관해 논의할 것이 거의 없

---

57) Ibid [7.25]—[7.26].

58) Ibid [7.17].

59) Appellate Body Report, *United States-Final Countervailing Duty Determination with respect to certain Softwood Lumber from Canada-Recourse to Article 21.5 of the DSU by Canada*, WTO Doc WT/DS257/AB/RW, AB-2005-8 (5 December 2005).

60) *WTO Analytical Index*, above n 40, 759.

기 때문이다. 분명히 무상할당 배출권 문제는 배출권거래제도의 규제당국에 의해
만들어진 것이기 때문에 정부에 의한 기여가 될 것이다. 그러나 혜택의 문제는 전
적으로 다른 문제이다.

'혜택'과 관련해 언급할 첫 번째 요점은 이것의 존재가 독립적으로 재정적 기
여의 요건을 충족해야 한다는 것이다. *Brazil—Aircraft* 사건에서 패널은 재정적 기
여가 제공되지 않았다고 결정했다. 이 결정은 어떠한 혜택도 부여된 적이 없다는
것에 근거하여 이뤄졌다. 그러나, 이 사건의 상소기구는 SCM협정 제1조 제1항의
맥락에서 혜택과 재정적 기여는 보조금의 존재를 확립하기 위한 두 개의 별개의
요건이라고 하면서 이 오류와 관련하여 패널을 즉각 질책했다.[61]

이 구별이 인정된다 해도, '그렇지 않으면 받았을 세입이 포기된 것'이라는 재
정적 기여의 두 번째 범주가 '내재된' 혜택 기준을 포함하고 있다는 것을 언급하지
않은 것에는 비난의 여지가 있었다.[62] 이는 내재된 혜택이 '그렇지 않으면 받았을
(otherwise due)'이라는 구절에 의해 추정될 수 있기 때문이다. 그러므로 적어도 이
범주에 있어서 정부의 재정적 기여가 혜택도 부여하는지를 고려하는 것은 일반적
으로 불필요하다.

혜택의 부여와 관련하여 두 번째로 고려할 측면은 혜택이 '실질적으로' 부여
되어야 한다는 것이다. 제1조 제1항 (b)호의 표현은 그로 인한 혜택의 존재 또는
혜택의 부재가 수혜자의 입장을 고려하여 결정될 것을 요구하고 있다. 이와 관련
하여 *Canada—Aircraft* 사건에서 상소기구는 혜택이 '정부에 대한 비용'에 따라서
결정될 수 있다는 주장을 배척했다.[63]

> '혜택'이라는 용어는 … 수혜자가 있음이 틀림없다는 것을 함축하고 있다. SCM협정
> 은 제1조 제1항 (b)호에서 조사의 초점이 수혜자에게 있어야 하고 수여기관에 있지
> 않아야 한다는 것을 문언을 통해 규정하고 있다. … 우리는 캐나다의 '정부에 대한
> 비용'이 '혜택'을 상정하도록 하는 하나의 방법이라는 주장은 제1조 제1항 (b)호의

---

61) Appellate Body Report, *Brazil-Export Financing Programme For Aircraft*, WTO Doc WT/DS46/AB/R,
    AB-1999-1 (20 August 1999) [157] (emphasis in original).
62) Ghiollamath, above n 35, 154.
63) Ibid.

통상적 의미에서 잘못된 것이라고 생각한다.[64]

이 사건에서 상소기구는 혜택이 존재하기 위해서 재정적 기여의 수혜자는 재정적 기여가 수여되지 않았을 때보다 상황이 더 나아져야(better off) 한다고 주장하였다.[65] 이 사건에서 전과 후의 비교를 위한 적절한 시장이 상정되었다.[66] 이는 US−Lead and Bismuth II 사건에서 상소기구의 입장을 확인한 것이다.[67] 이 사건에서 상소기구는 다음과 같이 선언했다: ""재정적 기여"가 혜택을 수여하는지 여부는 시장에서 수혜자가 이용가능한 것보다 더 유리한 조건으로 "재정적 기여"를 받았는지에 달려 있다."[68] SCM협정에는 '혜택'에 대한 개념정의가 없다는 것을 이해하는 것이 중요하다. 그러나 이 협정의 제14조는 혜택이 존재하는지의 문제를 해결하기 위한 약간의 지침을 제공하고 있다.[69] 동 조항의 각 하부조항에서 언급하고 있는 바와 같이, 정부에 의한 재정적 기여의 제공이 그 기여가 통상의 시장조건에서 벗어나는 경우에만 혜택이 있다고 본다.

어느 방법론이 혜택의 계산을 위해 가장 적절한지 여부의 문제는 US−Softwood Lumber 사건에서 검토되었다. US−Softwood Lumber III 사건에서 패널은 회원국의 혜택은 그 회원국 자신의 영토 내에서 시장조건을 비교함으로써만 계산될 수 있다고 결론 내렸다.[70] 어느 시장이 비교를 위해 적합한가의 문제는 US−Softwood Lumber IV 사건에서도 제기되었다.[71] 이 사건에서 미국 당국은 상

64) Appellate Body Report, *Canada-Measures Affecting the Export of Civilian Aircraft*, WTO Doc WT/DS70/AB/R, AB-1999-2 (20 August 1999) [154] quoted in *WTO Analytical Index*, above n 40, 762.

65) Appellate Body Report, *Canada-Measures Affecting the Export of Civilian Aircraft*, WTO Doc WT/DS70/AB/R, AB-1999-2 (20 August 1999) [157].

66) Ibid.

67) Appellate Body Report, *United States-Imposition of Countervailing Duties on Certain Hot-Rolled Lead and Bismuth Carbon Steel Products Originating in the United Kingdom*, WTO Doc WT/DS138/AB/R AB-2001-1 (10 May 2000).

68) Ibid [68].

69) 이 조항은 SCM협정 제5부, 즉 구체적으로 상계관세에 관한 것 내에 포함되어 있다.

70) Panel Report, *United States-Preliminary Determinations with Respect to Certain Softwood Lumber from Canada*, WTO Doc WT/DS236/R (27 September 2002) 6 [4.21], 116 [8.1].

71) Panel Report, *United States-Final Countervailing Duty Determination with respect to certain Softwood Lumber from Canada*, WTO Doc WT/DS257/R (23 August 2003).

계조치의 금액을 계산하기 위해서 미국 내에 있는 목재가격과 캐나다에 있는 목재
가격 간에 '국경 간 비교(cross-border comparison)' 방법을 이용했다.[72] 패널은 이
접근방식을 언급하고 이것이 오류라고 언급하였다:

> USDOC가 캐나다에서 사적 입목시장의 존재를 인정했다는 사실에 비추어, 우리는
> 캐나다에 있는 사적인 가격(private prices)이 왜곡되었다는 것을 근거로 하여 혜택
> 의 결정을 위한 기준으로 미국 가격을 이용한 것은 SCM협정 제14조 (d)호에 합치
> 하지 않는다고 결정한다.[73]

패널의 이러한 주장에도 불구하고, 이 분쟁의 상소기구는 궁극적으로 이 쟁점
에 관해 캐나다에 불리하게 판결하였고, 대량의 정부판매가 캐나다의 목재가격을
왜곡했다는 미국의 입장을 수용하였다.[74] 동 상소기구는 수출국가에 적절한 사적
시장이 없는 경우에 대안적 방법론이 고려될 수 있다고 말했다.[75] 동 상소기구는
다음과 같이 언급하였다:

> 조사당국은 보조금 제공국가에서 문제가 되는 상품의 사적가격 이외의 기준을 이용
> 할 수 있다. 그런데 그 경우는 시장에서 정부가 동일한 또는 유사한 상품의 공급자
> 로 지배적인 역할을 했기 때문에 사적가격이 왜곡되었을 때이다. 그러한 상황에서
> 조사당국이 보조금 제공국가에 있는 사적가격 이외의 기준을 사용하는 경우, 선택한
> 기준은 그 국가에 있는 우세한 시장조건과 관련이 있거나 또는 연결되어 있어야 하
> 고, 제14조 (d)호에서 요구하는 가격, 품질, 이용가능성, 판매가능성, 운반 그리고
> 기타 구매 또는 판매조건을 반영해야 한다.[76]

---

72) Alan Sykes, 'The Questionable Case for Subsidies Regulation: A Comparative Perspective'
   (Research Paper No 380, Stanford University School of Law, 2009) 26.
73) Panel Report, *United States-Final Countervailing Duty Determination with respect to certain
   Softwood Lumber from Canada*, WTO Doc WT/DS257/R (23 August 2003) [7.64].
74) Sykes, above n 72, 26.
75) Robert Howse, 'Climate Mitigation Subsidies and the WTO Legal Framework: A Policy Analysis'
   (Publication, International Institute for Sustainable Development, May 2010).
76) Appellate Body Report, *United States-Final Countervailing Duty Determination with respect to
   certain Softwood Lumber from Canada*, WTO Doc WT/DS257/AB/RW, AB-2003-6 (19 January
   2004) [103] quoted in Gilbert Gagne and Francois Roch, 'The US-Canada Softwood Lumber

이런 이유로, 혜택이 있다는 증거에 관한 기준을 제공해야 하는 것은 일반적으로 회원국 자신의 시장이다. 그러나 그 시장이 정부의 역할을 통해 '왜곡되었다'면, 다른 시장이 적절한 기준을 밝힐 수 있다. 이것은 그 다른 시장이 조사당국의 시장 조건과 적절한 연결성을 보여주는 경우에만 그러하다.

현재의 상황에서 위의 개념적 적용을 논하기 전에, 배출권거래와 기후변화 완화에 관련한 공정성 문제에 대해 주목할 필요가 있다. 배출권거래제도 및 탄소가격책정은 아직은 널리 채택된 조치가 아니다. 그러므로, 시장이 배출에 책임 있는 실체에게 무상 배출권을 제공함으로써 국제무역을 왜곡하는지를 검토하는 것은 다소 불공평한 부분이 있다. 이 문제는 여기에서 간과될 수 없고 간과되어서도 아니된다. 사실 공정성 원칙이 국제법적 맥락에서 매우 중요하기 때문에 어떤 패널이나 상소기구도 이 중대한 원칙을 무시할 수 없을 것이다. 그러나 이를 인정한다고 해도 구체적인 WTO 규정과 그 규정이 적용되는 현실을 변화시키지는 못한다.

온실가스 배출에 대해 가격을 책정하는 것이 아주 흔한 일도 아니고, 그래서 보조금이 자격 있는 실체에게 전 세계적인 혜택을 실제로 부여하지 않을 것이라는 것을 인정함에도 불구하고, 상소기구는 보조금이 세금과 지원의 제공에 대한 규제 요건에 대해서라기보다 그 보조금이 존재하는 시장에 따라 판단되는 것이라고 결정했다.[77] 이 사건에서 혜택이 있다는 증거는 EU ETS와 호주 청정에너지패키지 모두의 지원조치가 전기 및 증기 이용으로부터 직접 및 간접 배출에 대한 배출권을 제공하는 과정에서 발생할 수도 있을 것이다.[78] 책임은 직접배출에 대해서만 부과되기 때문에, 지원조치의 금전적 가치는 배출권거래하에서 참가자의 책임의 가치보다 커질 수 있다. 이 결론은 "세금 면제는 … 감소된 세금책임, 그러므로 감소된 세금납부라는 명백한 혜택이 수혜자에게 부여된다"고 강조되었던 *US-FSC* 사건에서 상소기구의 논증에 의해 지지되었다.[79]

Dispute and the WTO Definition of Subsidy' (2008) 7(3) *World Trade Review* 547, 556.

77) Tracey Epps and Andrew Green, *Reconciling Trade and Climate Change: How the WTO Can Help Address Climate Change* (Edward Elgar Publishing Inc., 2010) 111.

78) Clarke and Waschik, above n 22, 106.

79) Appellate Body Report, *United States-Tax Treatment for Foreign Sales Corporations*, WTO Doc WT/DS108/AB/RW, AB-2001-8 (20 February 2000) [140].

제1조 제1항 (b)호에서 '부여된다(is conferred)'라는 현재시제 동사구절에 의해
잠정적으로 제기되는 또 하나의 문제 요소는 '시기'이다. 달리 말하면, 혜택이 계
속해서 존재하는지에 대한 요건이 있다는 것이다. *US−Lead and Bismuth II* 사건
에서 미국은 제1조에서 현재시제의 사용은 혜택이 '재정적 기여'의 시점에서 증명
되어야 한다는 것을 요구한다고 주장했다.[80] 상소기구는 이 주장을 배척하고 그
조항은 시점의 문제에 대한 해결책을 제시하지 않는다고 보았다:[81]

> 미국은 … 조사당국이 조사 또는 재심의 기간 동안 이전의 '재정적 기여'로부터 계속
> 되는 '혜택'의 존재를 증명해야 한다는 패널의 결정에 항소했다. … 우리는 조사당국
> 이 원래의 조사에서 '혜택'을 규명해야 하는 것과 *동일한 방식으로* 재심의 기간 동
> 안 조사당국이 '혜택'의 존재를 *항상* 밝혀야 한다는 패널의 묵시적 견해에 동의하지
> 않는다. … 원래의 조사에서, 조사당국은 상계관세 부과를 위해 SCM협정에 규정된
> 모든 조건이 충족된다는 것을 밝혀야 한다. 그러나 행정재심에서 조사당국은 자신에
> 게 제기되었던 쟁점들을 다룰 권한이 있다.[82]

이 논증은 패널에 분쟁을 제기하기 위해서 제소국이 보조금의 모든 요소를 증
명할 필요가 있다는 것을 보여준다. 그러나 이들 요소가 더 이상 존재하지 않는다
면, 상소기구는 여전히 패널 결정시의 정황을 고려할 수 있다.

흥미롭게도, 조치가 철회되거나 종료된다는 사실은 패널이 WTO법의 이행문
제에 관해 결정을 내리는 것에 영향을 주지 못한다.[83] 이것은 *US−Wool Shirts
and Blouses* 사건에서 다음의 서술에 의해 명확해졌다:[84]

---

80) *WTO Analytical Index*, above n 40, 764.
81) Ibid.
82) Appellate Body Report, *United States-Imposition of Countervailing Duties on Certain Hot-Rolled
Lead and Bismuth Carbon Steel Products Originating in the United Kingdom*, WTO Doc WT/
DS138/AB/R AB-2001-1 (10 May 2000) [59]―[63] (emphasis added).
83) David Palmeter and Petros C Mavroidis, *Dispute Settlement in the World Trade Organization:
Practice and Procedure* (Cambridge University Press, 2004) 26.
84) Panel Report, *United States-Measure Affecting Imports of Woven Wool Shirts and Blouses from
India*, WTO Doc WT/DS33/R (adopted 23 May 1997) upheld by Appellate Body Report, *United
States-Measure Affecting Imports of Woven Wool Shirts and Blouses from India*, WTO Doc
WT/DS33/AB/R (adopted 23 May 1997).

절차를 종료하는 것에 대해 당사국간에 합의가 없어서, 미국의 규제의 철회에도 불구하고 … 우리의 권한을 준수하기 위해서 이 패널의 위임사항에 제시된 문제에 관하여 우리의 최종보고서를 발행하는 것이 적절하다고 생각한다.[85]

Australia—Automotive Leather 사건에서 소급적 구제(retrospective remedy)가 과거의 보조금에 관해 부과되었다.[86] 이 결정은 오래전에 폐지된 보조금에 대한 소를 제기할 수 있는 가능성 때문에 당시의 WTO 회원국들로부터 상당한 비판에 직면했다.[87] 이는 철회되었거나 만료된 문제를 패널에 제소하기 위해서는 계속되는 혜택의 존재를 증명할 필요가 있다는 결론을 뒷받침한다. 한때 보조금이 존재했다는 사실만으로는 이의를 제기하기에 충분하지 않다.

이것은 물론 어떤 제소가 배출에 책임 있는 실체들에게 무상 배출권을 부여한 것과 관련하여 제기된다면 고려될 필요가 있을 문제이다. 호주 청정에너지패키지상 지원조치는 폐지되었고, 따라서 이 문제는 그로 인해 부여된 혜택에 대한 현재의 분석과 어느 정도 관련이 있다. 그보다 더 중요한 것은 이것이 이론적인 논의이고, 배출권거래 지원조치는 본질적으로 일시적인 것이기 때문에, 어떤 제소의 시기와 후속분쟁은 그것의 어떤 결과에 있어 중요할 수 있다는 것이다.

위에 기재된 기준은 보조금이 존재한다는 사실을 밝히는 기준이다. 그런데 보조금은 또한 금지보조금 또는 조치가능 보조금의 범주 중 하나에 속하지 않는 한 그 자체로 SCM협정 의무를 위반하는 것이 아니다. 이들 유형에 대해서는 다음에서 더욱 상세하게 설명한다.

---

85) Panel Report, *United States-Measure Affecting Imports of Woven Wool Shirts and Blouses from India*, WTO Doc WT/DS33/R (adopted 23 May 1997) [6.2] quoted in Palmeter and Mavroidis, above n 83, 27.

86) Panel Report, *Australia-Subsidies Provided to Producers and Exporters of Automotive Leather*, WTO Doc WT/DS126/R (25 May 1999).

87) Gavin Goh, 'Australia's Participation in the WTO Dispute Settlement System' (2002) 30 *Federal Law Review* 203.

6.5 금지보조금

SCM협정은 보조금 관리에 대해 소위 '신호등 접근방식'을 갖추고 있다.[88] 적색 보조금은 그것이 무역왜곡을 위한 기회로 간주되기 때문에 금지된다. 황색 보조금은 제2조에 따라 특정해야 하는 조치가능 보조금이다. 마지막으로 녹색 보조금은 일단 허용가능한 것이었고, 연구보조금, 환경보조금 그리고 낙후지역에 대한 지원을 포함하고 있었다.[89] 그러나 SCM협정의 허용보조금은 종료되었다.[90]

무상 단위할당 조치와 관련된 것은 금지보조금 규정이다. 금지보조금 요건은 SCM협정 제3조에 담겨 있다. 이들 보조금은 다음 두 개의 범주 중의 하나에 해당된다:

- 수출보조금 그리고
- 수입대체보조금[91]

6.5.1 수출보조금

수출보조금의 금지는 SCM협정 제3조 제1항 (a)호에 담겨 있다. 동 조항은 "법률상 또는 사실상, 단독으로든 여러 다른 조건 중의 하나로든 수출행위에 따른 보조금"을 금지한다.[92] 동 조항에 대한 각주는 어떤 것이 *사실상(de facto)* '수출행위에 따른' 것이 되기 위해서는 "실제 또는 예상되는 수출 또는 수출수입과 사실상 결부되어"야 한다는 것을 명확히 하고 있다.[93]

보조금이 '~에 따른(contingent)' 것일 요건에 관해서는 *Canada – Aircraft* 사건에서 다뤄졌다.[94] 이 분쟁에서 상소기구는 이 용어의 사전적 의미를 언급했다. 이

---

88) See, for example, Poretti, above n 33, 30-31.
89) Ibid 31.
90) Agreement on Subsidies and Countervailing Measures, Article 31.
91) Ibid Article 3.2 cited in Van Den Bossche, above n 35, 571.
92) Agreement on Subsidies and Countervailing Measures, Article 3.1(a).
93) Ibid Article 3.1(a) footnote 4.

개념정의 내에서, 'contingent'는 '그것의 존재가 뭔가 다른 것에 조건적이거나 의존적인'을 의미한다고 지적되고 있었다.[95] 동 상소기구는 이어서 *사실상(de facto)* 및 *법률상(de jure)* 부수적인 사건(contingency)에 대한 서로 다른 증거상의 요건에 대해 논의하였다:

> 우리의 견해로, 'contingent'라는 단어에 의해 표현된 법적 기준은 *사실상* 또는 *법률상* 부수적 사건 모두에 동일하다. 그러나 어떤 보조금이 수출에 따른(export contingent) 것이라는 것을 증명하기 위해서 어떤 증거가 이용될 수 있는지와 관련해서는 차이가 있다. *법률상* 수출에 따른 것은 관련 법률, 규정 또는 기타 법률문서의 표현에 근거하여 입증된다. *사실상* 수출에 따른 것을 증명하는 것은 훨씬 더 어려운 일인데 … 부수적인 사건에 관한 이런 관계의 존재는 보조금 승인을 구성하고 둘러싼 사실의 총체적 형태로부터 추론되어야 한다.[96]

법률상 부수적 사건 요건은 *Canada — Autos* 사건에서 검토되었다.[97] 이 사건에서 보조금이 *법률상* 수출에 따른 것이 되기 위해서 법률에 의해 명백하게 수출이라는 조건이 규정될 필요가 있는 것은 아니라고 설명하였다. 이 사건에서, 상소기구는 "수출이행조건이 보조금 협정에서 보조금의 요건에 의해 명확하게 되어야 한다는 것에 대해, 이는 규정이라기보다는 예외로 볼 수 있다"고 판시하였다.[98]

보조금이 "사실상 실제 또는 예상 수출 또는 수출소득과 연결되어" 있다면 보조금은 수출에 *사실상* 조건부일 수 있다.[99] *Canada — Aircraft* 사건에서 상소기구

---

94) Appellate Body Report, *Canada-Measures Affecting the Export of Civilian Aircraft*, WTO Doc WT/DS70/AB/R, AB-1999-2 (20 August 1999) 43 [166].

95) *The New Shorter Oxford English Dictionary* (Clarendon Press, 1993) Vol I, 494; *The Concise Oxford English Dictionary* (Clarendon Press, 1995) 289. See also *Webster's Third New International Dictionary* (William Benton, 1966) Vol. I, 493 quoted in Appellate Body Report, *Canada-Measures Affecting the Export of Civilian Aircraft*, WTO Doc WT/DS70/AB/R, AB-1999-2 (20 August 1999) 43 [166].

96) Appellate Body Report, *Canada-Measures Affecting the Export of Civilian Aircraft*, WTO Doc WT/DS70/AB/R, AB-1999-2 (20 August 1999) 43 [166]—[167].

97) Appellate Body Report, *Canada-Certain Measures Affecting the Automotive Industry*, WTO Doc WT/DS 139/AB/R, WT/DS142/AB/R (adopted 19 June 2000).

98) Ibid [100].

99) Marrakesh Agreement Establishing the World Trade Organization, opened for signature 15 April

는 이 개념정의를 다음의 명확한 세 가지 검토방법으로 구분하였다:

- 보조금이 부여되었다는 것
- 그 부여가 어떤 것과 '결부'되었다는 것 그리고
- 그 *어떤 것*이 '사실상 또는 잠재적 수출 또는 수출소득'이라는 것[100]

동 상소기구는 "보조금을 지급하는 정부가 수출이 발생할 것으로 예상한다는 것을 입증하는 것만으로는 충분하지 않다"고 지적했다.[101] *사실상* 수출보조금의 범위는 *Australia−Automotive Leather II*[102]에서 더욱 명확하게 드러났다. 이 분쟁에서 패널은 다음과 같이 기술했다:

각주 4의 두 번째 문장은, 수출기업에게 보조금이 지급된다는 단순한 사실만으로는 수출실적에 따라 보조금이 '실제로' 있다고 결론 지을 수 있는 유일한 근거가 될 수 없다는 것을 분명히 하고 있지만, 패널의 분석에서 그 사실에 대한 고려를 불가능하게 하지는 않는다. 또한 특정 회사의 수출수준에 대한 고려도 배제하지 않는다.[103]

이런 논증을 토대로 보조금이 수출보조금으로 분류될 수 있는지 여부를 결정하기 위하여 고려될 수 있는 많은 쟁점들이 있다. 예를 들어, 보조금을 받은 회사의 수출금액은 그 회사가 수출보조금을 받았는지와 관련이 있다. 물론 이것은 보조금을 분류하는 불충분한 기준인데, 특히 보조금은 한 회사에게만 부여되기보다는 산업 전반에 걸쳐서 부여될 것이기 때문이다.

1994, 1867 UNTS 3 (entered into force 1 January 1995) Annex 1A ('Agreement on Subsidies and Countervailing Measures') footnote 4, cited in Van Den Bossche, above n 35, 573.

100) Appellate Body Report, *Canada-Measures Affecting the Export of Civilian Aircraft*, WTO Doc WT/DS70/AB/R, AB-1999-2 (20 August 1999) [169] cited in Van Den Bossche, above n 35, 573.

101) Appellate Body Report, *Canada-Measures Affecting the Export of Civilian Aircraft*, WTO Doc WT/DS70/AB/R, AB-1999-2 (20 August 1999) [171].

102) Panel Report, *Australia-Subsidies Provided to Producers and Exporters of Automotive Leather*, WTO Doc WT/DS126/R (25 May 1999) (emphasis in original).

103) Ibid [9.56].

SCM협정 제3.1조의 두 번째 단락은 금지보조금의 두 번째 분류인 수입대체보조금 규정을 담고 있다. 이 범주는 여기서의 분석과 관련이 없다. 무상 배출권할당 조치는 수입된 상품에 대한 국내상품의 이용과는 아무런 연관이 없기 때문이다. 따라서 무상 배출권의 제공을 위한 조치를 금지보조금으로 분류하기 위해서는 이것을 수출보조금으로 분류시켜야 한다.

EU의 탄소누출 규정과 호주의 JCP 지원자격은 부분적인 무역노출(trade exposure) 비율의 충족 여부에 달려 있는데, 이는 수출가격을 의미한다.[104] 구체적으로 보면 '수입 및 수출가격과 국내생산가격의 비율'은 해당 연도의 10퍼센트 이상이어야 한다.[105] 결과적으로, 무상 배출권 규정은 수출수준과 결부된다.

수출가격에 대한 명확한 연관성과 금지보조금 요건의 연관성에도 불구하고, 무상 배출권 지원조치가 금지보조금이라는 결정을 내리는 데 약간의 장애가 있다. 첫째, 무역노출을 위한 조치는 장래의 또는 현재의 수출행위가 아니라 과거의 행위에 근거하고 있다. 이런 이유로, '실제 또는 예상되는 수출 또는 수출수입'의 의미가 중요하게 된다. '예상된 수입'은 과거에 발생했던 것이라기보다 장래의 수입을 나타낸다.[106] '예상된 수입'은 EU 또는 호주에서 배출권의 무상할당과 관련이 없다.

이와는 반대로, '실제 수익'은 사실의 문제로 존재하는 수익을 나타낸다.[107] 이것은 과거 실적의 요소를 나타낸다. 실제로 수익이 존재하기 위해서는 과거에 수출행위가 발생했어야 한다. 그러나 두 제도하에서 무역노출 테스트는 인접한 과거에는 없다. JCP하에서 관련 있는 연도는 2004−05, 2005−06, 2006−07 또는 2007−08이었다. 이것은 인접한 과거 수출실적을 요하는 EU의 결정과 대조될 수 있다. JCP와 관련해서는 적어도 자격심사기간이 지나치게 동떨어져 있어 문제가 발생한다.

---

104) Department of the Prime Minister and Cabinet, Parliament of the Commonwealth of Australia, *Securing Australia's Energy Future* (2004) 115, Table 15.
105) Ibid. 적격 연도는 2004-05, 2005-06, 2006-07 또는 2007-08이다.
106) '예상된(anticipated)'은 Catherine Soanes, Sara Hawker and Julia Elliot (eds), *Oxford English Dictionary* (Oxford University Press, 6th edition, 2010) 28에 정의되어 있다.
107) '실제의(actual)'에 대한 개념정의는 ibid 8 참조.

그러므로, 저자는 무상 배출권 지원조치의 금지 또는 기타조치에 대해 약간의 의구심을 가진다. 한편, 기본적인 질문 중의 하나는 활동의 수출가격을 참조하여 답변된다. 다른 한편, 제공된 지원은 기업들이 국내시장에서 상품을 수출하거나 판매하는지 여부에 따른 것이 아니다. 명확히 하면, 활동 그 자체는 더 큰 수출시장점유율을 가지는 설비나 공장이 아니라 보조금을 유인한다. 그러므로 이 '보조금'은 국내시장과 관련하여 수출된 상품의 비용을 감소시키는 것이 아닐 것이다. 국내시장을 겨냥한 상품은 동일한 혜택을 받을 것이다. 따라서 보조금은 기업의 상품이 실제로 수출될 것을 조건으로 지급되는 것이 아니다.

약간의 불확실성이 있기 때문에, 좀 더 확실한 결론을 도출하기 위해서 이들 조치를 보다 자세히 검토하는 것이 필요할 수 있다. 패널과 상소기구는 입법자에게 동기부여가 되는 '많은 이유들'을 검토하려는 의지가 없었다.[108] 그보다는 그들은 "조치 자체에서 드러나거나 객관화된 조치의 목표 또는 목적을 식별할 수 있도록" 규제의 "설계, 양식 그리고 구조"를 검토하는 것을 선호했다.[109] 그렇다고 하더라도 이러한 지원조치가 해당산업의 국제시장 점유율이 감소할 것이라는 불안감을 근거로 한다는 사실을 여기서 완전히 무시하기는 어렵다. 이 경우에 지원조치의 보호주의적 성질을 옹호하는 주장이 강화된다.[110] 이를 바탕으로, 수출비율에 대한 명확한 연계성에 따라 이러한 조치들은 수출보조금으로 분류될 수 있고 SCM협정에 의해 금지될 수 있다.[111] 확실히, 금지보조금을 둘러싼 WTO법의 엄격한 기준 때문에, 어떤 보조금을 수출 수준과 연결하는 데에는 이행의무준수에 따른 위험부담이 있다.

---

108) See, for example, Appellate Body Report, *Japan-Taxes on Alcoholic Beverages*, WT/DS8/AB/R, WT/DS10/AB/R, WT/DS11/AB/R (1 November 1996) DSR 1996:1, 27; Appellate Body Report, *Chile-Taxes on Alcoholic Beverages*, WTO Doc WT/DS110/AB/R, WT/DS87/AB/R (adopted 12 January 2000) [71]. But see, Panel Report, *Canada-Certain Measures Concerning Periodicals*, WTO Doc WT/DS31/R (report circulated 14 March 1997) [475].

109) Appellate Body Report, *Chile-Taxes on Alcoholic Beverages*, WTO Doc WT/DS110/AB/R, WT/DS87/AB/R (adopted 12 January 2000) [71].

110) Revised Explanatory Memorandum, Clean Energy Bill 2011 (Commonwealth of Australia) 157.

111) 이것은 Donald Feaver, Will McGoldrick and Victoria Boyd-Wells가 제공한 분석에 의해서도 뒷받침된다. 'Is Australia's EAP a Prohibited Export Subsidy' (2010) 44 *Journal of World Trade* 319, 339; Hufbauer, Charnovitz and Kim, above n 23, 92.

부수적으로 이 금지에 대한 요건에도 불구하고, 수출과 연결된 보조금에 대한 전면적인 금지는, SCM협정의 엄격성 수준을 보여준다. 이 엄격성은 예외규정을 통한 균형을 이루지 못하기 때문에 특히 문제가 된다. 특정한 상황에서는 의무준수가 어렵기 때문이다. 사실 배출권의 무상할당의 경우, 이러한 조치들이 국제시장에서 무역을 왜곡할 것이라는 증거가 거의 없다. 이에도 불구하고 이들 상황에서 엄격히 금지된다는 점은 확인되었다. 금지보조금에 이용가능한 구제조치와 관련해서는 다음에서 살펴본다.

6.6 금지보조금에 대한 SCM협정상의 구제

SCM협정은 '상계 보조금(counteracting subsidies)'을 위한 두 개의 구제조치를 포함하고 있다.[112] 다자적 구제조치에는 판정을 위한 분쟁해결에 따른 의무이행과 금지보조금으로 결정된 보조금의 후속적인 철회가 포함된다.[113] 조치가능 보조금을 위한 대안적 구제는 그 보조금에 의해 유발된 실질적인 '부정적 효과'의 철회이다.[114]

두 번째 유형의 구제는 일방적 구제로 알려진 것이다.[115] 이 유형의 구제조치는 피해를 입은 회원국이 SCM협정의 제5부에 따라 상계관세를 부과하는 것을 허용한다. 간단히 말해서 상계관세는 '조사에 따라' 일단 보조금을 받은 상품이 피해를 입은 국가에 수입되는 경우, 그들에 대해 부과될 수 있다.[116]

상계관세를 부과할 필요를 입증하려면 그 요건은 상당하다. 상계관세가 부과되기 전, 조사과정을 위해 상당한 증거가 요구된다.[117] 그러나 일방적 구제와 다자

---

112) Mitsuo Matsushita, Thomas J Schoenbaum and Petros C Mavroidis, *The World Trade Organization: Law, Practice and Policy* (Oxford University Press, 2nd edition, 2006) 364.

113) Agreement on Subsidies and Countervailing Measures, Article 4.

114) Ibid Article 7. 조치가능 보조금을 위한 구제는 보조금의 철회가 될 수도 있다는 점에 주목하라. see Article 7.8.

115) Matsushita, Schoenbaum and Mavroidis, above n 112, 364. See also Van Den Bossche, above n 35, 585.

116) Agreement on Subsidies and Countervailing Measures, Article 10.

117) 개시절차에 대해서는 제11조 그리고 필요한 증거에 대해서는 제12조.

적 구제를 비교해 본다면, 전자가 달성하기 더 쉽고, 논쟁의 여지는 있지만, 효과
적이다.[118] 이 장에서 앞서 논의한 것처럼, 종료된 조치도 분쟁해결에서 고려의 대
상이 될 수 있다.[119] 또한 구제는 일부 상황에서 종료된 보조금을 위해 부과될 수
있는 것으로 나타난다.[120] 그러나 상계관세는 SCM협정 제20조에 의해 규정된 것
을 제외하면 소급적으로 부과될 수 없다.[121] 이것은 상계관세가 부과된 이후에 수
입된 모든 상품에는 관세가 적용될 수 있지만 그 이전의 것에는 적용되지 않는다
는 것을 의미한다. 더욱이 SCM협정 제21조 제1항은 상계관세는 '보조금을 상쇄'하
는 데 필요한 경우에만 유효해야 한다고 규정하고 있다.

여기서 제안하고 싶은 것은 상계관세는 배출단위의 무상할당에 대해서는 부
적절한 대응이라는 것이다. 첫째, 다른 국가들은 그렇지 않은 반면 배출권거래제
도를 이행하기로 선택한 국가의 상품에 대해 온실가스 배출비용을 부과하기로 한
것에서부터 발생하는 이 구제와 관련하여 불공정한 요소가 있다. 둘째, 이들 조치
는 본질적으로 일시적 성질을 갖도록 의도된 것이다. 그럼에도 불구하고 SCM협정
은 이런 상황이 발생하도록 허용하고 있는 것으로 보인다.

6.7 추가 지원조치

저자는 지원조치를 수출 수준과 연결하는 것에 위험이 있다는 것을 인정하지
만, 탄소누출 및 무상할당제공과 관련한 결론은 결코 피할 수 없다. 그러나 지원조
치 및 탄소누출 규정과 관련하여 추가적인 위험이 있다. 다시 말해, 탄소누출에 대
해 지원받을 자격이 있는 그 동일한 실체들이 이용할 수 있는 추가지원의 효과는
사실 그런 실체들에게 부여되는 조치가능 보조금이 있을 수 있는지를 결정하는 데
집합적으로 고려되어야 한다. SCM협정의 이런 뉘앙스와 어떻게 그것이 배출권거

---

118) Matsushita, Schoenbaum and Mavroidis, above n 112, 394.

119) 이 책 6.4.2 참고.

120) See, for example, Panel Report, *Australia-Subsidies Provided to Producers and Exporters of Automotive Leather*, WTO Doc WT/DS126/R (25 May 1999).

121) Matsushita, Schoenbaum and Mavroidis, above n 112, 385.

래의 법체계에 적용되는지를 더 잘 설명하기 위해서, 본 장의 분석에서는 호주 청
정에너지패키지의 법체계에 부수되었던 철강제조산업을 위한 추가조치에 대한 통
합적인 사례연구가 포함된다. 이것은 철강산업개편계획 패키지(Steel Transformation
Plan Package; 이하 STPP)로 알려져 있다. 이것을 더 상세하게 고려하기 위해서 SCM
협정 내에서 조치가능 보조금과 관련된 규칙이 무엇인지를 명확히 하는 것이 중요
하다.

6.7.1 조치가능 보조금과 STPP

조치가능 보조금에 대한 요건은 SCM협정 제5조에 포함되어 있다. 제5조는
'부정적 효과'가 세 개의 서로 다른 형식을 취할 수 있다고 규정하고 있다. 이것들
은 다음과 같다:

- GATT 1994하에서 다른 회원국이 직접적 또는 간접적으로 향유하는 혜택, 특히
  동 협정 제2조에 따른 양허 혜택의 무효화 또는 침해
- 다른 회원국의 국내산업에 대한 피해, 또는
- 다른 회원국의 이익에 대한 심각한 손상

부정적 효과를 입증하는 기준의 본질은 SCM협정 제5조가 '그 자체(as such)'를
근거로 하여 이의제기할 수 없다는 제안으로 이끌었다.[122] '그 자체'에 의한 반론
은 '적용된 바와 같은'(as applied)이라고 지칭되는 정책 또는 규제 그 자체를 포함
하는 것이다. 패널은 *US − Offset Act(Byrd Amendment)* 사건의 판정에서 부정적 효

---

122) 'as such' 이의제기는 나타나는 대로의 조치를 다툰다. 이것은 'as applied' 이의제기와 비교
되는데, 이것은 조치가 이행되는 방법을 다룬다. WTO법하에서 'as such' 이의제기는 법률이
나 법 그 자체에 대한 이의제기를 포함한다. 'as such' 이의제기는 법률이 협정을 위반하는
행위를 명령하는 경우에만 성공적이 될 것이다; see Panel Report, *Canada-Export Credits and
Loan Guarantees for Regional Aircraft*, WTO Doc WT/DS222/R (28 January 2002) 7.107 cited
in *WTO Analytical Index*, above n 40, 766 (emphasis added). 그러나 Carol Ni Ghiollamath,
above n 35, 202는 비록 정책이 *법률상*(de jure) 규제재량을 포함하는 것으로 나타날지라도
이것이 충족될 것이라고 제안한다. 그러나 사실 그 재량이 WTO 의무를 준수하는 방식으로
법률을 적용하는 것을 참작하지는 않는다.

과가 '적용된 바와 같은'을 근거로만 반박할 수 있다는 주장을 반박했다. 이 분쟁에서 "미국이 하고 있는 주된 주장은 … 미국 자신의 견해로, 보조금이 그 법률하에서 부여되어야 한다는 것을 의미하는 제5조상의 위반이 있을 수 있기 전에 그 법률이 적용되어야 한다는 것으로 보인다. 이것은 명백히 틀린 것이다"[123]라고 패널은 지적했다.

6.7.1.1 무효화 또는 침해를 유발하는 보조금

여기서 논의하게 될 부정적 효과의 첫 번째 분류는 SCM협정의 제5조 (b)호에 포함되어 있는데, '무효화 또는 침해(nullification or impairment)'이다.[124] 이 유형의 부정적 효과는 복잡하고 거의 적용되지 않는다. 이런 이유로 여기서는 간략하게만 다루도록 한다.

SCM협정 제5조 규정의 각주에 따르면 이 조항에서 '무효화 또는 침해'는 GATT 제23조 제1항에 있는 구절에 부여된 것과 동일한 의미를 갖는다.[125] GATT 제23조 제1항은 무효화 또는 침해가 성립하기 위한 세 개의 서로 다른 시나리오를 규정하고 있다. 이들은 다음과 같다:

(a) 다른 회원국의 이 협정에서 정한 자신의 의무의 불이행, 또는

(b) 이 협정 규정과의 저촉 여부를 불문하고 다른 회원국에 의한 조치의 적용, 또는

(c) 그 밖의 상황의 존재.

이를 달리 표현하면, 위반제소, 비위반제소 그리고 상황제소이다.

제소국이 SCM협정 제5조하에서 위반제소가 존재한다는 것을 보여주는 것은, 협정이 위반되었고 그러므로 부정적 효과가 존재한다는 것을 보여주는 것만으로는 충분하지 않다. 그보다, 보조금 자체가 협정을 위반했다는 것을 보여주는 것이 필

---

123) Panel Report, *United States-Continued Dumping and Subsidy Offset Act of 2000*, WTO Doc WT/DS217/AB/R, WT/DS234/R (16 September 2002) [4.463].

124) 이 규정은 '무효화 또는 침해'라는 용어가 GATT 1994에 있는 것과 동일한 의미로 사용된다는 각주를 갖고 있다.

125) Luca Rubini, *The Definition of Subsidy and State Aid: WTO and EC Law in Comparative Perspective* (Oxford University Press, 2009) 72.

요하다. *EC－Commercial Vessels* 사건에서 언급된 바와 같이, SCM협정의 제5조에 대한 분석은 보조금의 확인으로부터 시작되어야 한다.[126] 이것은 제소국이 입증해야할 추가적 요소이다. 이 추가적인 요소를 증명하는 것은 제소국이 어떤 조치가 어떤 합의를 위반하였는지를 증명했을 때보다 더 제소국의 입장을 나아지게 하지는 않는다. 그러므로 이 '부정적 효과'의 특별한 유형은 단지 그렇게 할 필요가 없기 때문에 거의 적용하지 않는다.

이를 뒷받침하기 위해, *US－Offset Act(Byrd Amendment)*[127] 사건에서 패널은 SCM협정 제5조 (b)호가 GATT의 '비위반'제소규정을 효율적으로 성문화했다고 시사했다.[128] 이것은 무효화 또는 침해라는 '부정적 효과'가 일반적으로 '비위반'제소와 연관된다는 것이 인정될 때, 아마도 부분적으로만 규명될 수 있는 다소 혼란스러운 규정이다.[129] 상소기구는 또한 '비위반'제소규정은 주의해서 접근해야 하고 예외적인 구제수단으로 남아 있어야 한다고 명확히 말했다.[130]

GATT 제23조 제1항의 비위반제소는 본질적으로 다른 '정책 도구'의 사용을 통해 무효화되거나 침해되는 관세감축의 혜택과 연관된 제소이다.[131] SCM협정 제5조 (b)호는 국내보조금이 수입관세와 동일한 '보호주의' 효과를 갖는 정책도구일 수 있다는 것을 인정하고 있다.[132]

비위반제소의 요건은 *EEC－Oilseeds*에 대한 GATT 패널 보고서에서 고려되었다.[133] 이 분쟁에서 패널은 (GATT의) 제2조 관세양허 혜택이 침해되어서 관세양허표 내에 포함되어 있는 관세양허로부터의 어떤 혜택이 본질적으로 침해되었을 때 비위반제소가 입증되었다고 생각했다.[134] 더욱이 이 분쟁의 패널은 GATT 제23

126) Panel Report, *European Communities-Measures Affecting Trade In Commercial Vessels*, WTO Doc WT/DS301/R (22 April 2005) 45 [4.213].

127) Ibid.

128) Ibid [7.126].

129) Ibid [4.465].

130) Appellate Body Report, *European Communities-Measures Affecting Asbestos and Asbestos Containing Products*, WT/DS135/AB/R (2001) [186].

131) Rubini, above n 125, 39.

132) Ibid 411-12.

133) GATT Panel Report, *European Economic Community-Payments And Subsidies Paid To Processors And Producers Of Oilseeds And Related Animal-Feed Proteins*, GATT Doc L/6627 (14 December 1989, adopted 25 January 1990) GATT BISD 37S/86, 38.

조 제1항하에서 비위반제소가 예외적 구제로 남아 있다는 것을 보장하기 위해서, 제소국은 관세혜택 감축이 구조적이라는 것을 보여줄 필요가 있을 것이라고 언급했다.[135]

이것은 이 범주가 회원국이 관세양허 협상에서 얻은 혜택을 무효화하거나 손상시키는 것을 금지하는 것을 인정한다는 것에서 나온 귀결이다. 철강보조금의 문제가 여기서 고려되므로 회원국의 양허표에 목록으로 기재된 관세양허를 고려하는 것이 중요하다. 예시의 방식으로 특정적이 되기 위하여 철강상품은 호주의 양허표 내에 기재된 관세양허를 하고 있다. 그러나 '부정적 효과'라는 이 범주는 혜택의 무효화 또는 침해가 체계적으로 이루어지는 경우에만 적용가능하다.[136] 이렇듯 체계적으로 이루어진다는 것은 패널이나 상소기구가 만족할 만큼 입증되기가 어렵다. 따라서 철강제조 보조금의 효과는 조치가능하게 될 '피해' 또는 '심각한 손상' 중의 하나를 유발할 가능성이 더 크다.

6.7.1.2 국내산업에 대한 피해[137]

SCM협정은 제5부에서 '피해(injury)'라는 용어의 의미를 정의하고 있다.[138] 피해는 SCM협정의 제15조에서 정의된다. 피해가 성립하기 위해서, SCM협정의 제15조 제1항은 다음의 객관적 검토를 요구한다:

(a) 보조금을 받은 수입품의 물량과 보조금을 받은 수입품이 *동종상품*을 위한 국내 시장에서의 가격에 미치는 효과 그리고

(b) *이러한* 상품의 국내생산자에 대한 이들 수입품의 결과적 효과[139]

---

135) Ibid 36 [148].
136) Ibid [148].
137) Agreement on Subsidies and Countervailing Measures, Article 5(a). 국내산업은 SCM협정에 의해 정의된다. SCM협정 제16조는 국내산업을 '동종상품의 국내생산자 전체 또는 이들 중 생산량 합계가 동 상품의 전체 국내생산량의 상당부분을 점하는 국내생산자들을 지칭하는 것'으로 개념정의하고 있다.
138) Marrakesh Agreement Establishing the World Trade Organization, opened for signature 15 April 1994, 1867 UNTS 3 (entered into force 1 January 1995) Annex 1A ('Agreement on Subsidies and Countervailing Measures') footnote 11.

134) Ibid 38-9.

또한 SCM협정의 제15조 제4항은 국내산업에 대한 영향을 검토할 때 고려되어야 할 요소들을 열거하고 있다. 제15조 제4항은 다음과 같이 기술한다:

> 검토는 … 생산량, 판매, 시장점유율, 이윤, 생산성, 투자수익 또는 설비가동율의 실제적 및 잠재적인 감소, 국내가격에 영향을 미치는 요소, 자금순환, 재고, 고용, 임금, 성장, 자본조달능력 또는 투자에 대한 실체적 및 잠재적인 부정적 효과를 포함하여 산업의 상태에 영향을 미치는 모든 관련 경제적 요소 및 지표에 대한 평가를 포함한다. … 이러한 목록은 총망라적이지 아니하며 이들 요소 중 어느 한 개 또는 수개가 반드시 결정적인 지침이 될 수는 없다.

그러므로 제소국은 피해가 보조금 자체에 의해 유발되었다는 것을 입증해야 한다. 이것은 인과관계를 요구한다.140) 어떤 위반에 대해서든 가장 도전적인 측면을 나타내는 것은 인과관계의 입증이다.141) 그 이유는 효과가 먼저 입증되어야 한다는 것을 의미하기 때문이다. 효과에 대한 증거는 일반적으로 자료동향에 의해 증명된다. 일단 효과가 입증되면, 보조금 자체가 그 효과의 원인이라는 증거가 제시되어야 한다.142)

피해의 *우려*에 대한 요건은 상당히 경제적 성격을 가지고 있다. SCM협정 제15조 제7항은 다음과 같이 기술한다: "실질적 피해의 위협은 사실에 근거하고 단순히 주장, 추측 또는 먼 가능성에 근거하지 않는다." 그리고 이 조항은 피해의 우려가 예측가능한지를 검토할 때 조사당국이 고려해야 하는 요소들에 관하여 설명하고 있다. 그 요소는 다음을 포함한다:

(ⅰ) 당해 보조금의 성격 및 이로부터 발생할 수 있는 무역효과

---

139) Agreement on Subsidies and Countervailing Measures, Article 15 (emphasis added).

140) Marrakesh Agreement Establishing the World Trade Organization, opened for signature 15 April 1994, 1867 UNTS 3 (entered into force 1 January 1995) Annex 1A (Agreement on Subsidies and Countervailing Measures') Article 15.5; Ghiollamath, above n 35, 221.

141) Panel Report, *Korea-Measures Affecting Trade in Commercial Vessels*, WTO Doc WT/DS273/R (7 March 2005) [7.536].

142) Panel Report, *European Communities And Certain Member States-Measures Affecting Trade In Large Civil Aircraft*, WTO Doc WT/DS316/R (30 June 2010) 100 [4.431].

（ⅱ）실질적인 수입증가의 가능성을 나타내는 국내시장에서의 보조금을 받은 수입품의 현저한 증가율

（ⅲ）추가적인 수출을 흡수하는 다른 수출시장의 이용가능성을 감안하여, 수입회원국의 시장으로 보조금을 받은 수출품의 실질적인 증가가능성을 나타내는 충분하고 자유롭게 처분가능한 수출자의 생산능력 또는 수출자의 생산능력의 임박하고 실질적인 증가

（ⅳ）수입품이 국내가격을 현저하게 인하 또는 억제시킬 가격으로 반입되고 있고 추가수입에 대한 수요를 증가시킬 것인지 여부 그리고

（ⅴ）조사대상 상품의 재고현황[143]

이에 더하여, 실질적 피해의 위협을 입증하기 위해, 피해는 그 자체로 '명확히 예견되고 임박한' 것이어야 한다.[144]

6.7.1.3 심각한 손상

SCM협정 제5조에 목록으로 기재된 부정적 효과의 마지막 종류는 '다른 회원국의 이익에 대한 심각한 손상(serious prejudice)'이다.[145] 이 범주의 조치가능 보조금은 위에서 논의한 두 범주보다 '더 광범위한 개념'으로 여겨진다.[146] 이 범주는 회원국의 수출이익이 다른 회원국의 보조금에 의해 부정적으로 영향을 받고 있는 상황에 적용된다.

SCM협정 제6조 제3항은 심각한 손상이 존재할 수 있는 시나리오에 대해 기술하고 있다.[147] 이 조항은 다음을 기술한다:

---

143) Agreement on Subsidies and Countervailing Measures Article 15.7.
144) Panel Report, *European Communities And Certain Member States-Measures Affecting Trade In Large Civil Aircraft*, WTO Doc WT/DS316/R (30 June 2010) 96 [4.412].
145) SCM협정의 각주 13은 '심각한 손상'은 GATT 1994 제16조에 있는 것과 동일한 의미를 갖고 심각한 손상의 우려를 포함한다고 정한다.
146) Gary P Sampson, *The WTO and Sustainable Development* (United Nations University Press, 2005) 90.
147) 지적한 바와 같이 제6.1조는 제31조의 시간제한의 대상이었다: "제6조 제1항의 규정과 제8조 및 제9조의 규정은 WTO협정 발효일로부터 5년 동안 적용된다." See *WTO Analytical Index*, above n 40, 850 [391].

아래 사항 중 하나 또는 그 이상이 적용되는 경우, 제5조 (c)호의 의미의 심각한 손상이 *발생할 수 있다.*

(a) *보조금으로 인하여* 보조금지급회원국 시장으로의 다른 회원국 동종상품의 수입을 배제 또는 방해하는 *효과가 발생하는 경우*

(b) *보조금으로 인하여* 제3국 시장으로부터 다른 회원국 동종상품의 수출을 배제 또는 방해하는 *효과가 발생하는 경우*

(c) *보조금으로 인하여* 동일시장에서 다른 회원국의 동종상품의 가격에 비해 보조금 혜택을 받은 상품의 현저한 가격인하, **또는** 동일시장에서의 현저한 가격인상 억제, 가격하락 또는 판매감소를 초래하는 *효과가 발생하는 경우*

(d) *보조금으로 인하여* 보조금을 받은 특정 일차 상품 또는 산품에 있어 보조금 지급 회원국의 세계시장 점유율이 이전 3년간의 평균 점유율과 비교하여 증가하고, 이 같은 증가가 보조금이 지급된 기간에 걸쳐 일관성 있는 추세로 나타나는 효과가 발생하는 경우[148]

이 조항의 요건은 심각한 손상이 발생했다는 것을 확증하기 위해 요구되는 증거는 측정가능하다는 것을 보여준다. 더욱이, 중기 또는 장기적인 기간 동안의 경향에 대한 증거가 이 유형의 주장을 입증하기 위해 요구될 수 있다.

특히, 몇몇 예외가 적용되더라도, 일반적으로 이런 종류의 부정적 효과를 입증하기 위해서 '동종상품' 간의 비교가 요구된다.[149] *Korea − Commercial Vessels* 사건에서 패널은 이들 예외 중의 하나에 주목했다: "우리는 앞서의 고려사항을 바탕으로, SCM협정 제15조에 대한 각주 46에 정의된 대로 "동종상품"은 제6조 제3항 (c)호에 따른 가격억제/가격하락(price suppression/price depression)이라는 주장을 위한 법적 요건이 아니라고 결론을 내린다."[150] 이에도 불구하고, 제5조 (c)호에

---

148) SCM협정 제6.3조(강조 첨가). SCM협정의 제6.2조는 이것이 "보조금을 지급하는 회원국이 당해 보조금이 제3항에 열거된 어떠한 효과도 초래하지 않았음을 입증하는 경우 심각한 손상은 존재하지 아니한 것으로 판정된다"라고 기술하는 것처럼 효과적으로 이 목록을 한정적인 것으로 하고 있다.

149) 이 책 4.3.4에 있는 동종상품에 대한 논의는 SCM협정의 특정 section을 위해서라기보다는 '동종상품'이 전체 SCM협정을 위해 개념정의되어 있는 것처럼 이 section에 있는 동종상품의 이용에 관련이 있다.

150) Panel Report, *Korea-Measures Affecting Trade in Commercial Vessels*, WTO Doc WT/DS273/R (7 March 2005) [7.553].

있는 심각한 손상과 제5조 (a)호에 있는 피해는 거의 항상 부정적 효과가 '동종상품'의 공급을 통해 지속된다는 것을 요구한다. 또한, 보조금이 한정된 수혜자에게 제공된다는 것을 입증할 것이 요구된다. 이 '특정성' 요건은 SCM협정 제2조에 포함되어 있다.

6.7.1.4 철강산업과 부정적 효과

'피해' 그리고 '심각한 손상'의 범주는 보조금 협정 자체 내에 명시된 뚜렷한 요건을 갖고 있다. 이들 범주는 둘 다 '국내산업에 대한 피해'[151] 또는 '다른 회원국의 수출이익에 대한 심각한 손상' 중의 하나가 확인되고, 문제가 된 보조금이 부정적 효과의 원인일 것을 모두 요구한다. 이 두 가지 범주는 모두 일반적으로 피해 또는 심각한 손상이 '동종상품'과 관련되어 있을 것을 요구한다.[152]

위의 논의에서는 피해 또는 심각한 손상 중의 하나를 확립할 기준이 개별적으로 설명되었다. 그런데 별개의 범주를 형성함에도 불구하고 상소기구는 하나를 위한 기준은 다른 하나에 정보를 주는 데 관련이 있을 수 있다는 것을 인정했다:

> 비록 '실질적 피해'가 '심각한 손상'과는 뚜렷이 구별되는 개념일지라도, 그리고 각각의 결정에서 고려되는 요소가 제15조 및 제6조 제3항에 개별적으로 규정되어 있을지라도, '심각한 손상'이라기보다 '피해'의 결정과 관련이 있는 규정이 SCM협정 제3부로 자동적으로 옮겨져서는 아니 되지만, 상소기구는 그럼에도 불구하고 그들이 관련이 있을 수 있다는 점을 발견한 바 있다.[153]

그러므로 이러한 범주에 대한 기준은 경우에 따라 구체적이고 뚜렷하지만 두 가지 모두에 관련이 있을 수 있다. 이런 이유로 해당 논의에 대한 분석은 이 문제

---

151) 이것은 실질적 피해의 우려 및 피해 확립의 실질적 지연을 포함한다. See Agreement on Subsidies and Countervailing Measures, footnote 45.
152) 이에 대한 예외는 일부 '효과'가 '동일 시장'에 관해 증명되는 것만이 필요한 심각한 손상의 범주에 있다.
153) Panel Report, *United States-Measures Affecting Trade In Large Civil Aircraft (Second Complaint)*, WTO Doc WT/DS353/R (31 March 2011) 714 [7.1844] citing Appellate Body Report, *United States-Subsidies on Upland Cotton*, WTO Doc WT/DS267/AB/R (3 March 2005) [438].

에서 복합적으로 제시된다.

호주에서 철강산업 지원조치 사례연구와 관련하여, Wood와 Edis는 다음의 의견을 밝혔다:

철강패키지[청정에너지패키지하에서 지원조치]는 탄소가격으로부터가 아니라 세계 철강산업에서의 구조조정으로부터 호주 [철강]산업을 효과적으로 보호한다. 이 산업지원은 탄소가격책정을 참조하는 것으로는 정당화될 수 없다. 이는 1980년대에 이미 포기된 보호주의 정책으로 회귀하는 것이다.[154]

이것은 대담한 주장이지만 확실히 보조금의 집단적 효과, 즉 STPP와 무상 배출권 할당이 함께 고려될 때 정당화된다. 만약 보조금의 복합적인 효과가 검토된다면, 확실히 패널 또는 상소기구는 그 보조금이 조치가능하다고 여길 것으로 예상할 수 있다. 그 효과는 독립적으로 검토되는 경우보다 확실히 더 개연성이 클 수 있다.[155] 이것은 보조금이 종합적으로 검토되는 것이 적절한지 아니면 뚜렷한 결과를 가진 별개의 조치로 검토되는 것이 더 적절한지의 문제를 제기한다.

종합적인 보조금 분석의 문제는 *US—Large Civil Aircraft(2nd complaint)* 사건에서 제기되었다.[156] 이 분쟁 패널과 상소기구는 모두 두 가지 구별되는 보조금의 효과를 고려할 것을 요구하였다. 패널은 두 가지 보조금이 '인과관계 메커니즘'의 차이 때문에 집합적으로 고려해서는 아니 된다고 결론 내렸다.[157] 그러나 상소기구는 이 결론에 동의하지 않았다. 상소기구는 효과가 유사한 '시장 현상'에 기여했기 때문에 보조금과 관련된 서로 다른 인과관계 메커니즘에도 불구하고 그 조치가 집합적으로 고려되어야 한다고 지적했다.[158]

US—Large Civil Aircraft(2nd complaint) 사건에서 상소기구가 상세히 제시한

154) Wood and Edis, above n 31, 30.
155) 이것은 물론 요구되는 영향 중의 하나를 증명하는 비교에 따라 달라질 수 있을 것이다.
156) Appellate Body Report, *United States-Measures Affecting Trade In Large Civil Aircraft (Second Complaint)*, WTO Doc WT/DS353/AB/R, AB-2011-3 (12 March 2012).
157) Panel Report, *United States-Measures Affecting Trade In Large Civil Aircraft (Second Complaint)*, WTO Doc WT/DS353/R (31 March 2011) 707 [7.1824].
158) Appellate Body Report, *United States-Measures Affecting Trade In Large Civil Aircraft (Second Complaint)*, WTO Doc WT/DS353/AB/R, AB-2011-3 (12 March 2012) 554 [1320].

논증을 보면, 철강제조산업에 제공된 보조금의 효과를 종합적으로 분석해야 한다고 결론 내리는 것이 합리적이다. 이것은 철강제조산업의 보조금이 조치가능하다는 결정을 내릴 가능성이 크게 증가된다는 것을 의미한다.

실질적 피해 또는 심각한 손상 중의 하나를 통해 부정적 효과를 확립하는 것 외에 문제가 된 지원조치가 '동종상품'에 피해 또는 손상을 유발했다는 것을 입증하는 것이 필요하다. 배출권거래제도에서 무상 배출권할당조치하에서 지원을 받기에 적격인 산업에 의해 제조된 상품은 종종 다른 국가에서도 제조된다. 사실, 이것이 지원조치가 일반적으로 처음부터 이용가능하게 된 이유이다. 그러나 SCM협정 내에서 동종상품의 기준은 향후 논의가 필요하다.

6.7.1.5 '부정적 효과'를 위한 '동종상품'의 기준

이 책의 앞 장에서 기술한 것처럼, '동종상품'이라는 단어는 WTO협정 전체에 걸쳐 사용된다. 이의 빈번한 사용에도 불구하고, 이 단어에는 약간의 복잡한 부분이 있다. 첫째, 이것은 WTO협정 또는 관련문서의 어디에도 명확하게 정의되어 있지 않다. 둘째, '동종상품'의 개념정의가 그것이 사용되는 조항에 따라 다른 것인지도 불분명하다.

제4장에서 '동종성'에 대한 논의는 SCM협정에 일부 적용되었다. 확실히, 그 장에서 설정한 일반 기준은 '동종상품'에 대한 SCM협정의 기준에 대한 해석을 도울 수 있다. 그러나 SCM협정의 목적상 '동종상품'의 개념정의는 SCM협정 제15조의 각주 46에 의해 좀 더 구체적으로 명확하게 규명된다:

> 이 협정 전체에 걸쳐 '동종상품'은 … 동일한 즉, 모든 면에서 고려대상 상품과 유사한 상품 또는 이러한 상품이 없을 경우, 모든 면에서 유사하지는 않으나, 고려대상 상품의 특징과 밀접하게 유사한 특징을 갖는 다른 상품을 의미한다.(강조 첨가)

이 개념정의의 결과로 논평가들은 GATT 내에 있는 '동종상품' 구절의 이용과 비교하여, SCM협정에 의해 이용되는 개념정의가 다소 더 좁고 구체적인 것 같다고 주장해 왔다.[159] 그러나 *Indonesia—Autos* 사건에서 패널은 WTO협정의 다른 규정에서 그 구절의 해석이 SCM협정 내에서 해석을 위한 '유용한 지침'이 될 것이라고 판시하였다.160) 이 분쟁에서 패널은 두 개의 상품이 동종인지를 검토할 때 고려할 수 있는 특징에 대한 자세한 목록을 제공했다.161) 이들 특징은 다음을 포함한다:

- 물리적 성질
- 브랜드 충성도
- 브랜드 이미지/명성
- 판매 후 서비스
- 상태 및 재판매 가치
- 상품의 사용
- 대체가능성
- 가격
- 최종용도 그리고
- 관세분류162)

두 개의 서로 다른 철강상품의 구체적인 상황을 검토하지 않고는 규범적인 결론을 도출하는 것은 어렵다. 그보다, 모든 종류의 철강상품이 '동종'이지는 않을 것이지만 일부는 그럴(동종) 것이라고 결론 내리는 것은 가능할 것이다. 제조과정에서의 차이는 상품의 '동종성'을 변화시키는 특징으로 기재되지 않았다. 그러나 서로 다른 제조과정에 따른 서로 다른 철강상품은 서로 다른 최종용도, 서로 다른 재판매 가격 그리고 서로 다른 관세분류를 가질 것이다.163) 이런 이유로, 이에 관

---

159) Van Den Bossche, above n 35, 578.

160) Panel Report, *Indonesia-Certain Measures Affecting the Automobile Industry*, WTO Doc WT/DS54/R, WT/DS55/R, WT/DS59/R, WT/DS64/R (adopted 23 July 1998) [14.174] cited in Van Den Bossche, above n 35, 578.

161) Ghiollamath, above n 35, 231.

162) Panel Report, *Indonesia-Certain Measures Affecting the Automobile Industry*, WTO Doc WT/DS54/R, WT/DS55/R, WT/DS59/R, WT/DS64/R (adopted 23 July 1998) [14.172]—[14.253] cited in Ghiollamath, above n 35, 23-32.

163) The International Convention on the Harmonized Commodity Description and Coding System, opened for signature 14 June 1983, 1503 UNTS 167 (entered into force 1 January 1988).

한 WTO 회원국의 구체적인 상황을 고려할 필요가 있을 것이다.

6.7.1.6 특정성 기준[164]

보조금이 SCM협정 제5조 내에서 조치가능하다고 입증하기 위해서는 그 보조금이 '특정성'을 가진다는 것을 입증해야 한다. 금지보조금은 SCM협정 제2조 제3항에 따라 특정된 것으로 추정된다. 조치가능한 보조금 범주에는 그런 추정은 없다.

SCM협정 제1조 제2항은 보조금이 제2조의 요건 내에서 구체적일 것을 요구하고 있다. 이 요소는 *US−Exports Restraints*[165] 사건 패널에 의해 SCM협정에 대한 '관문' 중의 하나로 지적되었다.[166] SCM협정 제2조는 다음의 경우에 특정성이 존재한다고 기술하고 있다:

- 수여당국이 … 명시적으로 특정 기업에 대한 보조금에 접근하는 것을 제한하는 경우[167]
- 수여당국의 관할권 내에서 지정한 지리적 지역 내에 위치한 특정한 기업에게 한정된 보조금[168]
- 제3조 규정하에 속하는 모든 보조금[169]

제2조는 보조금이 *법률상(de jure)* 또는 *사실상(de facto)* 특정적일 수 있다는 것을 허용한다.[170] 조치에 대한 공식 법적문서만 있으면 특정성이 충족되었다고 결론 나는 것은 아니지만, 이는 보조금이 특정적인 것으로 고려될 수 있다는 것을 의미한다.[171]

---

164) 특정성을 증명할 필요는 보조금이 SCM협정하에서 금지된다는 것을 제소국이 증명하는 경우 제거된다. 이것은 제3조가 모든 금지보조금을 특정적이라고 간주하기 때문이다.

165) Panel Report, *United States-Measures Treating Exports Restraints as Subsidies*, WTO Doc WT/DS 194/R (29 June 2001).

166) 이 분쟁에서 세 가지 테스트는 재정적 기여, 혜택 그리고 특정성이었다. See *WTO Analytical Index*, above n 40, 753.

167) Agreement on Subsidies and Countervailing Measures, Article 2.1.

168) Ibid Article 2.2.

169) Ibid Article 2.3.

170) Van Den Bossche, above n 35, 569.

171) Agreement on Subsidies and Countervailing Measures, Article 2.1(c).

특정성을 위한 구체적인 검토방법을 규정할 뿐만 아니라, 제2조는 보조금의 적격성을 위한 기준이 성질상 객관적이고 다른 기업을 넘어 한 종류의 기업에게 유리하지 않을 때는 보조금이 특정적이지 않을 수 있다고도 기술하고 있다.172) 이 조항은 또한 엄격하게 적용하는 객관적 기준이 있는 경우 특정성이 존재하지 않을 것이라고도 규정하고 있다.173) 객관적 기준은 협정에서 "성격상 경제적이며 적용 시 수평적인 기준이라고 정의되어 있다. 예로 종업원 수 또는 기업의 규모를 포함한다."174)

호주의 철강산업에 대한 사례연구에서, 철강제품은 다양한 2차 상품으로 이용된다. 이 종류는 철강산업에서 다양성을 가져오는 효과가 있다. 제2조 특정성 요건에서 '산업' 요건의 폭을 결정하는 검토방법은 존재하지 않는다.175) 이것은 *US – Cotten* 사건에서 패널의 진술로부터 명확해졌다.176) 이 분쟁에서 패널은 보조금이 경제 전반에 걸쳐 광범위하게 이용가능할 수 있다는 점은 그것이 특정성 요건이 소멸된다는 것을 의미한다고 하였다. 이 점은 사건별로 결정되어야 한다.177)

특정성이라는 용어는 산업 및 기업과 관련이 있는데, 이는 *US – Softwood Lumber IV* 사건에서 명확해졌다.178) 이 사건에서 패널은 '어떤 기업들(certain enterprises)'을 그룹화하는 것은 모든 기업이 동일한 특정적인 최종상품을 생산할 것을 요구하는 것은 아니라고 결론 내렸다. 예를 들면, '목재 부엌 캐비넷과 욕실 세면대' 산업 및 '목재 문 및 창문' 산업과 같은 산업들은 특정성 요건의 범위 밖의 것이다.179) 오히려 '어떤 기업들' 한 그룹은 유사한 '상품의 종류'로 상업적으로 관련되어 있을 것만이 요구되어 왔다. 이 분쟁에서 '목재 상품 산업'은 충분히 특

---

172) Ibid Article 2.1(b).
173) Ibid.
174) Agreement on Subsidies and Countervailing Measures, footnote 2.
175) Van Den Bossche, above n 35, 570.
176) Panel Report, *United States-Subsidies on Upland Cotton*, WTO Doc WT/DS267/R (8 September 2004).
177) Ibid [7.1143] quoted in Van Den Bossche, above n 35, 570.
178) Panel Report, *United States-Final Countervailing Duty Determination with respect to certain Softwood Lumber from Canada*, WTO Doc WT/DS257/R (23 August 2003).
179) Andrew Green, 'Trade Rules and Climate Change Subsidies' (2006) 5 *World Trade Review* 377, 400.

정적이었다.[180]

　　US－Softwood Lumber IV 사건 패널의 논증에 근거하면 철강제조산업에 대한 지원은 제2조에서 SCM협정 요건을 충족하기에 충분히 특정적일 것이다. 사실, 패널의 논증은 제조된 철강의 특정용도를 고려하는 것이 불필요할 것임을 암시한다. 오히려, 그 지원이 제조된 '상품의 종류'가 철강일 때 부여됨에 따라, 그 지원은 특정적인 것으로 여겨질 것이다.

　　배출권거래의 법체계가 금지보조금 또는 조치가능 보조금으로 판명되는 경우, 피제소국은 예외규정에 의존하려고 할 수 있다. 그러나 SCM협정과 관련하여 이것에는 몇 가지 어려움이 따른다. 이들에 대해서는 다음에서 다루도록 한다.

6.8 예외규정의 적용

　　WTO 회원국이 SCM협정을 처음으로 도입했을 때, SCM협정은 많은 허용보조금을 나열한 규정을 포함하고 있었다. 이들 보조금은 연구보조금, 환경보조금 그리고 낙후지역에 대한 지원을 포함했다.[181] 허용보조금 규정은 그 이후로 SCM협정 제31조에 따라 종료되었다.[182] 그러므로, SCM협정 그 자체에는 예외규정이 없다.

　　China－Audiovisual 분쟁해결 보고서에 따라,[183] 다른 부속서 1A(Annex 1A) 협정들을 위해 GATT 예외규정을 사용할 것이라는 추측이 있어 왔다.[184] 부속서 1A에 대한 일반적 해석노트는 상반된 태도를 보이고 있다. 이것은 WTO협정상

---

180) Ibid.
181) Poretti, above n 33, 31.
182) Van Den Bossche, above n 35, 561.
183) Appellate Body Report, *China-Measures Affecting Trading Rights and Distribution Services for Certain Publications and Audiovisual Entertainment Products*, WTO Doc WT/DS363/AB/R (19 January 2010).
184) Robert Howse on *International Economic Law and Policy Blog* (3 April 2011) worldtradelaw. typepad.com/ielpblog/2011/04/article-xx-domestic-production-of-environmental-goods.html, cited in Marie Wilke, 'Feed-in Tariffs for Renewable Energy and WTO Subsidy Rules: An Initial Legal Review' (Issue Paper No. 4, International Centre for Trade and Sustainable Development, August 2011) 30.

GATT 1994와 부속서 1A에 있는 다른 협정들 사이에서 충돌에 대한 해결방법을 규정하고 있다. GATT 1994의 규정과 부속서 1A 중 어느 다른 협정 사이에서 충돌이 있는 경우, 비GATT협정들의 규정이 우선한다. 이것은 다음과 같이 기술되어 있다:

> 1994년도 관세 및 무역에 관한 일반협정의 규정과 세계무역기구설립을 위한 협정(부속서 1A의 협정에서는 "세계무역기구협정"이라 한다)의 부속서 1A의 그 밖의 협정의 규정이 상충하는 경우 상충 범위 내에서 그 밖의 협정의 규정이 우선한다.[185]

확실히, 최근까지 부속서 1A에 대한 일반적 해석노트는 GATT 일반예외가 GATT 위반을 해명하기 위해서만 이용될 수 있다는 데에 거의 의심의 여지가 없었다.[186] 그러나 *China–Audiovisual* 사건에서 상소기구의 추론은 이제 이 문제를 다소 미해결로 남겨놓고 있다.[187]

China–Audiovisual 사건에서 미국은 도서 및 시청각 홈 엔터테인먼트 상품을 중국으로 수입할 권리를 제한하는 많은 조치에 대해 이의를 제기했다.[188] 이들 조치는 GATT 1994가 아니라 중국의 가입의정서(China's Protocol of Accession)에 의거하여 이의가 제기된 것이다.[189] 위반을 정당화하기 위해서, 중국은 GATT 제20조에 의존했다. 중국은 GATT 위반이 없었음에도 불구하고 이렇게 했던 것이다.[190]

---

185) Marrakesh Agreement Establishing the World Trade Organization, opened for signature 15 April 1994, 1867 UNTS 3 (entered into force 1 January 1995) Annex 1A ('General Agreement on Tariffs and Trade 1994') General Interpretive Note to Annex 1A.

186) Frieder Roessler, 'Appellate Body Ruling in *China-Publications and Audiovisual Products*' (2011) 10(1) *World Trade Review* 119, 131; but see Wilke, above n 184, 20.

187) Appellate Body Report, *China-Measures Affecting Trading Rights and Distribution Services for Certain Publications and Audiovisual Entertainment Products*, WTO Doc WT/DS363/AB/R (19 January 2010).

188) Fernando Pierola, 'The Availability of a GATT Article XX Defence with Respect to a Non-GATT Claim: Changing the Rules of the Game?' (2010) 5 *Global Trade and Customs Journal* 172, 172.

189) 가입의정서는 WTO 회원국이 되는 과정에서 회원국이 협상한 조건들을 담고 있다. 이 사건에서, 미국은 중국의 가입의정서 paragraph 5.1과 불합치하는 것으로 중국의 많은 조치들 내에 들어 있는 다양한 규정에 대해 이의를 제기했다.

190) Appellate Body Report, *China-Measures Affecting Trading Rights and Distribution Services for*

패널은 이 쟁점에 관한 결정을 하지 않았지만, 상소기구는 예외가 적용되는 것을 허용했다.191) 상소기구의 논증은 중국의 가입의정서에서 다음의 문장에 근거하였다: "WTO협정에 합치하는 방식으로 무역을 규제할 중국의 권리를 해함이 없이."192) 가입의정서에 이 문장의 사용은 '비GATT' 위반을 위한 GATT 예외 사용을 정당화할 수 있게 하였다.

비록 이 결정이 GATT가 아닌 규정에 대해 GATT의 일반예외를 적용할 수 있는 과감한 시도였다고 할지라도, 이를 보다 광범위하게 적용하기 위해서는 더 명확한 결정이 필요하다는 것이 여기서의 결론이다. Howse는 "상소기구는 SCM협정에 GATT 제20조가 적용된다는 결정에 중요한 법리적 단계(*China – Publications* 사건에서 상소기구가 제20조와 다른 협정의 적용에 대한 문제를 다룬 이후, 이제는 좀 더 개연성 있는 단계)를 만들어야 할 것이다"라고 제안하며, 위 결론을 더 명확히 하였다.193) 이 논증에 의한다면, SCM협정의 요건에 현재 예외관련 규정이 없기 때문에 아직까지 동 협정의 위반은 정당화될 수 없다.

6.9 결 론

이 장의 분석은 EU와 호주의 청정에너지패키지의 JCP 내에 있는 탄소누출에 관한 규정이 SCM협정의 규칙에 따라 금지보조금의 범주 내에 속하는 것으로 볼 수 있다는 점에 대해 밝혔다. 이런 상황이라면, 제소국은 SCM협정상의 구제수단을 이용하게 될 것이다. 이 장에서 저자는 이에 대한 공정성이 확실히 의문스럽고, 특히 배출권거래제도가 현재 널리 확산된 조치가 아니기 때문에 더욱 그렇다고 기술하였다. 이것은 아마도 SCM협정의 단점인 엄격성 때문일 것이다.

Certain Publications and Audiovisual Entertainment Products, WTO Doc WT/DS363/AB/R (19 January 2010) [233].

191) Roessler, above n 186, 131.

192) Accession of the People's Republic of China, WTO Doc WT/L/432 (23 November 2001) (Decision of 10 November 2001) [5.1].

193) Howse on *International Economic Law and Policy Blog*, above n 184.

이 장에서 저자는 또한 호주에 있는 철강제조산업에 이용가능한 보조금이 SCM협정하에서 조치가능 보조금의 범주에 속할 것이라는 가능성을 염두에 두었다. 위에 제공한 분석은 본질적으로 일반적이므로 어떤 확실성을 가진 결론을 도출하는 것으로 보기는 어렵다. 그럼에도 불구하고 그 철강산업 지원이 '부정적 효과'를 유발할 가능성이 높다는 것은 제시될 수 있다. 무상할당 보조금의 효과가 이들 산업에 제공된 어떤 추가적인 지원과 함께 종합적으로 분석되어야 하기 때문이다. 이것은 그 조치의 개별적 검토와는 대조될 수 있다.

이 장의 분석에 기초하면, 배출권거래제도는 두 개의 서로 다른 지역에서 도입되었기 때문에 SCM협정의 규칙의 맥락에서 말하는 금지되거나 조치가능한 보조금이 될 수 있다. 그러므로, 대안이 필요할 것이다. 이들 조치에 대한 하나의 가능한 대안은 배출권거래제도를 보완할 국경세조정(border tax adjustment)이다.[194] 이런 종류의 국경세조정의 사용을 둘러싼 여러 질문들이 있다. 이 책의 다음 장에서 이러한 질문들에 대해 고찰할 것이다.

---

194) Tristan Edis, *Lend Lease Innovation Highlights a Carbon Tax Flaw* (28 May 2012) Climate Spectator, www.climatespectator.com.au/commentary/lend-lease-innovation-highlights-carbon-tax-flaw.

배출권거래제도의 국경조정

7.1 서 론

기후변화 및 이와 관련된 일련의 도전은 전 지구적 차원의 문제이다. 따라서 유일한 적절한 대응책은 전 지구적 차원에서 대응하는 것이다. 이런 공통적인 믿음은 과세에 대해 '도착지 원칙(destination principle)'을 사용하는 것을 지지하는 상당한 양의 해설서를 쏟아냈다.[1] 이 원칙은 상품이 생산된 장소와 상관없이 상품이 소비되는 국가에서 과세되어야 한다는 것을 의미한다.[2]

본질적으로 도착지 원칙이 배출권거래제도에 적용된다면, 규제체계에는 온실가스 배출과 관련된 수입상품에 비용을 부과하기 위해서 국경세조정(border tax adjustment)을 포함될 것이다. 국경세조정에는 수출된 상품에 대해 발생하는 과징금에 대한 환불까지도 포함된다.

배출권정책의 시행을 거부하는 국가들도, 만약 그들의 상품이 배출권정책을

---

1) See, for example, Harry Clarke and Robert Waschik, 'Designing a Carbon Price Policy: Is the Australian Climate Plan Fair to Australia's Energy-Intensive, Trade-Exposed Industries?' (2012) 45(1) *Australian Economic Review* 105; Tristan Edis, *Lend Lease Innovation Highlights a Carbon Tax Flaw* (28 May 2012) Climate Spectator, www.climatespectator.com.au/commentary/lend-lease-innovation-highlights-carbon-tax-flaw; John Daley and Tristan Edis, 'Restructing the Australian Economy to Emit Less Carbon' (Report No 2010-2, Grattan Institute, April 2010) 20; Christine Kaufmann and Rolf H Weber, 'Carbon-related Border Tax Adjustment: Mitigating Climate Change or Restricting International Trade?' (2011) 10(04) *World Trade Review* 497; R Ismer and K Neuhoff, 'Border Tax Adjustments: A Feasible way to Address Nonparticipation in Emission Trading' (CMI Working Paper No 36, University of Cambridge, 2004); Gavin Goh, 'The World Trade Organization, Kyoto and Energy Tax Adjustments at the Border' (2004) 38 *Journal of World Trade* 395.

2) John Snape and Jeremy De Souza, *Environmental Taxation Law: Policy, Contexts and Practice* (Ashgate, 2006) 8; Felix Ekardt and Andrea Schmeichel, 'Border Tax Adjustments, WTO Law and Climate Protection' in Jacqueline Cottrell et al (eds), *Critical Issues in Environmental Taxation* (Oxford University Press, 2009) 737, 739.

시행하는 국가에 수출되는 경우 국경세조정을 통한 과징금 징수의 대상이 된다는
것을 근거로 이 조정의 이용을 지지할 수 있다.[3] 이는 상품의 경쟁력저하 우려에
직면한 국내기업이 이를 해결하기 위해 배출권거래제도에서의 허용량의 무상할당
에 대한 대안으로 선호될 수 있다는 주장이 존재한다는 것을 의미한다.[4] 환경적
관점에서 국경세조정에 대한 선호가 높은 이유는 더 광범위한 배출망(emissions net)
이라는 결과가 도출될 가능성이 있기 때문이다.

환경세 및 환경 과징금과 함께, 국경세조정[5]은 국제무역에서 완전히 새로운
개념은 아니다. 환경목적을 가진 세금으로서 국경세조정의 정당성은 미국의 1986
년 Superfund Amendments and Reauthorization Act의 이행에 관한 패널의 조사
에서 시작되었다.[6] 그럼에도 불구하고, 지구온실가스 배출 및 기후변화 완화를 규
제할 목적으로 부과되는 세금 및 과징금과 관련한 국경세조정을 이행하는 데에는
WTO라는 장벽이 있다. 이들 문제는 이 장의 다음 페이지들에서 확인된다.

이 장의 목적은 국경세조정이 배출권거래제도를 위해 이행된다면 WTO의 맥
락에서 발생할 수도 있는 잠재적인 법적 문제와 관련된 분석을 제공하는 것이다.
이 장의 결론은 배출권거래제도에 대한 국경세조정이 이 제도 내에서 책임을 분배
하기 위해 사용되는 방법 때문에 문제가 있다는 것을 보여준다. 이에 관하여, 배출
거래제도하에서 책임은 일반적으로 투입요소 또는 상품이 아닌 배출을 유발하는
배출 활동과 연결되어 있기 때문에 WTO 규정은 배출권거래제도와 연결된 국경세
조정을 수용하지 않는 것으로 보인다. 이런 결론에도 불구하고 WTO 예외규정을
근거로 이러한 국경세조정을 정당화할 수 있는 여지는 있다.

---

3) See, for example, Ismer and Neuhoff, above n 1; Edis, above n 1; Peter Hannam, 'Call for
Carbon Duty on Imports', *The Age* (online), 9 October 2012,
www.theage.com.au/business/carbon-economy/call-for-carbon-duty-on-imports-20121009-27asi.html.

4) O Kuik and M Hofkes, 'Border Adjustment for European Emissions Trading: Competitiveness and
Carbon Leakage' (2010) 38(4) *Energy Policy* 1741, 1742.

5) 국경세조정(border tax adjustment)이라는 용어가 배출권거래제도가 일종의 과세를 도입하는지
에 대한 계속된 분쟁에도 불구하고 이 책 내에서 이용된다. 국경세조정은 WTO법 내에서
흔히 이해되는 용어이고 그러므로 이 장에서도 이 용어가 이용된다.

6) GATT Panel Report, *United States-Taxes on Petroleum and Certain Imported Substances*, GATT
Doc L/6175 (5 June 1987, adopted 17 June 1987) GATT BISD 34S/136.

7.2 국경탄소조정 대 무상 배출권 지원

제6장에서 무상 배출권 지원(free unit assistance)을 평가할 때 탄소누출의 결과로 산업의 경쟁력이 약화되는 것에 대한 우려가 고려되었다. 이들 우려는 이 장에서 개념화된 유형의 국경탄소조정에 대해서도 정당성을 제공한다. 국경세조정 또는 국경탄소조정(border carbon adjustment)이라는 개념은 앞서 논의한 것처럼 무상 단위 지원에 대한 대안으로 고려될 수 있다. 배출권의 무상할당과 국경세조정이 둘 다 동일한 목적을 달성할 수 있는 기후변화 정책으로 고려될 수 있지만, 이 두 방법 간에는 중요한 차이가 있다. 첫째, 국경세조정은 재정적 조정으로서 기업과 관련된 것이라기보다는 상품에 부과되는 것이다. 둘째, 국경세조정은 무상 배출권 지원에서 야기될 수 있는 책임의 감소문제와는 대조적으로, 그 제도를 위해 책임의 적용범위를 더 넓힐 수 있다.

국경탄소조정이 상품과 관련하여 부과될 필요가 있다는 인식은 WTO협정을 준수하는 데 해결할 과제를 보여준다. 실제로 이 국경세조정이 기존의 배출권거래제도에 도입되는 경우 이러한 제도의 법적 틀은 기업 또는 활동보다 상품을 기반으로 책임을 부과하는 것이 가능해야 한다. 이것이 실현가능한 것인지를 이해하기 위해서는 어떻게 온실가스 배출에 대한 책임이 배출권거래에 부과되는지 이해하는 것이 필수적이다.

배출권거래제도 및 국경탄소조정의 적용가능성에 대한 분석은 여기에서 두 가지 기본적인 의문을 염두에 두고 이뤄진다. 첫째, 국경탄소조정의 부과와 관련된 WTO의 규칙에 대한 분석이 요구된다. 이것은 이 맥락에서 조정의 준수를 위한 경계를 정하는 것이다. 둘째, 배출권거래제도가 이들 규칙을 준수하는 국경조정을 이행할 수 있는지에 대해 이해하는 것이 필요하다. 이런 이해를 얻기 위해서는 어떻게 이들 제도가 책임을 부과하는지를 살펴보는 것이 필수적이다. 이렇게 하기 전에 국제과세와 관련한 약간의 맥락적 정보를 얻는다면 다음의 분석을 이해할 수 있을 것이다.

7.3 국제무역에서 과세의 원칙

7.3.1 소비지과세 대 원산지과세의 비교

국제무역에서 회원국이 세금을 부과하는 체계에는 두 가지 원칙이 있다. 그것은 원산지 원칙(origin principle)과 소비지 원칙(destination principle)이다.[7] 원산지 원칙은 상품이 생산된 나라에서 그 상품에 세금을 부과하는 것을 말한다. 소비지기반 과세는 상품이 소비되는 장소에 따라 과세될 것을 요구한다.[8] 그러므로 소비지 원칙에서 모든 과세세입은 '최종소비지 국가가 과세수입의 관할지에 해당한다'는 것을 보장한다.[9]

소비지국 과세원칙은 국경세조정과 함께 이행된다. '국경세조정'이라는 표현은 국가가 수입상품에 추가요금(surcharge)을 부과하는 상황을 말한다. 이 추가요금은 국내 동종상품에 부과된 내국세 또는 과징금을 초과해서는 아니 된다. 국경세조정에는 수출된 상품에 대한 환급(rebate)도 포함된다. 이론적으로 수출조정은 이미 발생한 국내세금을 초과해서는 아니 된다.[10] '국경세조정'이라는 표현은 GATT 및 WTO협정에서의 '국경세조정'이라는 표현과 동일한 의미를 가지고 있다. 다른 용어로 '국경세(tax frontiers), 경계세(tax boundaries) 그리고 조세장벽(tax barriers)'과 같은 것도 이런 유형의 과세를 의미하는 것일 수 있다.[11]

소비지 과세원칙을 이행하기 위한 이론은 간단히 요약될 수 있다. 상품에 대한 과세가 그 상품의 비용(cost)을 증가시키는 원인이 되고 그 부담이 상품의 궁극적 소비자에게 전가되는 경우, 그 세금체계는 소비지를 근거로 과세해야 한다. 이 유형의 세금은 간접세 또는 상품에 직접 부과된 세금으로 분류될 수 있

---

7) Snape and De Souza, above n 2, 8.

8) Ibid.

9) Stephane Buy dens, 'Consumption Tax Trends 2010: VAT/GST and Excise Rates, Trends and Administration Issues' (Publication, Organization for Economic Cooperation and Development, 2011) 41.

10) Ben JM Terra, 'Excises' in Victor Thuronyi (ed.), *Tax Law Design and Drafting* (Kluwer Law International, 2000) 246, 249.

11) Ibid.

다.[12] 그렇지 않고 세금체계가 생산자에게 직접적으로 비용을 부과하는 경우 그리고 그 의도가 그 세금의 비용을 생산자가 부담하게 하려는 것인 경우 그 체계는 원산지 과세원칙을 이용해야 한다. 그런 세금은 '직접세'로 분류된다.

중요한 것은, 직접과세와 간접과세 간의 구분이 "수입상품 및 수출상품 모두에 대해 국경세조정에 관한 WTO협정을 위한 기초로서 일반적으로 수용되어 왔다는 점이다."[13] 국경세조정에 관한 WTO의 규칙은 아래에서 더욱 자세하게 설명한다.

7.3.2 국경세조정을 위한 WTO 규칙

WTO법의 맥락에서 상품에 대한 국경세조정 규칙은 서로 다른 두 협정 내에 있는 규정들에서 찾아볼 수 있다.[14] 보조금 및 상계조치에 관한 협정(Agreement on Subsidies and Countervailing Measures; 이하 SCM협정) 내에 있는 예외는 수출된 상품에 대한 조정을 허용한다.[15] 수입상품을 위한 조정은 GATT 제2조 및 제3조 내에 포함되어 있다. 이들은 본질적으로 '하나의 동전의 양면'에 대해 다루는 규정들이다.[16] 경쟁력에 대한 우려를 적절히 해결하려면 그 동전의 양면이 반드시 이행되어야 한다. 그러나 수입세 및 수출조정 요건은 두 개의 별도의 조치이다. 이에 대해 다음 단락에서 살펴본다.

수입된 상품에 대해 국경조정을 허용하는 GATT 규정은 제2조 제2항에 포함되어 있다. 이 조항은 그러한 과징금이 제3조 제2항에 합치하는 경우 회원국이 국

---

12) John Stuart Mill, *Principles of Political Economy* (Augustus M. Kelley Publishers, first published 1848, 1987 edition) 823.

13) *Taxes and Charges for Environmental Purposes-Border Tax Adjustment*, WTO Doc WT/CTE/W/47 (2 May 1997) (Note by the Secretariat) 7.

14) 비록 국경세조정에 양자적 성질이 있을지라도, WTO법 내에는 결합된 정책도구의 양 측면을 모두 이행할 요건은 없다. 이 제안을 위한 권한은 이런 종류의 조치의 이용이 사실임을 증명하는 개별 조항에서 발견된다. See General Agreement on Tariffs and Trade 1994, Articles 11:2, III:2, XVI and the Agreement on Subsidies and Countervailing Measures, Annexes I and II.

15) GATT 1994 제16조도 또한 SCM협정과 유사한 방식으로 수출상품에 관한 세금 조정을 허용한다. 후자의 규정이 좀 더 구체적이기 때문에 그 규칙만 여기에서 고찰된다.

16) Donald Feaver, Will McGoldrick and Victoria Boyd-Wells, Ts Australia's EAP a Prohibited Export Subsidy?' (2010) 44 *Journal of World Trade* 319.

제적 과징금과 동등한 과징금을 상품의 수입시에 부과할 수 있다고 기술하고 있다. 제2조 제2항과 제3조 제2항은 모두 최종상품이 전부 또는 일부로 제조된 상품 또는 상품의 투입요소에 대해 과징금이 부과될 것을 요구하고 있다.

　　이 조항은 두 개의 뚜렷한 시나리오를 염두에 두고 있다. 첫째, 상품이 '동종상품'으로 아주 유사한 경우, 과세에 절대 차이를 두어서는 아니 된다.[17] 둘째, 상품이 유사하나 '동종상품'으로 볼 수 있는 정도가 아닌 경우, '국내생산을 보호하려는 의도'가 없는 한, 과세에서의 차이는 이 요건을 위반하기 위해서 '*최소 기준 (de minimis)*'이상이어야 한다.[18] 즉, 국경세조정은 국내 '동종상품'과 동일한 방식으로 수입상품에 적용되어야 한다. 대신에 두 개의 상품이 '직접 경쟁 또는 대체가 능한(directly competitive or substitutable)' 것일 경우 세금은 유사하게 부과되어야 한다. 예를 들자면, 만일 세금이 국산 철강과 수입산 철강에 부과된다면 수입산 철강이 국산 철강과 시장에서 경쟁하는 것으로 생각될 수 있는 경우 유사하게 과세될 필요가 있을 것이다.

　　GATT 국경세조정 규정과 관련하여 마지막 사항은 이런 기준을 토대로 하는 것이 과징금이 국내생산을 보호하기 위한 방식으로 부과되지 않아야 한다는 것이다. 이 요건은 GATT 제3조 제1항에 포함되어 있는데, 이는 국내정책 기저에 있는 의도에 대한 쟁점을 야기한다. 저자는 패널과 상소기구가 입법자를 자극할 가능성이 있는 '많은 이유들'에 대해 심사하지 않는 경향이 있다고 언급한 바 있다.[19] 그보다 그들은 '조치 자체에서 드러나거나 객관화된 조치의 목표 또는 목적을 식별하기 위해서' 규제의 '설계, 양식 그리고 구조(design, architecture and structure)'에 대해 검토하는 것을 선호해 왔다. 그러나 이 경우 국내생산을 보호하기 위한 방식으로 과징금이 부과되었다는 일부 명확한 징후가 있는 경우에는, 획득된 증거에 의해 명확히 위 요건을 위배하는 것이 된다.

---

17) Ibid [115].

18) Ibid.

19) See, for example, Appellate Body Report, *Japan-Taxes on Alcoholic Beverages*, WT/DS8/AB/R, WT/DS10/AB/R, WT/DS11/AB/R (1 November 1996) DSR 1996:1, 27; Appellate Body Report, *Chile-Taxes on Alcoholic Beverages*, WTO Doc WT/DS110/AB/R, WT/DS87/AB/R (adopted 12 January 2000) [71]. But see Panel Report, *Canada-Certain Measures Concerning Periodicals*, WTO Doc WT/DS31/R (report circulated 14 March 1997) [475].

수출상품에 관해 국경조정을 허용하는 규정은 SCM협정 제1조 제1항의 각주 1에 포함되어 있고, 다음과 같이 기술하고 있다: "국내 소비연도의 동종상품에 부과되는 관세 또는 조세를 수출품에 대하여 면제하거나 발생된 금액을 초과하지 아니하는 금액만큼 그러한 관세 또는 조세를 경감하는 것은 보조금으로 간주되지 아니한다."[20] 그러므로 GATT 규정 및 SCM협정 규정은 국경세조정이 상품에 관한 세금과 연결되는 것을 허용하고 있다. 이 세금은 일반적으로 '간접세'로 알려져 있다. 두 협정 모두, 상품에 관한 세금이 회원국의 국경에서 조정될 수 있다는 사실에 대해서는 이견이 없다. 불확실한 것은 WTO법의 맥락에서 직접과세와 간접과세 사이에서의 경계가 어떻게 확정될 수 있는지에 있다.

7.3.3 직접 및 간접 과세

국경조정에 관한 작업반(Working Party on Border Adjustments; 이하 작업반)은 1970년에 설치되었고, GATT 1947이 소비지 및 원산지 과세라는 경제이론을 수용했을 때 GATT 1947 제2조 제2항 및 제3조 제2항에서 그 의미를 명확히 하려고 시도했다.[21] 작업반은 GATT 1947에 참여하는 국가는 누구라도 상품에 관해 직접적으로 부과되는 세금에 대해, 이들 세금이 국경에서 조정될 수 있다는 사실을 주지시켰다. 작업반은 상품에 직접 부과된 세금(간접세)은 특정 소비세(excise duties), 미공제 누적세(cascade taxes), 판매세(sales taxes) 그리고 부가가치세(VAT)를 포함한다고 제시했다.[22]

작업반은 또한 상품에 직접적으로 부과되지 않는 세금을 가진 국가는 국경에서 이를 조정할 수 없다고 언급했다.[23] 이러한 세금에는 사회보장부담금(social security charges)과 급여세(payroll taxes)가 포함된다.[24] 흥미롭게도, 작업반은 잠복세

---

20) *Taxes and Charges for Environmental Purposes-Border Tax Adjustment*, WTO Doc WT/CTE/W/47 (2 May 1997) (Note by the Secretariat).

21) 이 조항은 GATT 1947의 일부였다.

22) *Taxes and Charges for Environmental Purposes-Border Tax Adjustment*, WTO Doc WT/CTE/W/47 (2 May 1997) (Note by the Secretariat) [23].

23) 그러므로 배출권거래제도가 존재하는 형태로 그들의 방식에 의해 부과된 부담금은 조정이 가능한 부담금일 것이라고 주장하는 데에는 약간의 어려움이 있을 것이다.

(tax occultes)25)의 범주에 속하는 세금이 소비지기반 회계(destination-based accounting)
의 대상이 될 수 있는지 여부에 대해서는 언급하지 않았다.26) '잠복세'라는 단어는
에너지,27) 광고, 기계 그리고 운송수단에 관한 세금을 포함한, '절차관련' 세금을
의미한다.28)

    1970년 작업반의 설치 이래, WTO 회원국은 국경조정을 위해 '절차관련 세
금'의 문제를 다시 논의해 왔다. SCM협정에서 절차관련 세금은 특별히 부속서
2(Annex II)에서 다뤄지고 있다. 이것은 다음과 같이 기술한다: "간접세 할인제도는
수출품의 생산에 소비된 투입요소에 부과된 전 단계 누적간접세의 면제, 경감 또
는 유예를 참작할 수 있다."29) 이를 지지하여, 상품 투입요소는 동 협정에서 다음
과 같이 정의되어 있다: "생산과정에서 소비된 투입요소는 생산과정에서 사용된
물리적으로 포함된 투입요소, 에너지, 연료와 기름 그리고 수출품을 얻기 위해 이
들이 사용되는 과정에서 소비된 촉매제이다."30) 그러므로 WTO법의 맥락에서는
이전에는 투입요소로 생각되지 않았던 투입요소에 대해 부과된 세금을 조정할 수
있다. 투입요소는 에너지, 연료 및 원유를 포함하지만, 생산 중에만 사용되고, 그
생산이 상품에서 추적될 수 있어야만 했다. 이들은 과거에 공정기반 세금
(process-based taxes)이라고 분류되었다.

    간접세를 다루는 SCM협정의 규정이 이 범주에서 절차기반 세금을 포함하는

---

24) *Report of the Working Party on Border Adjustments*, GATT BISD 18S/97 (2 December 1970)
    [14].
25) OECD는 tax occultes를 "자본설비, 보조재료 그리고 다른 과세할 수 있는 상품의 운송과 생
    산에 이용된 서비스. 광고, 에너지, 기계류 그리고 운송에 대한 세금은 포함될 수 있는 좀
    더 중요한 세금이다"라고 정의하고 있다. See ibid [15].
26) Javier De Cendra, 'Can Emissions Trading Schemes be Coupled with Border Tax Adjustments?
    An Analysis vis-a-vis WTO Law' (2006) 15 *RECIEL* 131, 139.
27) F Biermann and R Brohm, 'Border Adjustments on Energy Taxes: A Possible Tool for European
    Policymakers in Implementing the Kyoto Protocol?' (2005) 74 *Quarterly Journal of Economic
    Research (Germany)* 249, 252.
28) 이 유형의 세금에 대해서는 논란이 있어 왔다. Compare Charles E McLure, 'A Primer on the
    Legality of Border Adjustments for Carbon Prices: Through a GATT Darkly' (2011) 4 *Carbon
    and Climate Law Review* 456, 458 with Snape and De Souza, above n 2, 18.
29) Agreement on Subsidies and Countervailing Measures, Annex II, paragraph 1:1.
30) Marrakesh Agreement Establishing the World Trade Organization, opened for signature 15 April
    1994, 1867 UNTS 3 (entered into force 1 January 1995) Annex 1A ('Agreement on Subsidies
    and Countervailing Measures') footnote 61.

것으로 보이지만 WTO법은 구체적으로 어느 절차 세금이 조정될 수 있는지를 명시하지 않고 있다는 것이 중요하다. 이 복잡성에 더하여, GATT에 포함된 국경조정 예외는 절차관련 세금을 전혀 다루지 않고 있다.

에너지 세금 및 투입요소와 연관된 WTO 규정에서의 혼란은 일부 회원국들에 의해 명시적으로 제기되어 온 문제였다.[31] 흥미롭게도, WTO 사무국은 2004년 출판물에서 국경조정이 '공정'관련 세금('process'-related taxes)과 연결되어서는 아니된다고 선언했다:

기존의 GATT 규칙 및 법리하에서, '상품'에 대한 세금 및 과징금은 국경에서 조정될 수 있지만 '과정(process)'에 대한 세금 및 과징금은 대체로 그럴 수 없다. 예를 들면, 연료에 대한 내국세는 완벽하게 합법적으로 수입연료에 대해 부과할 수 있지만, 1톤의 철강을 생산하는 데 사용된 에너지에 대한 세금은 수입산 철강에 부과될 수 없다.[32]

그러나 이 2004년 권고는 WTO 사무국의 견해를 표명한 최근의 출판물과는 다소 모순되는 것으로 보인다:

제3조 제2항에 포함된 '간접적으로'라는 단어는 특정한 상품의 생산과정동안 사용된, 다시 말하면 상품에 간접적으로 적용된 투입요소에 부과된 세금에 대한 국경세조정의 사용을 허용하는 것으로 해석될 수 있다고 일부에 의해 주장되어 왔다. 이 주장에 따르면, 생산과정에서 사용된 에너지 또는 연료 또는 생산과정에서 배출된 CO_2(어느 것도 최종상품에 물리적으로 포함되지 않은)에 대한 세금은 상품에 간접적으로 적용되는 것으로 생각할 수 있다.[33]

---

31) *Promoting Mutual Supportiveness Between Trade and Climate Change Mitigation Actions: Carbon-Related Border Tax Adjustments*, WTO Doc WT/CTE/W/248 (30 March 2011) (Communication from Singapore) 2-3 (emphasis added).

32) *Trade and Environment at the WTO* (23 April 2004) (Document by the Secretariat) 21.

33) United Nations Environment Programme and the World Trade Organization, WTO Secretariat, *Trade and Climate Change* (2009) 104.

저자는 SCM협정이 상품 투입요소에 대해 계산된 과세에 근거하여 국경세조정을 허용한다는 것을 상기한 바 있다. 상품 투입요소는 이 협정하에서 생산에 사용된 에너지를 포함하는 것으로 정의된다.[34] 게다가 GATT 제2조 제2항 (a)호는 '내국세에 상당하는 과징금'[35]이 동종 국내상품에 대해 '직접 또는 간접적으로'[36] 적용되거나 '당해 수입상품의 제조 또는 생산에 전부 또는 일부 기여한 물품(article)'[37]에 대하여 적용되는 한 회원국이 수입품에 관해 과징금을 부과하는 것을 허용하고 있다.

국경세조정과 관련하여 마지막 한 가지 요점은 '적절하게 세금을 분류하는 것'만이 과세의 목적인 것은 아니라는 것이다. 과세의 목적이 세금의 분류를 결정할 것이라고 WTO 규정에서 제시하고는 있지만, 직접 또는 간접 여부를 결정하기 위해 추가 검토가 필요한 세금의 범주들이 있다. 이는 모든 세금이 궁극적으로 개인에 의해 부담되기 때문이다.[38] 세금이 개인에게 부담된다는 것은, 또한 입법자가 상품뿐만 아니라 상품과 연결된 개인 또는 기업에도 간접세를 부과할 수 있다는 것을 의미한다. 이때 과세와 상품의 연결성은 계산방법 또는 책임측정에 의해서만 설정될 수 있다.[39]

책임의 대상은 WTO법에 따라 국경조정될 상품으로, 과세가 추적될 수 있어야 한다는 것이 핵심이다. 이는 GATT 제2조 제2항에 의해 허용된 수입과징금은 수입상품에 부과된 책임이 '동종'의 국내상품에 부과된 것을 초과하지 않을 것을 요구하기 때문이다.[40] 마찬가지로 SCM협정에 의해 허용된 수출환급(export rebate)분은 국내에서 발생한 것을 초과한 관세 및 세금의 감면에는 허용되지 않는다. 이

---

34) Marrakesh Agreement Establishing the World Trade Organization, opened for signature 15 April 1994, 1867 UNTS 3 (entered into force 1 January 1995) Annex 1A ('Agreement on Subsidies and Countervailing Measures') footnote 61.

35) Ibid Article.

36) The General Agreement on Tariffs and Trade 1994, Article 11:2.

37) Ibid Article.

38) J Stiglitz, 'Tax Reform: Theory and Practice' in Bassam Harik (ed.), *The Economics of Tax Reform* (Upjohn Institute, 1987).

39) Terra, above n 10, 253-4.

40) See Chapter 3 for the requirements of Article 111:2, 첫 번째 문장과 두 번째 문장 모두를 위한 테스트를 포함하고 있음. 하나는 과세가 동종상품과 동일할 것을 요구하고 있고, 다른 하나는 과세가 대체가능한 상품과 유사할 것을 요구하고 있음. See Section 4.3.3.

는 책임이 상품에 할당될 수 있어야 한다는 것을 의미한다. 만일 책임이 상품에서 추적될 수 없다면, 허용 가능한 조정 금액을 결정하는 것이 불가능해진다. 이런 이유로, '공정 기반(process-based)' 세금은 온실가스 배출책임이 상품의 수량과 관련하여 계산된 국경조정만을 포함할 수 있다.

7.4 배출권거래 및 국경세조정

지금까지 WTO 규칙에서 허용하는 국경세조정을 위한 변수를 설정했으므로 이제 배출권거래제도가 이들 규칙에서 허용하는 방식으로 국경세조정을 이행할 수 있는지를 고찰하는 단계로 넘어가도록 한다. 이를 위해서 과징금이 수입상품에 부과될 수 있는지, 아니면 실제로 환급이 수출상품으로 확대되었는지를 결정하는 것이 중요하고, 과세는 이 제도에 의해 부과된 배출권거래에서 온실가스의 배출책임을 반영하게 될 것이다.

국경세조정이 상품에 부과될 필요가 있다는 인식은 배출권거래제도가 WTO의 요구사항을 준수하는 데 있어, 어느 정도 복잡성을 초래한다. 이 요건은 국경세조정이 기존의 배출권거래제도에 도입되는 경우, 이러한 제도에 대한 법체계를 설정할 때 상품에 근거하여 온실가스 배출책임을 부과해야 한다는 것을 의미한다. 이것이 가능한지 여부를 연구하기 위해서, 지금까지 온실가스 배출책임이 배출권거래제도에서 어떻게 다루어졌는지를 이해하는 것이 필수적이다. 그러므로 이 장의 다음 부분에서 배출권거래제도의 책임계산 방법론과 관련된 결론을 제시한다.

이 분석은 온실가스 배출책임이 배출권거래제도에 의해 부과되는 방법을 다룸으로써 시작한다. 어떻게 배출책임이 배출권거래에 의해 부과되는가라는 질문은 하나의 배출권거래제도만이 분석의 대상인 경우에조차 쉽게 대답할 수 있는 것이 아니다. 배출권거래제도가 서로 다른 관할권에서 도입되기 때문에, 여기서 각각에 대한 배출책임 계산방법론의 분석을 제공하는 것은 불가능하다. 따라서 EU ETS와 호주 청정에너지패키지는 방법론이 이를 알 수 있는 좋은 사례가 된다. 온실가스 배출책임을 다루는 방법은 이들 제도 내에서 서로 다르므로 두 가지 모두를 고찰함으로써 각각에 대해 더 자세히 배울 수 있다.

7.4.1 온실가스 배출책임

배출권거래제도는 생산활동에서 방출된 온실가스의 배출과 관련하여 특정 기업에게 책임을 부과한다. 이런 유형의 배출책임에는 본질적으로 배출량의 측정에 관한 문제에 어려움이 있다.

EU ETS하에서, 온실가스 배출책임은 2012년 규칙(regulation)에 따라 계산된다.[41] 이 규정은 배출책임을 지는 실체가 자신의 배출에 대해 승인된 감시 계획을 가지고 있을 것에 대해 정하고 있다.[42] EU 내에서 고정설비에 대해 이용할 수 있는 네 개의 감시 방법론이 있다.[43] 감시의 방법론이 네 가지라는 것은 배출권거래제도가 적용되는 범위 내에서 온실가스 배출책임이 있는 모든 서로 다른 설비 종류에 대해 그 온실가스 배출정도를 정확하게 측정하는 것이 얼마나 복잡한지가 반영된 결과이다.

EU ETS에서 온실가스 배출을 감시하기 위한 방법론의 두 가지 예로, 계산기반 방법론(calculation–based methodology)과 측정기반 방법론(measurement–based methodology)을 들 수 있다. 계산기반 방법론은 배출을 유발하는 활동 자체를 근거로 배출책임을 결정한다.[44] 그런 활동은 배출을 계산하기 위해서 연료와 공정 투입요소(process inputs)를 사용한다. 그러나 대다수의 생산공정에서는 배출을 개별적인 투입요소와 연결하는 것에 어려움이 있다. 이런 이유로 더욱 복잡한 계산이 요구된다.[45] 이는 방법론의 한 가지 유형만으로 생산활동을 통해 생산된 최종상품을

---

41) Regulation (EC) No 601/2012 of the European Parliament and of the Council of 21 June 2012 on the monitoring and reporting of greenhouse gas emissions pursuant to Directive 2003/87/EC of the European Parliament and of the Council [2012] OJ L181/30.

42) Ibid Article 21.

43) 이들은 다음과 같다: 계산기반 방법론, 측정기반 방법론, 단계에 기반하지 않은 방법론, 접근 방법의 조합. European Commission, 'Guidance Document: The Monitoring and Reporting Regulation-General Guidance for Installations' (MRR Guidance Document No 1, 16 July 2012) 21.

44) 계산기반 방법론에는 두 개의 하부범주가 있는데, 그것은 질량평균방법과 기준방법이다.

45) European Commission, 'Guidance Document: The Monitoring and Reporting Regulation-General Guidance for Installations' (MRR Guidance Document No 1, 16 July 2012) 24. 질량 평균 방법

연결하는 것이 다소 비현실적인 것임을 의미한다.

측정기반 방법론은 연도가스(flue gas)와 연도가스의 흐름에서의 온실가스 배출농도를 측정하여 배출량을 감시할 것을 요구한다.[46] 이것은 호주의 청정에너지 패키지에서의 직접 감시 방법과 유사하다.[47] 이는 배출책임은 어떤 상품 자체라기보다 생산활동과 결부된 배출과 관련 있다는 사실을 따르는 것이다.

이를 고려해 볼 때, 계산기반 방법론인 첫 번째 사례에서 배출책임은 배출원인인 연료원과 관련이 있지만 배출책임을 유발하는 것은 배출 자체라고 결론 내릴 수 있다. 두 번째 경우, 배출책임은 배출량과 직접적으로 관련되어 있다. 그러므로 EU ETS를 이러한 맥락에서 보면, 배출책임은 두 방법론상 계산에 있어 배출량과 관련이 있다. 배출권거래제도가 상품이 아닌 배출량을 근거로 배출책임을 할당하는 것을 그 목적으로 한다는 것은 놀랍지 않다.

두 번째로, 온실가스 배출량과 관련하여 호주의 청정에너지패키지는 배출책임을 계산하기 위한 방법이 몇 가지 점에서 EU의 방법과는 다르다. 그럼에도 불구하고, 배출량과의 연계성은 EU와 마찬가지로 호주의 제도에서도 분명히 드러난다. 2011년 청정에너지패키지안에 대한 해설서(Explanatory Memorandum to the Clean Energy Bill 2011 (Cth))에서 배출권거래는 주로 사람들이 온실가스를 배출한 이후에 배출책임을 배분한다고 기술했다. 언급한 바대로, 이 방법은 법체계의 복잡성을 감소시키는 데 중요한 역할을 한다:

> 사업에 대한 비용을 최소화하고 행정적 복잡성을 감소시키기 위해 … *대량의 온실가스 배출을 직접적으로 방출한* 또는 천연가스 공급자[48] (그리고 천연가스에 포함되어 있는 잠정적인 온실가스 배출에 책임이 있는)[49]인 기업만이 탄소가격을 지불할

은 배출을 추정하기 위해서 설비에 들어가고 나오는 탄소의 완전한 평균을 이용한다. 이것은 투입을 측정하는 것보다 다소 좀 더 복잡하다.

46) Regulation (EC) No 601/2012 of the European Parliament and of the Council of 21 June 2012 on the monitoring and reporting of greenhouse gas emissions pursuant to Directive 2003/87/EC of the European Parliament and of the Council [2012] OJ LI81/30, Article 21.

47) Department of Climate Change and Energy Efficiency, Australian Government, *National Greenhouse and Energy Reporting System Measurement: Technical Guidelines for the Estimation of Greenhouse Gas Emissions by Facilities in Australia* (June 2012) 68.

48) 이것은 이제 LNG와 LPG의 잠정적인 배출을 포함할 것이다.

것이다.[50]

　　따라서 2011년 청정에너지패키지에서 배출책임의 주요 초점은, 온실가스 배출을 *직접적으로 방출하는* 시설에 책임 있는 자에 관한 것이었다. 전체적으로 청정에너지패키지에는 총 11개 범주의 책임 있는 실체가 있었다. 이 중에서 여섯 개가 직접적으로 온실가스를 방출하는 것에 책임이 있었고, 나머지 다섯 개는 '지정된 연료(designated fuel)'에 따른 잠재적인 배출에 책임 있는 자를 포함하였다.[51]

　　중요한 것은 청정에너지패키지는 일반적으로 온실가스 배출을 유발하는 활동 또는 일련의 활동을 통해 방출되는 온실가스 배출에 대해 책임을 부과한다는 것이다. 이것은 제조과정에서 행해진 활동을 포함한다. 어떤 활동에 수반되는 배출은 제조된 상품이 아니라 제조과정에서 사용된 다양한 투입요소 때문이며, 제조된 최종상품과 연결성은 없었다. 이것은 상품에 대한 간접세라기보다 생산자에 대한 직접세와 더 가깝다.

　　위의 내용은 EU ETS와 이전의 청정에너지패키지가 생산자에 대해 직접세와 유사한 방식으로 배출책임을 부과한다는 것을 보여준다. 그러나 배출권거래제도 내에서 배출책임이 간접세로서 더 구체적으로 기술되는 경우가 있다. 이것은 배출권거래제도가 연료 자체를 근거로 책임을 부과하는 경우이다. 배출권거래제도가 연료에 있는 잠재적인 배출에 대해 책임을 배분하면, 그 책임은 간접적인(또는 상품에 직접적으로 부과된) 것이 된다. 이것은 연료 자체가 상품으로 분류되기 때문이다. 이것은 배출권거래제도가 상품에 대해 간접적이라기보다 생산자에 대해 직접적으로 책임을 부과한다는 일반적 결론에 대한 예외가 될 것이다.

　　요약하면, 국경세조정은 상품 또는 상품 투입요소에 관하여만 부과되어야 한

---

49) 이것은 이제 다른 연료종류, 즉 '지정된 연료'를 위한 잠정적인 배출을 포함한다. See the Clean Energy Legislation Amendment Act 2012 (Cth) s 24.

50) Revised Explanatory Memorandum, Clean Energy Bill 2011 (Commonwealth of Australia) 46 quoted in Murray Wilcox and Michael Rennie, *Australian Emissions Trading Law* (Thomson Reuters, 2012) 86 (emphasis added).

51) The Clean Energy Legislation Amendment Act 2012 (Cth) s 24. 그래서 남은 세 개는 의무전송번호(Obligation Transfer Number; OTN)의 제공이 없었던 천연가스, 액화천연가스(Liquefied Natural Gas) 또는 액화석유가스(Liquefied Petroleum Gas)의 공급에 책임이 있다; 위에 언급한 가스들의 수령 및 OTN을 인용했던 자; 또는 그 제도에 사전동의(Opt-in)한 자.

다는 것을 기억하는 것이 중요하다. 만일 배출권거래제도에서 배출책임이 일반적으로 배출과 연결하여 부과되고 제조된 상품은 이들 배출의 계산에 관해 아무런 부담도 지지 않는다면, 배출이 상품투입의 한 종류 또는 대안적으로 상품투입과 연결하여 분류될 수 있는지 여부에 대한 질문이 제기된다. 만약 그렇다면 WTO협정을 준수하는 국경조정은 배출권거래제도와 관련하여 준수될 수 있다.

7.4.2 상품 투입요소와 온실가스 배출

WTO법을 준수하기 위한 국경세조정은 원래의 배출책임을 상품에 직접 또는 간접적으로 부과해야 한다. 간접책임은 과징금이 상품 투입요소에 부과되는 것을 의미한다. 그러므로 배출책임이 상품과 관련하여 부과된 것이 아니라면, 관련 국경세조정은 WTO 규칙을 준수하기 위해 상품 투입요소와 관련하여 부과되는 것이 필수적이다. 이것은 이 분석과 관련이 있다. 앞의 절에서 저자는 EU ETS와 호주 청정에너지패키지에서는 배출책임을 호주의 제도 내에서 일부 예외를 제외하고는, 상품이 아니라 압도적으로 배출 자체에 관련되어 있다고 언급했다. 그러므로 배출이 어떤 경우에 상품 투입요소로 분류될 수 있는지를 고찰하는 것이 중요하다.

투입요소의 통상적 의미는 배출의 통상적 의미와는 대조될 수 있다. *Oxford English Dictionary*는 투입요소를 "체계 또는 과정에 의해서 입력되거나 받아들여진"으로 정의하고 있다.[52] 이것은 투입요소를 적절하게 분류하기 위해서 어떤 것이 상품에 입력되거나 또는 그것의 과정에 의해 '받아들여'져야 한다는 것을 의미한다. 달리 말하면, 상품 투입요소는 최종상품의 일부가 되거나 또는 생산과정에서 사용되는 것을 의미한다. '배출'의 개념정의는 '내뿜어진 것, 방출, 발산'을 포함한다.[53] 이것은 온실가스 배출이 상품의 투입요소라기보다는 상품의 폐기물 (waste)이라는 것을 의미한다. 이런 이유로, 배출을 투입요소로 분류하는 것은 이 단어의 일반적 의미와 반대된다.

---

52) Catherine Soanes, Sara Hawker and Julia Elliot (eds), *Oxford English Dictionary* (Oxford University Press, 6th edition, 2010) 390.

53) Macquarie Dictionary, Australia's National Dictionary Online: Emission (2012) www.macquariedictionary.com.au; *Oxford English Dictionary*, above n 52, 242.

이와는 대조적으로, 호주 청정에너지패키지와 EU ETS는 특정 방법론에 대해서는 상품 투입요소를 근거로 한 배출량 계산을 규정하고 있다고 볼 수 있다. 이것이 받아들여진다면, 배출권거래제도 체계 내에서 배출권거래에 의해 부과된 배출책임은 상품 투입요소에 대해 추적할 수 있으므로 이는 더 나아가 상품에 간접적으로 부과된다는 것을 의미하게 된다. 이런 주장은 두 가지 이유로 여기에서 반박된다. 첫째, 배출권거래에서 배출책임은 일부 경우에만 상품 투입요소로부터 계산될 수 있고, 대부분 온실가스 배출량에 달려 있다. 실제로, 과세대상 행위는 방출된 배출량이다. 더욱이 일부 방법론은 투입요소와는 전혀 연결되어 있지 않다. 예를 들면, 배출량을 직접 감시하는 것은 상품 투입요소 산정기술을 사용하지 않는다. 배출권거래제도가 상품에 대해 간접적으로 책임을 할당한다는 주장을 반박할 두 번째 논거는, 배출을 산정하는 투입요소 자체가 상품에서는 추적할 수 없다는 것이다. 그보다는 이러한 투입요소는 상품의 생산 활동과 연결된다. 그러나 이러한 상품은 배출권거래제도하에서 결코 배출책임과 연결되지 않는다.

이것은 온실가스 배출이 일단 방출되면 종종 제조과정과 결부된 폐기물이지 상품 투입요소가 아니라는 점에 의한 귀결이다. 설명한 것처럼, 실제 배출량의 계산은 상품보다는 '활동'의 투입요소와 관련이 있다. 중요한 것은 이들 배출량을 특정한 양의 최종상품으로 추적하는 것이 어렵다는 것이다. 물론 배출권거래제도에서의 배출량 산정 방법론은 WTO협정의 국경세조정 규정을 준수하는 것이 정책가들에게 어려운 일이라는 것을 보여주고 있다.

요약하면, 기존의 배출권거래제도와 결부된 국경세조정은 간접과세 요건과 관련하여 WTO 규칙을 준수하지 못할 것이다. 이에 대한 약간의 예외가 있지만, 이는 배출권거래제도의 체계에서 배출책임이 직접적으로 연료와 관련하여 부과된 경우에만 해당된다. 이것은 사실 규칙이라기보다 예외이다. 이러한 제도는 압도적으로 온실가스 배출량에 대해 배출책임을 부여한다. 달리 말하면, 배출권거래제도는 일반적으로 또 대부분의 경우에 상품과 관련해서가 아니라 활동에 대하여 배출책임을 부과한다.[54] 그러므로, 이 시나리오에 의한 그와 같은 국경세조정은 WTO

---

54) Department of Climate Change and Energy Efficiency, Australian Government, *National Greenhouse and Energy Reporting System Measurement: Technical Guidelines for the Estimation of Greenhouse*

규칙을 엄격하게 준수하지 않을 것이고, 이것은 WTO의 규칙이 적절한지 아니면 대안적으로 배출권거래제도에 관한 국경세조정이 국제 경쟁력 문제에 대한 실행 가능한 해결책인지 여부에 대해 의문을 갖게 한다.

결론적으로 배출권거래제도에 의한 국경세조정은 WTO 규칙을 준수할 것 같지 않지만, 준수가 가능할 수도 있을 몇 가지 상황이 있다. 이러한 상황에는 배출책임이 천연가스와 같은 연료에 직접적으로 부과되었을 때를 포함한다. 이런 경우에, 어떤 국경세조정도 WTO 요건에 의해 정당화될 것으로 보인다. 그러나 이런 주장을 하기 전에, 지금까지 이 장의 분석에 의해서 답변이 되는 또 다른 중요한 법적 쟁점이 남아 있다. 그것은 배출권거래제도하에서 배출권의 제출을 위한 요건이 과세의 형태에 비유될 수 있는지 여부이다.

7.4.3 배출권거래책임이 세금인가?

배출권거래제도와 관련된 국경세조정은 국경탄소조정이라고도 한다.[55] 논평가들은 단순히 배출권을 제출할 의무를 세금으로 표시하는 데 인식상의 어려움이 있어서 이 용어를 관념화했을 가능성이 있다.[56]

배출권거래제도가 제출요건의 형태로 국경조정을 포함할 수 있는가라는 질문에 답하기 위해서는 국경세조정을 허용하는 상황을 정의한 GATT 조항과 SCM협정으로 분석을 다시 옮겨가야 한다.[57] GATT 제16조는 '관세 또는 세금'으로부터의 면제를 구체적으로 허용하고 있다.[58] SCM협정은 반복적으로 과세를 언급하고

Gas Emissions by Facilities in Australia (June 2012) 68.

55) Lorand Bartels, 'The WTO Legality of the Application of the EU's Emission Trading System to Aviation' (2012) 23 *European Journal of International Law* 429; Peter Wooders, Aaron Cosbey and John Stephenson, 'Border Carbon Adjustment And Free Allowances: Responding To Competitiveness And Leakage Concerns' (Round Table Document No SG/SD/RT(2009)8, Organisation for Economic Co-operation and Development, 23 July 2009).

56) Bartels, above n 55, 438.

57) 배출단위를 제출할 의무가 과세의 형식이 아니라고 결론 내리면, 국경에서 그의 조정이 반드시 금지되는 것은 아니라는 점에 유의해야 한다. 그러나 과세로 고려되지 않는다면 국경세조정의 예외의 범위에 속하지 않을 것이다. 이 경우, GATT 제III조 제4항과 SCM협정의 보조금 개념정의가 WTO 준수를 결정하는 데 관련될 것이다.

58) Marrakesh Agreement Establishing the World Trade Organization, opened for signature 15 April

있다.59) 그러나 SCM협정은 '추가부담금, 관세 및 세금(levy, duty and tax)'이라는 용어는 협정 내에서 상호 교체가능한 것이라고 기술하고 있다.60) 그러므로, SCM협정은 적어도 이들 용어의 정의가 광범위하다는 것을 의도하는 것처럼 보인다.

7.4.3.1 무엇이 세금인가?

세금이 무엇인지를 논의하는 데 있어서, '과세(taxation)'라는 용어를 이해하는 것이 법체계 사이에서 서로 다를 수 있다는 것을 인정하는 것이 중요하다. WTO 준수와 관련하여 여기서 저자가 우려하는 바와 같이, 세금의 의미는 WTO의 맥락에서 받아들여지는 것이어야 한다. 따라서 이 문제에 대한 과거의 분쟁해결 보고서를 고려하는 것이 적절하지만, 불행히도 이 점에 관해서 언급할 것이 없다.

GATT 패널 보고서 중에서 *United States-Tobacco* 사건의 패널은 벌금으로 분류되는 모든 과징금은 '내국세 또는 모든 종류의 과징금'이 아니라 WTO '규제(regulation)' 규정의 범위 내에 속한다고 결정했다.61) 패널은 특정한 과징금이 그 입법 내에서 어느 범주로 분류되는지를 이해하기 위해서 입법자로부터 지침을 구해야 한다는 것을 분명히 했다.62) 패널은 우선 자신들이 다뤄야 했던 문제가 그 법률이 '별개의 재정 조치'63)와 동등한 것인지 여부였다고 제시했지만, 관할권을 갖는 자체적인 법체계는 자신들의 해석에 있어 안내 역할을 해야 한다는 점을 분명히 했다. 불행히도 이 문제에 대한 설명은 거의 없다. 이와 같이 '과세'의 의미에 관한 WTO법리가 없는 경우, 세금의 통상적 의미와 서로 다른 관할권 내에서 법적

1994, 1867 UNTS 3 (entered into force 1 January 1995) Annex 1A ('General Agreement on Tariffs and Trade 1994') Article XVI.

59) See, for example, Marrakesh Agreement Establishing the World Trade Organization, opened for signature 15 April 1994, 1867 UNTS 3 (entered into force 1 January 1995) Annex 1A ('Agreement on Subsidies and Countervailing Measures') Annexes I and II.

60) Ibid footnote 51.

61) Peter Van Den Bossche, *The Law and Policy of the World Trade Organization* (Cambridge University Press, 2nd edition, 2008) 350.

62) GATT Panel Report, *United States-Measures Affecting The Importation, Internal Sale And Use Of Tobacco*, GATT Doc DS44/R (12 August 1994, adopted 4 October 1994) 27 [75]. 이는 WTO법상 단일한 법적 구조가 패널이나 상소기구의 의사결정과정에 영향을 미치지 않을 것이라는 일반적인 명제와 분명히 대조된다.

63) Ibid 27 [75].

개념정의 모두를 고려하는 것이 유익하다.[64]

'세금(tax)'이라는 단어는 견책하다(censure) 또는 청구하다(charge)[65] 또는 평가하다(assess)[66]를 의미하는 라틴어 taxare에서 온 것이다. '세금'이라는 단어는 또한 어떤 주체에게 놓인 부담을 묘사하기 위해서 이용되기도 한다. 법원은 서로 다른 많은 관할권에서 과세가 가지는 의미를 반영해 왔다. 캐나다의 *Re Eurig Estate*[67] 사건에서, 법원은 네 개의 조건이 과세의 개념정의를 충족하기 위해서 갖추어져야 한다는 것을 분명히 했다. 첫째, 요건(즉, 과징금)은 법적으로 집행가능한 것이어야 한다. 둘째, 입법자는 그 과징금을 부과할 권한을 가져야 한다. 셋째, 그 과징금은 공적 기관에 의해 부과되어야 한다. 마지막으로, 징수는 공적 목적을 위해 의도된 것이어야 한다.[68]

최근 EU에서 법률고문(Advocate General) Kokott는 특별히 EU 배출권거래가 과세의 형태인지의 문제를 고찰했다.[69] 그 법률고문은 그렇지 않다고 결론 내렸다. 법률고문은 과세의 형식과 같은 '과징금'은 사전에 결정된 방법과 계산을 통해서 부과되고 실체에게 책임의 정량화에서 약간의 확실성을 허용한다고 지적했다.[70] 이 점에서 배출권거래제도는 과세와 다르다. 실제로 어떤 실체가 자신들의 책임을 어느 정도 예측할 수 있을지라도, 그들이 제출할 책임이 있는 배출량을 초과할 수도 있다는 것을 확실히 장담할 수 없다.

법률고문은 계속해서 배출권거래제도와 비교하여 관세(duty), 세금(tax), 요금

---

64) 호주에서 법적 의미는 *United States-Tobacco* 분쟁에서 명백했던 것처럼 WTO법 내의 과세의 의미에 영향을 줄 수 있다.

65) *Oxford English Dictionary*, above n 52, 778.

66) 'A Short History of Taxation' (2008) October 416 *New Internationalist* 16, 16.

67) *Eurig Estate (Re)*, [1998] 2 SCR 565.

68) Ibid [15].

69) Case C-366/10 *The Air Transport Association of America and Others* [2011] ECR 1-1 1-59, Advisory Opinion of the Advocate General.

70) 법률고문이 배출 허용량을 제출할 요건으로 '세금 또는 과징금'의 상태를 거부하는 근거는 가격이 사전에 결정되지 않고 허용량의 이용가능성이 시장의 힘과 연결된다는 것이다. 우리는 법률고문이 사용하는 과세의 개념정의가 국제민간항공기구(International Civil Aviatio Organization; ICAO)와 일치한다는 것을 인정해야 한다. ICAO는 세금을 "일반적인 국가 및 지방 저부 세입을 증가시키기 위한 부담금(levies)"으로 정의한다. *ICAO's Policies On Taxation In The Field Of International Air Transport*, ICAO Res 8632 (24 February 1999).

(fee) 또는 과징금(charge) 사이의 차이를 논했다. 이를 수행하면서, 배출권거래제도는 '공적당국을 위한 세입을 발생시킬 것을 의도하지' 않았고, 책임 있는 실체가 미리 지불할 금액을 결정할 수 있도록 하지도 않았다고 지적하였다.[71] 법률고문은 '허용량 거래제도(allowance trading scheme)'는 관세, 세금, 요금 또는 과징금이라기보다 시장기반 조치라는 주장으로 결론을 내렸다.

여러 가지 방식으로 이러한 주장에 대답할 수 있다. 첫째, 법률고문의 조언은 EU 관할권 내에서조차도 법적으로 구속력이 있는 것은 아니지만 본질적으로 더 많은 자문을 제공하는 성격만을 갖는다는 점을 명심해야 한다.[72] 그러므로, 법률고문의 주장이 강력할지라도, 그것들은 어떤 방법으로든 문제를 끝내지 못한다. 둘째, 저자는 시장기반 조치로 그 제도를 설명하는 것이 그 동일한 제도를 세금, 관세 또는 과징금을 부과하는 것으로 분류하는 것을 배제하지 않는다고 주장한다. 셋째, 어떤 조치를 세금, 요금 또는 과징금으로 분류할 때, 그 조치가 의도하는 목적은 '책임' 그 자체이지 부과하는 수단이 아니라는 점이 중요하다. 이 점에서, 배출책임을 충족하기 위해 구입한 배출권의 경매기금이 실제로는 공적당국으로 흘러간다는 것을 언급하지 않은 것은 태만한 일일 것이다.

Harper v Minister for Sea Fisheries 사건에서 호주의 고등법원(High Court)은 전복(abalone)을 채취하기 위한 요금(fee)이 과세의 형태인지의 문제를 다루어야 했을 때 비슷한 문제를 검토했다.[73] 이 결과는 WTO 분쟁해결기구에 대해 아무런 법적 구속력이 없을지라도 법률고문의 의견과는 달리 호주의 고등법원의 결정은 호주관할에서 최고의 법적 권위가 있다. 이 사건에서 고등법원은 채취한 전복의 양에 따라 계산된 강제적인 요금이 면허(licence) 또는 과세의 형태인지를 검토했다.[74] 전복의 수확은 이 요금의 지불이 없는 경우 금지되었다는 점이 중요하다. 이 사건에서, Brennan J는 다음과 같은 논증에 따라 그 요금이 세금이 아니라고 결론내렸다:

---

71) Case C-366/10 *The Air Transport Association of America and Others (Advisory Opinion of the Advocate General)* [2011] ECR 1-1 1-59.

72) August Reinisch, *Essentials of EU Law* (Cambridge University Press, 2012) 79.

73) *Harper v Minister for Sea Fisheries* (1989) 168 CLR 314.

74) Ibid.

천연자원은 그 수가 제한되어 있어서, 대중에 대한 통제없는 채취로 손상, 고갈 또는 파괴에 대해 책임이 발생한다. 이 경우, 대중이 그 천연자원을 채굴할 보통법상 권리를 행사하는 것을 금지하고 면허 취득자가 한정된 정도로 그 자원을 채굴할 법적 권리를 부여하는 법률은 그러한 면허 취득자에게 타인의 재산에 대한 채취권(*profit a prendre*)과 유사한 특권을 부여한다.[75]

Dawson, Toohey 그리고 McHugh JJ는 면허가 세금이 아니라는 Brennan J의 결론에 동의하며 다음과 같은 설명을 하였다:

가장 중요한 것은 지불한 금액과 면허에 의해 부여된 특권의 가치, 즉 명시된 양으로 상업적 목적을 위해 전복을 획득할 권리 사이의 관계를 식별할 수 있다는 사실이다. 그런 관계를 식별하는 데 전복은 제한없는 상업적 채취의 대상이 될 수 없는 유한하지만 재생 가능한 자원을 구성한다는 것이 중요하다. … 그러한 강제징수가 세금의 특징을 보인다면, 이것은 세금으로 보는 것이 적절할 것이다. 특히, 그 강제징수가 획득된 것의 가치와 분명한 관계가 없다면, 그 상황은 강제징수가 적어도 그 가치를 초과하는 정도로 세금으로 보는 것이 적절한 그런 것일 수 있다.[76]

결국, 판사들은 "세금은 단지 그것이 공공 천연자원(natural public resource)을 보존할 목적을 위해 사용된다는 이유로 어떤 다른 것으로 전환되지 않는 것이다"라는 중요한 의견을 말했다.[77]

제2장에서, 저자는 배출권거래제도가 온실가스를 방출할 권리에 대한 금지를 포함하는지를 고찰했다. 그 장에서 제시한 답은 이것은 불확실하다라는 것이었다. 호주의 배출권거래제도의 경우 온실가스의 배출을 방지하기 위해서 어떤 실체에 부과된 어떤 금지도 없다. 따라서 그런 상황에서 적격의 배출단위(eligible emission units)가 면허로 인식되지는 않을 것이다. 그보다 그 제도 내에서 적격의 배출단위는 지불의 형식을 보였다: "일종의 온실가스 통화수단. 이것은 이들 배출권이 재산

---

75) Ibid 335.
76) Ibid 336-7 quoting *Air Caledonie International v Commonwealth* (1988) 165 CLR 462.
77) *Harper v Minister for Sea Fisheries* (1989) 168 CLR 314, 337.

이 아니라는 것을 의미하는 것은 아니다."[78] 사실 제4장에서 배출권이 재산의 대상으로 분류될 수 있다고 결론 내렸다. 그러나 EU ETS를 고려해 볼 때, 적절한 수의 허용량을 제출하지 못해 벌금이 부과되는 경우, 그 상황에서는 금지되는 조치로 보일 수 있다. 그러나 이 금지가 EU 제도가 과세의 형태 또는 다른 형식으로 부과할지 여부에 영향을 미치는지는 여전히 의문으로 남는다.

   Harper 사건에서 호주의 고등법원의 논증으로 돌아가면, 제출을 위한 배출권의 구매는 초기에는 과세의 형태로 보이지 않는다. 이는 배출단위에 대한 지불이 재산을 위한 지불, 즉 배출단위를 획득하기 위한 지불이기 때문이다. 그러나 배출단위의 구매상황을 *Harper* 사건의 면허의 획득과 비교할 때 중요한 차이점이 설명된다. 실제로, 배출권거래제도에서 부과된 책임과 배출단위에 대한 권리를 구별하는 것이 중요하다. 종종 이들은 종합적으로 고려되기도 한다. 이들을 개별적으로 생각할 때, 배출권거래에 의해 부과된 책임은 과세와 유사한 것으로 보인다. 배출권거래 책임과 대부분의 과세체계 사이의 차이는 책임 그 자체라기보다 책임의 충족을 위한 요건에 있다. 확실히, *Harper* 사건에서의 논증은 배출권거래하에서의 책임이 재산취득 때문에 부과된 것이 아니라는 점을 근거로 구별될 수 있다. 배출권거래에서 재산취득은 배출에 대한 책임 때문에 요구된다.[79] 이것은 이러한 체계의 구별에 영향을 줄 수 있는 미묘한 차이이다.

   기존의 권리에 부과된 과징금이 과세의 형태라는 결론은 WTO 법리에서 약간의 지지를 얻는다. *US-Softwood Lumber III* 사건에서 패널은 추가부담금(a levy)이 기존의 권리에 부과되었기 때문에 그 추가부담금은 세금이라고 결론 내렸다.[80] 패널은 입목벌채권 부담금(stumpage charges)을 논증하면서 이를 명확히 했다: ""입목벌채권 부담금"은 수목을 벌채할 기존의 권리의 행사에 대한 추가부담금이다. 입목벌채권 추가부담금은 세금과 경제적으로 동등한 세입징수의 형태라고 적절히 여겨진다."[81] 이들 제도가 기존의 권리에 대해 과징금을 부과하는 것이라는 것을

---

78) 이 책 4.2.5 참고.
79) 논쟁의 여지가 있지만 책임 있는 실체가 배출권 부족에 대한 과징금을 지불한 경우, 적격의 배출단위 구매는 필수적이지 않다.
80) Panel Report, *United States-Preliminary Determinations with Respect to Certain Softwood Lumber from Canada*, WTO Doc WT/DS236/R (27 September 2002).

수용한다면, 이는 배출권거래제도와 관련이 있을 것이다. 이것은 호주의 맥락에서는 인정되겠지만, EU 내에서는 아마도 아닐 것이다.

배출권을 구입할 책임이 세금, 관세, 요금 또는 과징금인지를 확실히 말하기는 어렵지만, 그 결론이 아무리 제한적일지라도 결론을 내릴 필요가 있다. 대단한 것은 아니지만 배출권거래제도에 의해 도입된 책임이 과세, 요금, 관세 또는 과징금의 형태라고 여기에서 결론 내릴 것이다. 입법자는 온실가스 배출책임 또는 잠재적으로 온실가스 배출에 책임 있는 실체에게 특별히 과징금을 부과하기 위한 제도를 고안했다.[82] 이들은 과세 대상이다. 총액이 불확실하지만, 자금에 대한 강제적 징수에 해당한다. 마지막으로 경매절차를 통해 얻은 자금은 공적 목적을 위해 이용된다.[83] 앞 장에서 언급한 것처럼, EU의 제도에서 금지된다는 점 때문에 결론을 내리기에 다소의 망설임은 있지만, 그 경우에 금지는 EU의 허용량이 아니라 허가(a permit)를 요구한다. 따라서 심지어 그런 경우에 조차도 배출권거래책임은 과세의 형태라고 주장할 수 있다.

7.4.4 GATT 예외의 적용

배출권거래제도에서 배출책임이 과세의 형태로 고려될 수 있다는 결론에도 불구하고, 탄소집약상품에 대한 국경세조정과 관련된 문제가 여전히 남아 있다. 즉, 부과된 책임이 상품으로 추적될 수 없다는 것이다. 그러므로, WTO 규칙은 국경에서 이 배출책임의 조정을 허용하지 않는다. 그러면 예외규정이 이 국경조정의 부과를 가능하게 할 수 있는지 여부의 문제를 제기할 수 있다.

제4장에서, GATT 제20조에 포함되어 있는 환경예외조항에 의존하기 위해서는 조치 자체의 차별적 요소가 GATT 예외의 요건을 충족해야 한다고 강조했다. GATT 제20조에 포함되어 있는 예외는 탄소집약적 무역노출 상품에 대한 가상적

---

81) Ibid [4.117].
82) Wilcox and Rennie, above n 50, 58.
83) Explanatory Memorandum, Clean Energy Legislation Amendment Bill 2012, Clean Energy (Excise Tariff Legislation Amendment) Bill 2012, Clean Energy (Customs Tariff Amendment) Bill 2012 12 [1.6].

인 국경조정을 용인해 줄 수 있는 두 개의 개별 단락을 포함하고 있다. 그 첫 번째
는 제20조 (b)호이다. 이 예외는 조치가 다음과 같아야 함을 요구한다:

- 첫째, 인간, 동물 또는 식물의 생명 또는 건강을 보호하기 위해 고안될 것 그리고
- 둘째, 그 보호를 달성하는 데 필요할 것[84]

조치가 '필요한' 것이어야 한다는 요건은 회원국이 이 예외를 원용하기를 희
망하는 경우 증명해야 할 엄격한 기준을 나타낸다.[85] 차별적 규정이 '필요한' 것인
지를 보여주기 위해서, 회원국은 다른 어떤 합리적인 대안도 이용할 수 없다는 것
을 증명해야 한다.[86] 중요한 것은, 규정의 정책 목적이 예외규정의 목적과 일치해
야 한다는 것이다.[87]

이를 고려하여, 국경조정을 통해 추가적인 온실가스 배출에 대한 비용을 부과
함으로써 기후변화가 인간, 동물 또는 식물의 생명 또는 건강에 제기하는 위협을
감소시킬 수 있다고 주장할 수 있다. 어떤 경우에는 국경조정의 목적이 지목된 위
협의 감소라는 것을 제시하는 데 어려움을 겪을 수 있다. 그 이유는 탄소집약적 산
업에 대한 국경조정의 목적은 잠재적으로 현재의 배출권거래 체계에 수반하는 탄
소누출 지원조치의 목적을 감안할 것이기 때문이다. 특히 호주 내에서 이들 지원
조치는:

호주에서 기업이 청정에너지의 미래로 전환하는 것을 지원하기 위해서 창안되었고,
정부는 대규모 산업 생산자부터 소규모 기업까지 기업공동체를 위해 많은 수의 지원
조치를 고안했다. 정부는 기업을 돕고 *일자리를 지원하기 위해서* 약 40퍼센트의 수

---

84) Appellate Body Report, *United States-Standards for Reformulated and Conventional Gasoline*, WT/DS58/AB/R (adopted 6 November 1998) 25.
85) 제3장은 입증의 부담이 긍정적인 주장(positive assertion)을 하는 회원국에게 있다고 지적했다. 이 책 3.3.3 참고.
86) Appellate Body Report, *European Communities-Measures Affecting Asbestos and Asbestos Containing Products*, WT/DS135/AB/R (2001) [175].
87) Panel Report, *European Communities-Conditions for the Granting of Tariff Preferences to Developing Countries*, WTO Doc WT/DS246/R (adopted 20 April 2004).

익을 그 메커니즘에서 할당할 것이다.[88]

무상 배출권의 목적이 국경조정으로 바뀌면, 탄소누출을 줄이고 '수입된 온실가스 배출량'에 가격을 붙이는 것의 결과를 나타내는 조치는, 패널에 의해 '인간, 동물 또는 식물의 생명 또는 건강을 보호하기 위하여' 필요한 것으로 분류될 가능성이 희박하다. 이 주장은 고갈가능한 천연자원의 보존에 관련된 두 번째 예외에도 적용된다. 그러나 두 번째 규정에 대한 기준은 충족하기 덜 힘든 기준이 된다.

제20조 (g)호하에서 양립할 수 없는 규정을 정당화하기 위해서는 세 개의 요건이 충족되어야 한다:

- 조치는 보존과 *관련이 있어야(relate to)* 한다.
- 보존은 고갈가능한 천연자원을 위한 것이어야 한다. 그리고
- 조치는 유사한 국내제한을 포함해야 한다.[89]

GATT와 WTO의 분쟁해결 법리는 조치가 고갈가능한 천연자원의 보존과 '관련이 있기' 위해서는 해당 목적을 '주된 목적으로(primarily aimed at)' 한 것이어야 한다고 설명한다.[90] 이 표현은 *US−Shrimp* 사건에서 상소기구가 '관련이 있는' 이 조치와 보존 사이에 합리적인 '수단과 목적' 관계가 존재해야 한다고 판시하며 더 명확하게 설명되었다.[91]

그러므로, 이 예외조항에 의해 정당화될 수 있도록 주장하려면 입법자는 보호주의(protectionism)를 염두에 둔 것이 아니라, 보존(conservation)과 관련이 있는 규정

---

88) Revised Explanatory Memorandum, Clean Energy Bill 2011 (Commonwealth of Australia) 15 (emphasis added).
89) Van Den Bossche, above n 61, 634.
90) GATT Panel Report, *Canada-Measures Affecting Exports of Unprocessed Herring and Salmon*, GATT BISD 35S/98 (22 March 1988) [4.6].
91) Appellate Body Report, *United States-Import Prohibition of Certain Shrimp and Shrimp Products*, WT/DS58/AB/R (1998) [141]—[142] quoted in *WTO Analytical Index: Guide to WTO Law and Practice* (Cambridge University Press, 2nd edition, 2007) 279.

으로 구성해야 한다. GATT 제20조 (b)호에서 언급한 것처럼, 이 주장에는 약간 어려움이 있을 수 있다. 이 예외를 적용하기에 앞서 이 규정의 두 가지 다른 요건 또한 입증되어야 한다. 그것은 보존이 '고갈가능한 천연자원'을 위한 것이고 조치는 유사한 '국내제한'을 포함해야 한다는 것이다.

이들 요건 모두에 대해, 패널과 상소기구가 모두 청정한 대기(clean air)가 고갈가능한 천연자원이라고 동의했던 *US−Gasoline* 사건을 상기해 볼 수 있다.[92] 둘째, '유사한 국내제한' 요건을 충족하기 위해서는, 배출권거래에서 국내 실체들에 부과된 적격의 배출단위를 제출할 책임을 지적하는 것이 필요할 뿐이다. 국내요건이 국경조정을 반영하지 않더라도, 이 예외규정은 계속 적용가능한 것으로 남아있을 것이다. *US−Gasoline* 사건에서 상소기구가 결정한 것처럼, 이 조건은 국내 및 수입상품에 대한 대우가 동일할 것을 요구하지 않는다.[93]

보호무역주의의 목적을 무마하기 위해, 회원국은 WTO 요건을 위반하는 국경조정을 정당화할 의도로 GATT 제20조 (g)호의 예외적용을 선택할 수 있다는 주장이 있다. 그러나 이 예외규정은 수입에 관한 국경조정만을 정당화할 것이다. GATT 예외는 다른 협정의 위반에 대해서는 적용되지 않을 것이다.[94] 수출에 관한 국경세조정이 SCM협정 내에 포함된 규정에 따라 허용되기 때문에, GATT에 포함된 예외로는 이들 규정에 대한 어떤 위반도 정당화되지 않을 것이다. 그러므로 이러한 예외는 기존의 배출권거래제도와 관련하여 국경조정을 시행하는 데서 오는 어려움을 극복하지 못할 것이다.

7.5 결 론

저자는 무상할당 지원조치 대신에 기존의 배출권거래제도 내에서 국경조정을

---

92) 이 특정한 분쟁에서 문제의 조치는 패널이 '조치에 의해 사용된 불리한 기준선 확립방법'이 고갈 가능한 천연자원의 보존을 주된 목적으로 한 것이 아니므로 제20조 (g)호의 적용범위에 해당되지 않는다고 결론 내렸기 때문에 (g)호에 의해 정당화되지 않았다. See ibid.
93) Ibid.
94) 이 책 6.8 참고.

포함할 가능성을 논의할 목적으로 이 장을 시작하였다. 이 분석을 위해, WTO 규칙이 국경세조정과 관련되어 있는지 여부뿐만 아니라 그러한 규칙을 위한 이론적 정당성도 고려하는 것이 중요했다. 저자는 그러한 규칙을 좀 더 철저하게 이해할 수 있도록 하기 위해서 이에 대한 심층적인 분석을 하였다.

이를 염두에 두고 저자는 WTO 규칙이 간접세의 국경조정을 허용할 수 있다고 언급했다. 기존의 거래제도에 의해 부과된 배출책임이 일반적으로 이 범주에 속할 것이라는 데는 약간의 의심이 있다. 이것은 EU ETS와 호주의 청정에너지패키지의 방법론에 대한 고찰을 통해서 입증되었다. 그러나 이와 대조적으로, 사실상 간접과세는 국경에서 조정할 수 있는 호주의 청정에너지패키지에 의해 부과된 배출책임에 해당함을 언급했다. 물론 이것은 규칙이라기보다 예외였다. 따라서 국내책임을 보완하기 위해서 광범위하게 국경세조정을 도입하는 데에는 어려움이 남아 있었다.

이런 이유로, 배출권거래 책임과 관련하여 수입된 또는 수출된 상품에 대해 국경조정을 적용하는 것은 WTO 요건에 합치하기 어려울 것이다. 정책입안자가 WTO 의무를 준수하기를 원한다면, 탄소집약적 상품에 관한 국경조정은 배출권거래제도에서 배출권의 무상할당 조치에 대해 취할 수 있는 대안이 아닐 것이다.

이런 종류의 국경조정을 합법적으로 도입하기 위해 남아 있는 한 가지 방법은 GATT 제20조상의 예외에 의존하는 것이다. GATT 제20조 (g)호의 예외는 WTO 의무를 위반하는 기후변화 완화조치를 정당화할 수 있다. 그러나 이 예외에 의존하기 위해서는 WTO 의무를 위반하는 조치가 '고갈 가능한 천연자원의 보존을 염두에 두고 개념화'되어야 한다. 확실히 '보존'의 목적이 분명해야 한다. 국경조정이 탄소집약적 설비에 대해 배출권의 무상할당을 대체할 것은 의심할 여지가 없으므로, 이 정책은 환경보존주의(conservationist)보다는 보호무역주의(protectionist)로 간주될 수 있다.

탄소집약적 상품에 대한 적절한 국경세조정을 개념화하는 것은 정책입안자와 입법자에게 많은 어려움을 준다.[95] 배출권의 무상할당과 기타 지원조치는 WTO 준수에 관한 다수의 문제를 야기할 수 있다. 그러나 적절히 이행된다면, 적어도 현

---

95) 호주 CMP 내 국경조정은 NZ ETS와 EU ETS의 국경조정과 비교될 수 있다.

재의 WTO 규칙에서는, 온실가스 배출에 책임이 있는 실체에 대한 무역 경쟁력 우려를 완화하는 더 좋은 방법이 될 것이다.[96]

---

96) 국경조정이 기후변화의 완화를 위해 더 좋은 것인지의 문제는 이 장에서 다루지 않는다. 여기에서 제시된 분석은 WTO 규칙 준수를 입증하는 것만을 의도하였다.

제 **8** 장

맺음말

8.1 서 론

2012년 9월, WTO는 연례 공개포럼(public forum)을 개최했다.[1] WTO는 다자주의에 관한 주제를 제시했다. 글로벌 쟁점들을 다루는 현재의 방식이 위기상태에 있다고 지적하며, 이것은 어느 정도는 현재의 국제적 과제에 대응하는 데 있어 국제기구들이 그 역할에 실패했기 때문이라는 것을 지적하였다.[2] 그 포럼의 참석자들은 다음의 의견에 대해 응답해야 했다:

> 우리가 오늘날 살고 있는 세상의 정치적, 경제적 그리고 사회적 모습은 수십 년 전에 존재했던 것들과는 매우 다르다. 무역의 본질은 지난 20년에 걸쳐 급격하게 변했던 반면, 무역 거버넌스(trade governance)에 대한 경제학자와 정부의 생각은 그렇지 않았다. 결과적으로 기존의 무역규칙과 새로운 세기의 현재 현실 사이에 격차가 벌어지고 있다.[3]

이 책의 주제는 2012년 WTO 공개포럼 이전에 이미 고안되었다. 그러나 이 책의 목적은 위의 진술에 대답하는 데 필요한 한 가지 필수적인 단계를 제시하는 것이다. WTO법이 현재의 환경문제를 다루기 위해 고안된 새로운 법체계에 어떻게 적용되는지를 연구하는 것이다. 이것은 WTO법이 기후변화와 같은 새로운 글

---

1) World Trade Organization, *WTO Public Forum 2012: 'Is Multilateralism in Crisis?'* (September, 2012) www.wto.org/english/fomms_e/public_foruml2_e/public_forum12_e.htm.

2) Micheline Calmy-Rey, 'Inaugural Speech: Is Multilateralism in Crisis?' (Speech delivered at the WTO Public Fomm 2012, Geneva, 24 September 2012).

3) World Trade Organization, *WTO Public Forum 2012: Core Themes* (September, 2012) www.wto.org/english/forums_e/public_forum12_e/core_themes_e.htm. 포럼의 핵심주제에 대한 이 성명은 Micheline Calmy-Rey의 취임연설에서도 뒷받침되었다. above n 2.

로벌 과제에 어떻게 적응해야 하는지를 이해하는 중요한 과정이다. 실제로, WTO 법이 이러한 새로운 법체계에 어떻게 영향을 미치는지를 이해하는 것은 변화를 위한 권고가 있기 전에 선행되어야 한다.

이 책의 목적은 배출권거래제도가 도입될 때 발생하는 세계무역의 문제를 확인하는 것이었다. 이 연구는 WTO의 규칙에 초점을 맞춰서 진행되었다. 이 목적을 달성하기 위해 저자는 특정 제도의 일반원칙과 특정 규정 모두에서 배출권거래제도의 가장 중요한 특징에 대해 평가했다. 이 책의 전반에 걸쳐 협정의 준수문제에 대해 결론을 도출했고, 이 맺음말의 장에서 가장 중요한 요점을 강조하고 그 중요성을 설명하고자 한다.

이 책에서 제공하는 실체적 문제와 그에 상응하는 결론은 각 장의 결론과 일치하며, 구체적으로 배출권거래체계에 대한 다음과 같은 쟁점의 중요성에 관한 내용이었다:

- 거래가능한 온실가스 수단을 상품으로 분류
- 거래가능한 온실가스 수단을 서비스 및 금융증서로 분류
- 배출권거래제도와 보조금의 병존 그리고
- 배출권거래에서 국경세조정의 사용

이 맺음말의 장은 이러한 범주의 결론을 각각 다루는 것으로 시작한다.

8.2 거래가능한 온실가스 수단을 상품으로 분류

'상품'의 개념정의를 분석할 때에 많은 결론이 나왔고, 이를 여기서 기술하고자 한다. 첫째, 배출권거래에서 거래수단의 법적 특성은 그 보유자에게 대기에 온실가스를 방출할 권리를 필연적으로 부여하지는 않는다는 것이다. 즉, 배출단위는 면허 또는 허가(licences or permits)가 아니다. 오히려 이들 배출단위와 결부된 권리는 그 가치와 관련이 있다. 따라서 배출단위는 온실가스 배출량에 부여된 가치를

나타내는 일종의 배출통화(emissions currency)를 반영한다.

제4장은 배출권거래와 WTO법에 관한 몇 가지 근본적인 쟁점을 검토했다. 배출권은 대상에 대한 권리가 아닌 재산의 대상이 되는 것으로 간주되었다. 또한 배출권은 양도가 가능하고 따라서 거래가능한 재산의 대상이라고 결론 내렸다. 그러나, 배출권은 무형적으로 존재하고, 오직 이런 이유 때문에 WTO법 내의 '상품'이 될 수 없을 것으로 보인다. 이런 결론에도 불구하고, WTO법에서 '상품'의 개념정의는 배출단위와 같은 매개수단을 포함하는 것으로 진화할 수 있다고 생각한다.

이런 가능성을 염두에 두고, 이들 대상이 거래가능한 상품이라는 결론이 진정으로 주는 함의를 검토했다. 이것은 GATT 규정의 분석을 요구한다.[4] 이 분석에서 수량제한에 대한 금지가 가장 관련되어 있음이 입증되었다. 이는 배출권거래가 온실가스 배출에 책임 있는 실체가 제출할 수 있는 국제배출거래권의 수를 제한하기 때문이다.[5] 더욱이, '동종상품'에 대한 엄격한 요건이 충족될 경우, GATT 제1조 및 제3조가 침해될 수 있다. 이들은 최혜국대우규정과 내국민대우규정으로 각각 알려져 있다. 그러나 제4장에서 설명한 것처럼 두 개의 배출단위가 '동종상품'이라고 결론내리는 데는 약간의 어려움이 있을 수 있다.

수량제한 규정이 적용될 수 있을지라도, 배출권이 상품으로 간주된다면 GATT 예외규정은 위 규정의 위반에 대한 정당화수단으로 사용될 수 있다. 배출권거래제한을 정당화할 목적으로서, 이들 예외 중 가장 관련성이 높은 것은 제20조 (g)호이다. 이 예외규정은 국제배출권의 사용에 관한 제한이 '고갈가능한 천연자원의 보존과 관련 있는' 방식으로 부과되었다는 것을 입증할 수 있다면 정당화를 위해 예외규정을 적용할 수 있다. 이것이 확립된다면 수량제한 조치는 정당화될 것이다.

미래에 배출단위 또는 배출크레딧이 상품으로 분류될 수 있다는 결론에 대한 영향을 점검하는 데는 TBT협정의 규정도 관련이 있다.[6] TBT협정은 특별히 상품

---

4) Marrakesh Agreement Establishing the World Trade Organization, opened for signature 15 April 1994, 1867 UNTS 3 (entered into force 1 January 1995) Annex 1A ('General Agreement on Tariffs and Trade 1994').

5) 이 책 4.3.1 참고.

6) Marrakesh Agreement Establishing the World Trade Organization, opened for signature 15 April 1994, 1867 UNTS 3 (entered into force 1 January 1995) Annex 1A ('Agreement on Technical Barriers to Trade').

에 부과된 기술규정을 규제한다. 그러므로 기존의 배출권거래제도가 일종의 어떤 기술규정을 도입하는 것인지를 고찰할 필요가 있었다.

호주 청정에너지패키지법안은 배출책임을 위한 지불로 제도 내에서 허용될 수 있는 적격의 배출단위의 종류를 제한하는 규정을 도입하는 제안을 포함하고 있다.[7] 법안에서의 제한은 배출권거래로부터 CERs과 ERUs이 다음의 활동을 통해 발생한다면 이들 크레딧의 제출을 제외할 것을 규정하고 있다:

- 원자력 사업
- 트리플루오로메탄(trifluoromethane)의 파괴
- 아디핀산 공장의 아산화질소의 파괴 그리고
- EU가 채택한 기준에 맞지 않는 대규모 수력발전사업[8]

이들 배제는 다른 배출권거래제도에서도 명백하다. EU ETS는 CERs과 ERUs가 자신들의 배출감축목표를 준수하기 위해 제출될 수 있음을 인정하고 있다. 그러나 원자력 활동을 통해 발생된 크레딧의 사용에 관해서는 제한을 두고 있다.[9] 유사하게 뉴질랜드 ETS는 원자력 사업에 의해 발생한 교토 배출단위(Kyoto units)를 배제한다.[10] 이런 이유로, 이들 설계서는 배출권이 '객관적으로 정의 가능한 특징'을 가진다는 강력한 주장을 가능하게 했다. 이는 이러한 설계서가 TBT협정의 적용범위 내에 속하는 기술규정으로 분류될 것이라는 것을 의미한다. 이것이 제4장에서는 인정되었지만, 그런 특징들은 환경보호라는 조치의 목적에 근거하여 정당화될 것이라고 결론 내렸다.

---

7) 이 책 4.5 참고.

8) Revised Explanatory Memorandum, Clean Energy Bill 2011 (Commonwealth of Australia) 129.

9) Directive 2003/87/EC of the European Parliament and of the Council of 13 October 2003 establishing a scheme for greenhouse gas emission allowance trading within the Community and amending Council Directive 96/61/EC [2003] OJ L275/46, 32, paragraph 8, restriction on nuclear credits.

10) 원자력 사업으로부터의 CERs 배제. Karen Price, Lisa Daniell and Laura Cooper, 'New Zealand Climate Change Laws' in Wayne Gumley and Trevor Daya-Winterbottom (eds), *Climate Change Law: Comparative, Contractual and Regulatory Considerations* (Lawbook Co., 2009) 89, 93.

8.3 배출권거래와 GATS

8.3.1 배출크레딧이 나타내는 서비스

배출권거래 및 GATS와 관련하여 가장 중요한 결론 중의 하나는 이 제도하에 수용된 배출크레딧이 서비스를 대변한다고 고려할 만한 성질을 나타낸다는 것이다.[11] 이 결론의 결과는 이러한 크레딧에 부과된 어떤 제한은 그들이 대변하는 서비스의 국제무역에 영향을 미친다는 것이다.

따라서 GATS 규정은 배출크레딧이 서비스를 대변한다는 결론을 토대로 분석되었다. 먼저 GATS 제2조의 최혜국대우규정에 대해 평가되었다. 제2조는 *사실상(de facto)* 또는 *법률상(de jure)* 차별로 위반될 수 있지만, 배출권거래제도는 이 의무를 위반하지 않을 것이다. 크레딧과 관련된 서비스의 출처를 기반으로 한 배출크레딧을 규제하는 제한이 없기 때문이다. 또한 '동종서비스'를 대변하게 될 두 가지 배출크레딧을 찾기가 어렵다. 이것은 배출크레딧이 전체적으로 배출감축 사업의 일부를 구성하는 여러 가지 다른 서비스를 일반적으로 대변하므로 특히 문제가 된다.

제5장에서 분석된 두 번째 범주는 '구체적 약속'으로 알려진 규정들이었다. 구체적 약속은 회원국이 자발적으로 약속했던 대로 이들 조치에 구속력이 있다는 점에서 일반적 의무와 동일하지 않다. 회원국의 약속표에 있는 이들 규정에 의해 구체적 약속이 만들어진다. 특정한 부문이 GATS의 내국민대우 또는 시장접근 규정에 의해 구속되는지 여부를 결정하기 위해서는 회원국의 약속표에 대한 분석이 필수적이다.

제17조 내국민대우규정의 위반은 '동종성'의 여부에 달려 있다. 제5장에서 저자는 두 개의 서로 다른 크레딧이 '동종서비스'를 대변한다는 결론을 내는 것이 특히 어려운 임무임을 인정했다. 이것은 두 개의 크레딧 문제의 근원이 되는 서비스

---

11) 이 책 5.2.2 참고. Marrakesh Agreement Establishing the World Trade Organization, opened for signature 15 April 1994, 1867 UNTS 3 (entered into force 1 January 1995) Annex IB ('General Agreement on Trade in Services').

가 '동종성'을 위한 엄격한 요건을 충족하기에 충분히 유사해야 하기 때문이다. 제 5장에서 '동종성'의 요건이 항상 GATS 제16조에 있는 시장접근 규정의 기준인 것은 아니라고 기술했다. 이런 이유로, WTO 회원국인 제소국은 시장접근 규정의 침해를 입증할 가능성이 더 높다. 언급한대로, 시장접근 규정은 회원국이 구속받기로 동의해야만 하는 구체적 약속이다. 배출크레딧을 발행시키는 프로젝트가 다양하기 때문에 배출감축을 위한 적절한 서비스 부문 및 일반적인 배출회피 프로젝트를 분류하는 규범적 결론을 제시하는 것이 거의 불가능하다. 실제로 1 크레딧이 여러 부문에 걸쳐있는 여러 가지 서비스를 통한 것임을 의미할 수 있는 것으로 보인다. 차별에 대해서는, 결국 사례별로 검토될 필요가 있을 것이라고 말하는 것 외에 이와 관련하여 어떤 일반적 진술도 할 수 없다.

8.3.2 금융상품으로서의 배출단위

제5장은 배출단위 및 다른 여타 유형의 온실가스 거래수단이 WTO협정에서 양도성 유가증권 또는 금융자산으로 분류될 수 있을 것 같다고 설명했다. 이는 GATS 규정에 의해 배출권거래를 규제하는 것이 금융서비스 활동으로 인정될 것임을 의미한다. 특히 이 배출권을 교환하는 것과 관련된 서비스는 모든 다른 WTO 회원국에게 개방되어야 한다. 이는 대부분의 선진국인 회원국이 자신들의 약속표 내에서 금융서비스약속에 관한 양해에서 금융서비스 부문을 자유화하기로 합의했기 때문이다.[12]

제5장에서 검토한 배출권거래제도에 의해 부과된 어떤 명백한 제한도 존재하지 않는다. 그러나 특정한 교토 배출단위의 제출에 부과된 것과 같은 제한은 '서비스거래의 총액'에 대한 제한을 금지하는 시장접근 규정의 침해를 야기할 수 있다.[13] 만일 GATS 위반이 금융서비스에 관련된 조항을 통해 입증된다면, 회원국은 GATS 일반예외규정 또는 GATS '신중한 별도취급(prudential carve-out)' 예외에 의존하고자 시도할 수 있다.[14]

---

12) Uruguay Round Agreement, Understanding on Commitments in Financial Services.
13) The General Agreement on Trade in Services, Article XVI:2.

8.4 지원조치에 관한 결론

제6장에서 특정한 배출권거래제도에 의해 시행되는 지원조치와 관련된 문제를 연구하였다. 분석된 지원조치는 EU에서 제공된 탄소누출 지원과 함께 호주에서 이행된 JCP 및 STPP를 포함했다. 여기에서 살펴볼 첫 번째이자 가장 중요한 요점은 세 가지 모두 SCM협정 내에 있는 '보조금'의 요건을 충족한다는 것이다.[15]

제6장에서의 분석은 EU 내에 있는 탄소누출 규정 그리고 호주 청정에너지패키지의 JCP가 SCM협정의 규칙에 따라 금지보조금의 범주 내에 속하는 것으로 나타난다는 것을 확인시켰다. 지원조치가 금지보조금이라면 제소국은 SCM협정상의 구제수단을 이용할 수 있다. 제6장에서 저자는 특히 배출권거래제도가 현재 광범위하게 확산된 조치가 아니기 때문에 이 결론의 공정성이 확실히 의문스럽다고 기술했다. 그러므로 이들 규정은 WTO 규칙의 결점을 보여 주었다고 주장하는 것이 정당화될 수 있다.

또 다른 중요한 쟁점은 호주에서 철강제조산업에 이용가능한 보조금이 SCM협정하에서 조치가능 보조금의 분류에 속하는지에 대한 문제였다. 이 점에 관하여 제시된 분석은 본질적으로 일반적 성격을 지녔기 때문에 어떤 확실성을 가지고 결론을 내리는 데 약간의 어려움이 있다. 그럼에도 불구하고 이것은 철강산업 지원이 '부정적 효과'를 유발할 가능성이 높다는 것을 보여줄 수 있다. 이것은 무상할당 보조금의 효과가 이들 산업에 제공된 어떤 추가적인 지원을 통해 종합적으로 분석될 것이기 때문이다. 이것은 이 결론을 약화시킬 수 있는 조치에 대한 별도의 검토와는 대조적일 수 있다. 중요한 것은 WTO 법리는 전자의 접근방식을 지지한다는 것이다.

제6장에 있는 분석에 기초하여, 저자는 배출권거래제도가 두 개의 서로 다른 지역에 도입되었으므로 SCM협정의 규칙의 맥락에서 금지 또는 조치가능 보조금을 포함할 수 있다고 결론 내렸다. 그러므로 이에 대한 대안이 필요할 수 있다.

---

14) 이 책 5.6 참고.
15) 즉, 세 개 모두는 혜택을 부여하는 정부에 의한 재정적 기여를 보여준다.

8.5 배출권거래제도 내에 국경세조정의 포함과 관련된 결론

제7장에서 배출집약적 상품에 관한 국경조정이 제6장에서 분석된 무상 배출권 지원에 대한 이론적인 대안으로 제안되었다. 배출권거래에 의해 도입된 온실가스 배출책임이 현재의 과세모델로 여겨질 수 있다는 결론에도 불구하고,[16] 탄소집약적 상품에 관한 국경조정과 관련해서는 WTO에 합치하는 국경조정에 어려움이 확인되었다. 이러한 어려움은 제7장에서 기술한 방법론을 통해 추정되었는데, 이를 통해 온실가스 배출이 상품 투입요소가 아니라는 결론에 근거한다. 오히려 온실가스 배출은 탄소집약적 상품의 폐기물(waste products)로 분류될 수 있다.

더 자세히 설명하기 위해서, 제7장에서 저자는 WTO 규칙이 상품에 부과된 세금을 의미하는 '간접세'에 대한 조정을 허용한다고 기술했다. 기존의 거래제도에 의해 부과된 배출책임은 일반적으로 이 범주 내에 포함된다는 데에는 의문의 여지가 있다. 이것은 EU ETS와 호주 청정에너지패키지의 방법론에 대한 고찰을 통해 입증되었다. 그러나 이와 대조적으로 간접과세로 여겨져 국경에서 조정될 수 있는 호주 청정에너지패키지에 의해 부과된 책임은 있다고 기술했다. 이것은 물론 규칙이 아니라 예외였다. 따라서 일반적으로 광범위하게 국내적 책임을 보완하기 위한 국경세조정을 도입하는 데 어려움이 남아 있다.

제7장의 또 다른 중요한 결론은 배출권거래제도에 의해 부과된 책임이 과세의 형태라는 것이다. 이는 국경세조정을 허용하는 GATT 및 SCM협정의 예외가 이론상으로 배출단위가 구매되어 지불로 제출될 수 있는 배출권거래와 관련된 국경세조정을 정당화할 것임을 의미한다. 물론 이것이 WTO법을 준수하는 국경조정을 위해 필요한 것처럼, 상품에 대한 책임을 추적하는 문제를 극복하지는 못한다.

특정한 배출단위가 서비스 및 금융증서를 대변할 수 있다는 이전의 결론을 고려해볼 때, 배출권거래제도상의 배출책임이 세금과 비유될 수 있다는 것은 이상한 결론인 것처럼 보일 수 있다. 그러나, 배출권거래에 의해 부과된 배출책임과 책임을 면제하기 위해 양도될 수 있는 수단을 구별하는 것이 중요하다. 배출책임의 도

---

16) 이 책 7.4.3 참고.

입은 배출단위의 생성과 법적으로 분리되어 있다. 이런 이유로, 배출권거래제도에
서 도입된 배출책임은 과세체계에 의해 부과된 책임과 비유될 수 있다.

8.6 예외규정과 관련된 결론

WTO법의 위반이 입증되면 예외규정이 중요해진다. 이 책에서 다루는 예외는
GATT 제20조 (b)호와 (g)호, GATT 제21조, GATS 제14조, GATS 제14조의2 그리
고 GATS의 '신중한 별도취급(prudential carve-out)' 예외를 포함한다. SCM협정의
예외규정은 만료되었으므로 이 협정의 위반을 정당화할 규정은 존재하지 않는다.

제6장에서 협정상 예외적용에 관한 제한이 강조되었다. 예외는 예외가 포함되
어 있는 협정으로 추적될 수 있는 위반에 대해서만 사용될 수 있다는 것을 지적하
였다.[17) 예를 들어, GATT 예외규정은 SCM협정의 위반을 정당화하는 데 이용될
수 없다. 즉, GATT 규칙을 위반하는 수입상품에 대한 과징금의 부과는 특정한 상
황에서 GATT 예외에 의해 해명될 수 있을 것이다. 그러나 금지보조금은 그렇지
않을 수도 있다.

제4장과 제5장에서 GATT 제21조 및 GATT 제14조의2 그리고 GATS에 각각
포함되어 있는 국가안보상의 예외가 고찰되었다. 특히 제4장에서 국가안보예외는
현재 기후변화 완화조치를 위해 이용될 수 없다고 기술되었다.[18) 이것은 특별히
기후변화의 쟁점에 관한 최근의 안전보장이사회(Security Council) 논쟁에도 불구하
고 그러하다.

다른 예외조항에 대한 검토에서는 그들 사이의 유사성과 차이점을 강조했다.
GATT 제20조 (b)호 그리고 GATS 제14조는 실체적으로 동일한 규정이다. 이들은
모두 '필요성'이라는 엄격한 요건을 충족시킬 것을 요구한다. '필요성'은 GATT 또
는 GATS 규정을 위반하는 배출권거래 조치를 정당화하기 위해 설명하기 어려울
수 있음이 지적되었다.

---

17) 이 책 6.8 참고.
18) 이 책 4.3.5 참고.

이들 규정에 대한 논의는, 예외규정이 허용가능한 것으로 간주하는 '목적'을 해당조치가 특별히 추구하는 경우에만 적용할 수 있다고 강조했다. 이것은 비록 배출권거래제도가 '고갈가능한 천연자원의 보존'[19]과 같은 이들 목적 중의 하나를 수행한다고 해도 위반된 조치는 특별히 검토되고 정당화되어야 한다는 것을 의미한다.

이 전제는 제7장에서 탄소집약적 상품에 대한 국경세조정의 정당화요건 검토에서 강조되었다. 이 장에서 조정이 '고갈가능한 천연자원의 보존과 관련이 있는' 방식으로 이뤄진다면, GATT 제20조 (g)호는 위반을 정당화할 수 있다고 언급했다. 그러나 국경조정이 탄소 집약적 활동에 대한 경쟁력 우려를 다루기 위해 부과된다면, 제20조 (g)호는 적용되지 않을 것이다.

마지막으로, 배출권거래 조치를 정당화할 수 있는 GATS에 포함되어 있는 예외는 '신중한 별도취급' 예외이다. '신중한 별도취급' 예외는 금융서비스에 대한 특정 제한과 관련이 있다.[20] 이 예외에 의한 항변은 회원국이 금융체계가 계속 안정적일 수 있도록 하는 데 필요한 조치를 유지할 수 있게 한다.[21] 이 예외는 금융서비스의 거래에 관한 특정 제한에 대한 것으로, 배출권거래제도와도 관련이 있을 수 있다. 그렇지만, 이 규정의 적용범위는 분쟁해결에서 심사되지 않았으므로 불확실한 채로 남아 있다.

8.7 권 고

8.7.1 배출권거래제도를 위한 권고

이 책의 목적은 배출권거래제도의 도입의 결과로 발생하는 WTO법의 맥락에

---

19) See the General Agreement on Tariffs and Trade 1994, Article XX(g).

20) Armin Von Bogdandy and Joseph Windsor, 'Understanding on Commitments in Financial Services' in Rudiger Wolfrim, Peter-Tobias Stoll and Clemens Feinaugle (eds), *WTO-Trade in Services* (Martinus Nijhoff, 2008) 647, 651. 이 항변은 금융서비스에 관한 부속서 paragraph 2에 있다.

21) Kem Alexander, 'The GATS and Financial Services: Liberalisation and Regulation in Global Financial Markets' in Kem Alexander and Mads Andenas (eds), *The World Trade Organization and Trade in Services* (Martinus Nijhoff, 2008) 561, 584.

서 국제무역의 문제를 확인하는 것이었다. 앞의 네 개의 장에서 저자는 WTO의 의무와 그렇게 이행된 제도 사이에 잠정적인 불일치가 있는 곳을 확인했다. 또한 패널의 결론을 예측하기는 어렵지만 WTO 회원국에 의한 이의제기로 이어질 잠재성을 가진 몇몇 영역이 그 제도 내에 일부 남아 있다. 다음의 권고는 이 두 개의 체계 사이의 불일치를 방지하고 장래에 회원국의 이의제기를 피하기 위해서 만들어졌다.

배출단위 주제와 관련하여, 이들 배출권이 사실상 상품이라는 결론의 함의를 유념하는 것이 중요하다. 회원국이 온실가스 거래수단이 상품의 한 종류라고 선언할 가능성은 상상할 수 없는 것도 아니고 설득력이 없는 것도 아니다. 제4장에서 설명한 것처럼, WTO법의 맥락에서 이들 수단이 현재 가지고 있지 못한 것은 '상품에 대한 유일한 필수적인 특징'인 유형성(tangibility)이다. 이런 이유로, 상품에 관한 수량제한을 금지하는 GATT 규정이 준수되어야 한다. 준수의 측면에서, 온실가스 거래수단에 관한 수량제한은 GATT 예외규정이 허용하는 목적에 부합하게 부과되어야 한다. 환경보존을 위해 부과된 수량제한이 그러한 목적 중의 하나이다.[22]

배출단위를 서비스로 보는 주제와 관련하여, 다시 한 번 정책입안자 및 입법자는 GATS에 포함되어 있는 의무에 대해 인식하는 것이 중요하다. 특히 관련 회원국의 약속표 내에서 자유화되었던 서비스 부문에서 발행되어 온 크레딧에 관한 제한을 준수하는 것이 필수적이다. 이러한 서비스 부문의 경우, 내국민대우에서의 차별 또는 시장접근 제한으로 간주될 수 있는 제한이 없어야 한다. 이것은 '농업, 수렵 및 임업에 수반되는 서비스'의 하위부문과 특히 관련이 있다. 호주의 CFI와 같은 프로그램을 통해 발행되는 탄소 배출권은 아마도 이 부문에 속할 것이다. 이런 이유로 '동종' 방식으로 발생된 크레딧의 거래에 부과된 제한은 내국민대우의무를 위반할 수 있다. 나아가 시장접근 규정은 국제배출권에 대해 제한을 부과하는 것만으로 위반될 수 있다.

GATS의 구체적 약속에 더하여, 일반적 의무가 준수되어야 한다. 배출권거래제도 내에서 최혜국대우에 대한 차별로 분류될 수 있는 제한이 현재 존재하지는 않아도, 이런 종류의 차별의 요건을 고려하는 것이 중요하다. 이는 회원국이 이 규

---

22) The General Agreement on Tariffs and Trade 1994, Article XX(b) and (g). 이 책 4.3.5 참고.

정을 위반하는 데 있어서 부문 자유화(sector liberalisation) 요건이 없기 때문이다.

배출단위와 크레딧의 거래는 GATS의 맥락에서 금융서비스가 될 것이다. 이런 이유로, 이 서비스 부문에 대한 규제는 GATS의 금융서비스 부속서(Financial Service Annex)에 있는 요건을 고려해야 한다. 따라서 이 부문의 참여자에게 영향을 주는 '정당화할 수 없는 차별'은 존재할 수 없고 이 부문을 위한 시장접근은 제한될 수 없다. 그럼에도 불구하고, 만약 그러한 제한이 전체적으로 시장과 금융시스템의 안정을 보장하는 방식으로 부과된다면, 이들 제한은 '신중한 별도취급' 규정을 통해 정당화될 수 있다.

배출권거래제도 내에 있는 지원조치 주제와 관련하여, WTO법의 의무준수를 보장하기 위해 긍정적인 조치가 취해져야 한다. 첫째, 탄소누출 조치와 관련하여 지원기준은 수출수준에 대한 어떤 조건도 부과되지 않도록 수정되어야 한다. 이러한 변경이 없다면 이러한 지원조치는 금지보조금으로 분류될 수 있다.

유사한 방식으로, 철강제조산업의 탄소누출 규정과 함께 제공되는 지원은 다른 WTO 회원국의 산업에 대해서 SCM협정 제5조에 열거된 종류의 부정적 효과가 발생하지 않도록 주의 깊고 면밀히 조사되어야 한다. 부정적 효과가 발생할 가능성이 있는 경우, 이 산업에 제공되는 지원의 수준을 낮추는 것이 필요할 것이다.

지원의 대상인 상품에 관한 국경조정이 WTO법을 준수하지 않을 것이므로, 지원조치의 수정이 필요하다. 현재 존재하고 있는 배출권거래제도와 관련된 국경조정 및 수입 과징금은 남아 있을 것이다. 그럼에도 불구하고 배출책임의 직접적인 대상이 아닌 상품에 대한 국경조정은 WTO법의 의무를 위반하게 될 것이다. 이런 종류의 국경조정은 경제적 우려와는 반대로 환경적 우려를 다루는 구체적인 목적을 가지고 도입된다면 정당화될 수 있을 것이다. 이런 정당화는 GATT의 제20조 (b)호 및 (g)호에서 찾을 수 있다.

8.7.2 WTO법을 위한 권고

이 책은 WTO 회원국이 앞으로의 협상에서 고려해야 할 많은 사항을 확인했다. 다음 권고사항과 관련하여 이 책 전체에서 고찰되어 온 WTO협정상 대부분의 규정은 기후변화 완화를 위한 온실가스 배출권거래가 도입되기 전에 회원국들에 의해 협상되었다는 것을 인정하는 것이 필요하다. 이런 이유로, 회원국은 WTO법이 어떻게 배출권거래제도를 규율하는지를 명확히 해야 한다. 그리고 만약 그렇게 하는 것이 WTO법의 역할이라면, 훨씬 더 근본적으로 명확성을 가져야 한다.

WTO법의 변화를 위한 새로운 제안은 국제무역의 방식에 영향을 미친다. 이것은 잠재적으로 서로 다른 국가들에게 다른 방식으로 영향을 줄 수 있다. 따라서 저자는 이 분야에서 더 많은 연구가 이뤄져야 한다고 제안한다. Alam이 지적한 바와 같이, "개발도상국의 우려는 환경보호와 지속가능한 발전이라는 세계적 목표를 달성하기 위해서 우선적으로 다루어져야 한다."[23] 이러한 우려는 이 책의 범위를 벗어난다.

WTO법의 변화를 위한 권고는 또한 법의 정당화를 위한 이론적 고찰을 요구한다. 신자유주의 이론, 비교우위 그리고 동반하는 규정의 최우선 목표와 관련된 가치는 WTO법의 개혁에 근거한 권고가 이뤄지기 전에 상세히 고찰되어야 한다. 이 한계는 여기에서 인정된다. 다음의 권고사항은 이 책의 연구를 토대로 만들어진 것이다.

먼저 제4장과 제5장은 WTO법의 상품과 서비스의 개념정의와 관련된 불확실성을 강조했다. 이러한 개념정의는 관련 협정을 위해 명확히 해야 한다. 특히 회원국은 상품에 관한 국제무역협정이 무형의 상품을 계속해서 제외할 것인지를 결정해야 한다. 이 점에서 변화의 파급효과는 배출권거래를 넘어 영향을 미칠 것이다. 제안서가 WTO회원국에게 제출되기 전에 그 결과에 대해 신중하게 고찰해야 할 사항이다.

이 문제와 관련하여 '배출감축 및 배출회피 프로젝트와 관련된 서비스'는 서비스 부문 또는 이 서비스 범주 또는 범주들을 위한 적합한 부문을 결정하기 위해서 검토되어야 한다. 제5장에서 저자는 배출감축 프로젝트가 실질적으로 각 사업 내에서 서비스의 광범위한 범위에 통합될 수 있음을 인정했다. 결과적으로 모든 평가는 배출감축 또는 회피에 관한 서비스가 환경서비스와 같은 기존의 범주 내에 속할 수 있는지 아니면 새로운 분류로 되어야 하는지 여부에 대해 결정하게 될 것

---

23) Shawkat Alam, *Sustainable Development and Free Trade* (Routledge, 2008) 60.

이다. 이와 관련하여 회원국은 이 서비스가 일부 회원국에 의해 이미 자유화되었는지에 대해 판단할 수 있으며, 이는 원래 의도된 것보다 훨씬 광범위한 영향을 미칠 수 있다.

보조금과 관련하여, SCM협정에 따른 '혜택'을 확립하기 위한 기준으로 '시장에 의존'하는 것이 문제가 되는 경우도 있다. 혜택을 정량화하기 위해 시장만을 적용하는 것은 단순할 수는 있지만 동시에 '지나치게 포괄적'일 수 있다.[24] 실제로, 정부는 보조금이 허용하는 것보다 더 많은 비용을 산업에 부과할 수 있기 때문에 이 경우에는 실질적인 혜택이 전혀 없다. 정부가 부과하는 비용은 SCM협정의 규정하에서 혜택을 평가함에 있어 부적절하다. 이는 상소기구가 별도로 부과된 세금 프로그램 및 규제요건을 고려하기보다는 보조금이 존재하는 시장에 따라 판단해야 한다고 결정했기 때문이다.[25]

혜택의 기준을 평가하기 위한 권고는 온실가스 배출 가격산정의 체계 및 해당 지원조치에 있어 특히 중요하다. 이러한 환경적 경제조치는 WTO 회원국에 의해 널리 시행되고 있지 않다. 특정 상품을 제조하는 비용을 고려할 때, 이에는 어느 정도 불일치가 있다. WTO 규칙이 회원국이 이러한 산업에 지원을 제공하는 것을 금지한다면, 이러한 새로운 온실가스에 관한 경제적 수단은 광범위하게 수용되지 않을 수 있거나 탄소누출을 발생시킬 수 있다. 이런 이유로, 회원국은 SCM협정의 맥락에서 '혜택'에 대한 현재의 기준에 대해 평가해야 한다.

WTO법의 기반에서는 지속가능한 발전이 인정된다. 따라서 오염자 부담 원칙을 포함한 지속가능한 발전의 원칙은 WTO 규칙에서 준수되어야 한다. 이는 국경세조정과 관련된 규정들과 관련이 있다. 내국민대우원칙 및 기타 반보호주의(anti-protectionist) 규정의 중요성을 인정하면서, 동시에 그러한 비용에 책임이 있는 자에게 환경비용을 배분하는 중요성도 강조되어야 한다. 이런 이유로, 배출권 거래제도 및 탄소세에 대한 국경조정을 위한 규정을 명확히 해야 한다. 또한 기후변화를 완화하기 위한 국제적 노력을 도입하는 것의 중요성을 고려해야 한다. 최

---

24) Tracey Epps and Andrew Green, *Reconciling Trade and Climate Change: How the WTO Can Help Address Climate Change* (Edward Elgar, 2010) 111.

25) Ibid.

소한 GATT와 SCM협정의 다른 규정들과 관련하여 존재하는 현재의 혼란을 제거하기 위해 공정기반 과세(process-based taxation)를 위한 규칙이 설명되어야 한다.

8.8 결론적 논평

WTO협정 전문에 있는 지속가능한 발전을 인정하는 것은 국제무역의 법체계에서 패러다임 전환의 기회를 제공했다. 지속가능한 발전에 대한 인정은 회원국들이 WTO협정상 자유무역을 추구하는 것이 다른 모든 가치들을 무색하게 만드는 신자유주의의 진공(neo-liberal vacuum) 속에 존재하는 것이 아니라는 것을 이해한다는 것을 밝히는 증거가 된다.

경쟁하는 가치를 인정하는 것은 모든 기후변화 완화조치를 적용하기 위해 중요하다. 예를 들어, 기후변화의 전 지구적 과제에 대한 긴급한 필요성에도 불구하고 개발도상국의 요구사항은 무시될 수 없다. 국제무역과 관련하여, 기후변화 완화조치는 보호무역주의 및 차별을 제재(sanction)해서는 아니 된다. 물론 기후변화가 전 지구적 문제이므로 세계적인 협력을 통해서만 실질적인 조치가 취해질 수 있다.[26]

WTO 규칙에 대한 변화에는 긴 협상이 필요할 것이기 때문에, 온실가스 배출량을 감축하기 위해 고안된 법체계를 마련하는 입법자는 전 지구적 영향을 무시해서는 아니 된다. 저탄소 사회에서 온실가스 배출회피 및 온실가스 격리와 연관된 서비스는 경제적으로 필수적일 것이다. 또한 배출권거래제도를 국제적으로 연결시키는 것은, 국제무역에 영향을 미칠 것이며 일부 국가의 비교 경제우위(comparative economic advantage)에도 영향을 미칠 수 있다.

국제배출권거래를 위한 국제기후변화 체제의 규정은 전 세계에 걸쳐 배출권거래체계를 널리 도입시키도록 할 수 있다. 이러한 체계는 국내 온실가스 배출감

---

26) J Stiglitz, 'The Future of Global Governance' in N Serra and J Stiglitz (eds), *The Washington Consensus Reconsidered. Towards a New Global Governance* (Oxford University Press, 2008) 309 cited in Charles Sampford, 'Re-Conceiving the Good Life: The Key to Sustainable Globalisation' (2010) 45(1) *Australian Journal of Social Issues* 13, 15.

축 전략체제에서 배출크레딧과 배출단위를 사용할 수 있도록 하기 때문이다. 이런 이유로, 배출권거래제도에서 거래의 단위는 그 자체의 체계 내에서 그리고 WTO 법에서 모두 명확하게 개념정의되는 것이 중요하다. 이것은 두 가지의 결과를 보장하기 위한 것이다. 첫째, 이들 배출단위가 그들 자신의 본질적 명확성을 보여주는 것이다. 둘째, 이들 단위는 WTO법에 따라 거래될 수 있다는 것을 보장하는 것이다. 거래의 단위 및 그들에게 적용가능한 WTO 규칙에 대한 명확한 개념정의는 한 국가의 국경을 넘는 상황에 영향을 줄 수 있는 제도적 규정이 개념화될 때 입법자가 WTO법을 충분히 고려하는 것을 가능하게 할 것이다. 이로써 법적 구조의 확실성과 지속적인 신뢰를 갖게 할 것이다. 더욱이 이는 기구로서의 WTO가 이와 관련된 규칙을 통해 기후변화와 관련된 현대의 전 지구적 문제와 연결되어 있다는 것을 보장할 것이다.

공역자 약력

박덕영
연세대학교 법과대학 졸업
연세대학교 대학원 법학석사, 법학박사
영국 University of Cambridge 법학석사 (L.L.M)
영국 University of Edinburgh 박사과정 마침
교육부 국비유학시험 합격
(현) 연세대학교 법학전문대학원 교수

대한국제법학회 부회장
한국국제경제법학회 회장
산업통상자원부 통상교섭민간자문위원
대한민국 국회 입법자문위원
법제처 정부입법자문위원
연세대 SSK 기후변화와 국제법연구센터장
연세대 외교통상학 연계전공 책임교수

『국제기후변화법제』, 『WTO 무역과 환경 사례연구』, 『CSR 환경책임』, 『EU란 무엇인가』,
『알기쉬운 국제중재』, 『국제법 기본조약집』, 『국제경제법 기본조약집』, 『국제투자법과 환경문제』,
『중국의 기후변화대응과 외교협상』, 『일본의 환경외교』, 『국제환경법』, 『국제환경법 주요판례』,
『국제투자법』, 『국제경제법의 쟁점』
Legal Issues on Climate Change and International Trade Law, Springer, 2016 외
국제통상법, 국제환경법 분야 국내외 저서와 논문 다수

김민주
단국대학교 자연과학대학 졸업(이학사)
고려대학교 법과대학 졸업(법학사)
고려대학교 일반대학원 석사졸업(법학석사)
고려대학교 일반대학원 박사졸업(법학박사)

연세대학교 SSK 기후변화와 국제법 연구센터 연구교수 역임
(현) 고려대학교 법학연구원 연구교수

신지연
부산대학교 대학원 법학박사
중국인민대학 법학원 박사후 연구원

연세대학교 SSK 기후변화와 국제법 연구센터 연구교수 역임

EMISSIONS TRADING AND WTO LAW

배출권거래와 WTO법

초판발행   2018년 6월 28일

지은이   Felicity Deane
옮긴이   박덕영·김민주·신지연
펴낸이   안종만

편 집   박송이
기획/마케팅   송병민
표지디자인   권효진
제 작   우인도·고철민

펴낸곳   (주) **박영사**
                서울특별시 종로구 새문안로3길 36, 1601
                등록 1959. 3. 11. 제300-1959-1호(倫)
전 화   02)733-6771
f a x   02)736-4818
e-mail   pys@pybook.co.kr
homepage   www.pybook.co.kr
ISBN   979-11-303-3203-1 93360

copyright©박덕영, 2018, Printed in Korea

* 잘못된 책은 바꿔드립니다. 본서의 무단복제행위를 금합니다.
* 저자와 협의하여 인지첩부를 생략합니다.

정 가   25,000원